「うたごえ喫茶ともしび」の歴史

大野幸則

上

——歌いつづけた65年間

唯学書房

はじめに

戦後の新しい国づくり、三権分立を掲げた憲法の下、生き生きとした希望に溢れた庶民の生活の中から「歌声喫茶」は産声を上げました。歌声喫茶には新しい時代の文化が溢れ、民主主義的な仲間たちの連帯がありました。時代の厳しさをも乗り越えるその心の底からの喜びの歌声は、たちまち全国に広がりを見せ、マスコミからは「国民的ブーム」とまで呼ばれるようになります。

しかしそのブームも振り返ってみれば二〇年に満たないもので、一九七七年に西武新宿駅前の「灯」が閉店するとマスコミは「歌声喫茶の灯消える」と報道しました。そして、歌声喫茶は世間から既にないものとして扱われ、多くの人々はそう思い込んでいました。

しかし西武新宿駅前「灯」の流れを受け継いできた私たち「ともしび」のメンバーは、音楽文化集団ともしび（以後、団と呼びます）を五〇年前に結成。「あなたの街にもうたごえ喫茶を！」、「ひとりぼっちの青年をなくそう！」の二つのスローガンを掲げ、うたごえ喫茶を文化として継承・発展させてきました。

厳しい時代の連続ではありましたが、新たに獲得したオペレッタ劇（音楽劇）の創造、カセットやCD等の音楽出版物の発行が団を支え、ともしびを支え、状況を大きく変える力となりました。

「懐かしい歌声喫茶の復活」と報道され始めるのが一九九〇年代の後半です。その後「昭和レトロ」文化が注目され、人々が個別化し、お金優先の時代に、うたごえ喫茶は仲間・連帯・絆を強く感じさせる人の輪・文化として広く受け入れられるようになります。

特に東日本大震災・福島原発事故を経た日本がその価値観を見直すようになったことも、うたごえ喫茶の広がりと無縁ではありませんでした。

新たに「出前歌声喫茶」が全国に普及し、各地に手作りの「一緒に歌う場」（うたごえ喫茶）が無数に作られ、毎日、日本の国のどこかで、歌声が響くようになりました。「あなたの街にもうたごえ喫茶を！」の夢は、形を変えて息づき始めました。

この文化が新たな形で引き継がれていく、そんな姿も生まれ始めています。

本書から、庶民の文化が形成されていく姿、人間としての価値観が文化活動とともに変わっていく、変わっていける姿を感じていただければ幸いです。

「うたごえ喫茶ともしび」の歴史——歌いつづけた65年間（上巻）

目次

第Ⅱ部 自主的な店作り、音楽文化集団ともしびの結成（一九六五～七四年前後）

第III部

「歌声喫茶の灯消える！」報道、しかし地道に地方へ広がる（一九七五～八四年頃）

「うたごえ喫茶ともしび」の歴史

——歌いつづけた65年間(上巻)

本書は、『月刊ともしび』連載をもとに編集しており、人名および引用は当時の表記のまま掲載しています。

第Ⅰ部

創業から国民的ブーム、一転して相次ぐ閉鎖

（一九五四〜六四年頃）

♩♪♬歌声喫茶の誕生（一九五四年）

歌声喫茶の誕生には、歌声喫茶らしい誕生のエピソードがあります。

東京・新宿は歌舞伎町、西武新宿線西武新宿駅の駅前の食堂で、店内に流れていたロシア民謡にお客さんが声を合わせて歌い始め、「これだ」とひらめいた柴田伸氏（西武新宿駅前「灯」のオーナー）。一九五四年一二月に、アコーター（アコーディオン奏者）、リーダー（司会者）を店に入れ、歌詞を書いて壁に貼って歌い始めたのが歌声喫茶「灯」の始まりとなりました。

青柳常夫さん（ヤギさん）は、藤原歌劇団や東京コラリアーズで音楽活動をしていましたが、「やってみないか」という誘いで歌い手兼司会者の第一号に。アコーディオン一本の伴奏でしたが、翌年、井上正志さんがバンドの売り込みを行い、演奏もバンドでということになりました。ピアノ井上、チェロ甲斐谷昇、バイオリンは羽鳥健一でした。

❖歌声喫茶開店秘話

懐かしくもガリ版刷りの小冊子『月刊うたごえ』（二号）に、当時の歌声喫茶の息吹が伝わる記事が一杯あります。その中から歌声喫茶開店秘話とでもいいますか、ご紹介します。

――街は生きている。眠り、目覚め、声を挙げ、やがてまた眠る……。その中に、幸せと、不幸をつゝんで……。

新宿駅の東口を出て大通りを渡り、そのまま真っ直ぐその一画を突っ切ると都電通りに出る。この都電通りを横切り、さらに真っ直ぐ突っ切ると劇場や映画館がゴロゴロとした、独特のムードを持つ繁華街が開ける。歌舞伎町――ここ歌舞伎町は新宿の代表的な繁華街である。

昭和二八(一九五三)年頃。西武新宿駅を前にしたこの一画は、チラリホラリと人が通るといったありさまで、めぼしい建物としては、わずかに地球座が見られるくらいであった。このわびしい未来の繁華街のひとすみに小さなロシア料理店があった。名前をアガニョークといい、経営不振のため月々の家賃もロクに納めていなかった。そのため持ち主が業をにやし、大学を卒業したばかりの息子に、オマエあの店で何かやれ！　というほど、このあたりの地理的条件は良くなかったのである。

そのころ、都内の繁華街で安くモノを食わせる店として食堂三平の人気はめざましいものがあった。大学を出たての息子、柴田伸が目をつけたのはここである。

「よし、三平が六〇円ならオレのところは五〇円で勤労者にサービスしよう！」

ところが、いざ始めてみると、料理費だけで四〇円。二百杯うって二千円の儲けしかない。これでは商売にならず、柴田君はすっかり頭をかかえこんでしまった。

アガニョークには、ロシア料理店のなごりとしてロシア民謡のレコードが残っていた。レコードをかけ続けているうちに、客層がきまり、客の人数がこころもち増えて来た。この現象に気付いた柴田君は、昔のノレンに沿ってロシア料理を出し、リクエストに応じてセンターレコードを集めた。柴田君の若い胸はときめいた。

そしてあるとき、お客がレコードに合わせて歌いはじめたのである。

柴田君の中では、あるイメージがかなり大きく育っていた。

お客の中で楽しげに歌う一人の女性が、そういう彼のイメージを刺激した。「私の店で歌ってくれませんか」。柴田君がこう彼女に頼んだとき、彼の胸の中では夢と現実とがごっちゃになっていた。

彼女は当惑して、柴田君の顔をみつめた。やがてかすかにうなづいたのである。柴田君の夢が現実に変身した瞬間、おごそかな出発がそこにあった。

〝コーラス愛好の女性求む!〟こういう広告が新聞に出されたのは、楽しげに歌っていた女性リヤさんがこの店の一員になった直後のことである。


この広告に応じて集まった女性の中に、この店の中心の一人となり、現在うたごえ常任委員である片山明子がいる。

「そうだ、店の名前を考えよう」、柴田君は、もう夢ではない夢の最後の色づけをくわだてた。

タワーリシチ……ではいささかスケールが小さくなる。前のままアガニョークでは感激がうすい。

アムール……。いややっぱり日本の名前でありたい。

このとき、歌といえば校歌しか歌えなかった柴田君の頭に、灯のメロディーが浮かんだ。

ともしび! そうだ灯がいい!

こうして、日本で最初の歌声喫茶〝灯〟が誕生した。

歌声喫茶灯の壁を最初に飾ったのは、ロシア民謡の〝カチューシャ〟であった。この歌詞を大きく書いて壁にはり、お客がそれをみて歌うという趣向である。

司会者というよりもリーダーと呼ぶべき役割をリヤさんがつとめ、この店にいる間はお客であることを忘れたお客が、雰囲気をしたって、日に日に集まった。

柴田君もおちついてはいなかった。働きたいとやって来たドンチャンと二人で、いたって人通りの少ない通りにサンドマンとして立った。

「ロシア民謡とともに、楽しいひとときをおすごしください」

大きな体のドンチャンが作ったスマートな文句が柴田君をよろこばせた。これだ、この手だ！〝美声と音痴のコーラス〟という灯のキャッチ・フレーズが生まれた。

一日一曲、店の掃除をしながらドンチャンは新しい歌を覚えた。やがてドンチャンの〝ル・ガレリアン〟は名物となり、客の希望に応じて外で呼びこみをやっているドンチャンが呼びこまれることがたびたびあった。

「パンフレットを出せよ」、お客からこういう声が聞かれるようになったのは、まもなくのことである。

「歌集を出しましょうよ」と従業員ものり気であった。

「こゝに集まっているのは良い人間だ。良い人間が求めることは、良いことにきまっている！」。柴田君ものり気になった。

ところが柴田君はこの店の責任者でありながら歌うことが苦手である。歌のことはあまり知らない。

「仕方がない。お客さんと一緒に歌集を作ろう……」。驚くべき決心をしたのである。

こうして店のすみで、歌をうたいながら編集会議が進められた。

「暗いきびしい現実の中で痛ましい苦しみにあえぎつつも、明るく強く生きぬこうとする灯の仲間達に心をこめてこの歌集を送ります。

なつかしいふるさとのうた、明るい澄んだ眼を上げて生き生きと幸せを呼ぶうた、平和への希求も、ふみにじられた祖国の怒りも、いとしい恋人への愛の讃《ほ》めうたも、私たちの感情の一つ一つがこれらのうたにはこめられて居ます。歌声は私たちの心の灯。歌によって固く結ばれた仲間達の心は、平和を守る強い力となるでしょう。

〝みんなの歌をみんなで歌う〟みんなの店灯と共に、このささやかな歌集をどうぞ可愛がって下さい。」

アコチャンこと片山明子が、そのセンスをフルに発揮して、右のような「灯」と題する文章を入れ、第一集が陽の目を見た。アコチャンは日本銀行の支店長の娘である。アコチャンは親の反対をおして昼間アルバイトをし、自分の力で学校に通っていた。

このアコチャンの主張する真面目な歌と、リヤさんの希望する楽しい歌がミックスし、それにお客の息吹が加わったものが第一集の中に盛り込まれ、歌声喫茶で歌われる歌の土台となった。

ある日、アコーディオンを持った高校生がやって来た。これが後年、世界青年学生平和友好祭ワルシャワ大会に参加したガンジーさんで、灯の司会者ヤギさんもその頃のお客である。

第二集が出来る頃、お客の中ですばらしく良い声の男がいた。白樺合唱団にいるというこの男が歌うと、一緒に歌っているお客が歌いやめて聞き惚れるほどである。

「アルバイトやらねエか!」、すかさず柴田君が誘いをかけ、ヤギさんは司会者に転業した。灯アンサンブルのメンバーの井上さんがトリオで売り込みに来たのもその頃である。店はお客で狭すぎるほどになっていた。第一次の改造をやるとともに、お客を中心にコーラス愛好者の集いをもち、比較的お客の入りの悪い日を選び、赤字を覚悟でアンサンブルに演奏を頼んだ。

歌声喫茶という珍しいケースが社会的にも注目をひき、婦人民主クラブの新聞がとりあげ、ラジオ東京、週刊朝日などで好意的な取材が続いた。これが強力なバックアップとなって更に人気を呼び、歌集は第三集が作られ、店は第二次の改造を行った。

柴田君は思いつくままに夢に肉付けをし、その実現をはかった。

ソヴィエト映画〝シベリヤ物語〟のイメージは、うたうウエイトレスとなってあらわれ、ウエイトレスの合唱は数々のヒットを生んだ。ステージのマンネリズムをさけるために、うたうだけでなく身振り手振りで民謡を歌わせたりした。

こういう雰囲気の中から、お客と一緒に海水浴に行こうというプランがとびだし、それが灯友の会に発展し、レクレーションを中心に、コーラス、読書の会がもたれた。友の会の中だけでは満足しきれなくなったコーラスグループが新宿合唱団として独立し、盛んに活躍するようになったのは、それから暫く後のことである。

残念ながら『月刊うたごえ』はこの号しか手元にありません。歌声喫茶の始まりは、柴田さんのひらめきもありましたが、それまでの経営の苦境、その混沌の中から歌声喫茶として発展していく可能性をつかみ取ってきたということ、メンバーの持ち味を活かしながら作り上げてきたのだということに驚かされました。現在のうたごえ喫茶「ともしび」、音楽文化集団「ともしび」の歴史は、まさに逆境を逆手にとって力に変えて生き残ってきた歴史ともいえます。開店当時のエピソードに、この精神の原点を見る思いです。

創業の元祖については、じつは歌声酒場の「どん底」の方が先だという声もあり、カチューシャは元祖歌声喫茶を看板としています。

❖「灯」、「どん底」、「カチューシャ」。歌声喫茶の元祖はどこだ！

新宿要町の寄席末広亭の向かいに「どん底」という酒場(オーナー矢野智氏)があり、「一九五一年、五月一日メーデー」に、ときとして歌声が店の中に響き渡った。その後も雑誌『美術手帳』などに「どん底のどんちゃん騒ぎ」として紹介されるなどしていた。だから「歌声喫茶の元祖は『どん底』だ」ということになるわけです。「カチューシャ」(林秀樹氏＝喫茶スカラ座のオーナー)もその歌集に、歌声喫茶の元祖と記していました(カチューシャは二〇〇八年閉店)。

集英社新書『歌声喫茶ともしびの青春』(丸山明日香著)では、五四年は間違いで五六年開始と書かれています。察するに、創業年については激しい元祖争いが反映し、早まっていったのだろうと今では思います。

ところが意外なことに、「歌声喫茶」というネーミングはこの頃にはなかったということがわかりました。当時「灯」は「美声と音痴の店　灯」といっていました。「どん底」も単に酒場でした。いつの間にか誰からともなく、マスコミなどが「歌声喫茶」と呼ぶようになったようです。

当時の喫茶店が、新しい文化の発信場所となったという背景がありました。それまで口に入らなかったコーヒーが飲める、そして欧米の音楽のレコードがたくさん聞ける場所として、喫茶店は流行りました。またそれまでの大家族から「個人」が芽生え、狭い住宅事情などから、自分の好きな自分だけの時間をささやかな空間に求めたのが喫茶店だったのです。

喫茶店という器に様々な文化が盛られたといえます。名曲喫茶、ジャズ喫茶、シャンソン喫茶、歌声喫茶などの音楽文化がここで育っていきました。

❖歌声喫茶とうたごえ運動

「歌声喫茶」か「うたごえ喫茶」か。実はその表記には思い入れがありました。当時、関鑑子さんの主宰する「うたごえ運動」が活発に展開され、この運動と区別する意味でも「歌声」と漢字表記したのが歌声喫茶でした。歌声喫茶とうたごえ運動は時代の息吹を一つにした文化の違った表現と言ってよいと思います。歌声喫茶にはうたごえ運動で作られた歌も数多く取り入れられました。うたごえ運動の中央合唱団をはじめとした多くのセンター合唱団、うたごえ運動の人たちによって職場や学園で「みんなうたう会」、歌声喫茶が取り組まれました。

戦後の、「民衆が主役！」、「民主主義の高揚！」を背景に、一方ではアメリカのジャズやポップスが進駐軍やラジオによってもたらされ、またロシア民謡・ソビエト歌曲がこの時代の一つの文化をリードしました。うたごえ運動は「うたごえは平和の力」と掲げる運動を展開し、「がんばろう」や「原爆を許すまじ」などの曲を生み出しました。歌声喫茶はさらに叙情的な「北上夜曲」や「忘れな草をあなたに」などを生み出していくことになります。

闘いの歌が人々を励まし、明日を生きる勇気を生み出し、ともに歌い合うことで人間的な感動を共有する——歌声喫茶はいつしかそんな場所へと育っていきました。

吉永小百合のデビュー映画『キューポラのある街』をご覧になった方も多いかと思います。この映画は一九六一年でした。キューポラとは鋳物工場の溶鉱炉のこと。舞台となった埼玉県川口は、今では都心へのアクセスが便利なマンションの建ち並ぶ住宅地ですが、当時は鋳物工場が数多くあった煙突の林立する鋳物の街でした。時代とともに鋳物工場がマンションに変わっていきました。吉永小百合が働く職場の昼休みに、みんなでアコーディオンを囲んで歌うシーンが出てきます。このときのリーダーとなっていたのが「灯」の先輩Ｐ子（現「家路」橋本安子）さん、周りで歌っている労働者はエキストラの「灯」のお客さんでした。このとき歌われたのが「手のひらの歌」で、吉永小百合のデビュー曲（？）ともなりました。

Ｐ子さんは、私が大学を早めに終えてともしびに入った二〇歳の時のいわば直接の上司・教育係でした。自治体の主催する成人式にともしびが呼ばれることもありました。今でも覚えていますが、狛江市主催の成人式にともしびが呼ばれ、P子さんとともしびの専従となって半年も経たない私が出演しました。市民会館一杯の成人の前で無我夢中でステージをつとめましたが、どうだったのか全く覚えていません。確かなことは、翌年に狛江市から仕事が依頼されることはなかったということです。それは私にとっての二十歳《はたち》の苦い成人式でもありました。

❖開店当時の社会状況

歌声喫茶の開店当時は、戦後十年余が経っていました。この時代は、戦後民主主義の高揚、朝鮮戦争(一九五〇年)、サンフランシスコ講和(一九五一年)に続く時代です。第一回原水爆禁止世界大会(五五年)が開かれ、同年砂川基地反対闘争が闘われ、日本は国連に加盟(一九五六年)し、「もはや戦後はおわった」とされました。

安保改定阻止国民会議が結成(一九五九年)され、三池闘争が始まり、水俣病問題が起き、南ベトナム民族解放戦線が結成(一九六〇年)されました。

歌声喫茶に直接関係する背景としては、ソビエト映画『シベリア物語』(一九四八年)が総天然色ということもあり、青年の間に共感されヒットし、それとともにロシア民謡の「バイカル湖のほとり」が巷に流れました。また、ソビエトからの帰還者によるロシア民謡の演奏・普及活動がありました。これは「帰還者楽団」(一九四九年一一月)として結成されました。これがのちの「楽劇団カチューシャ」となります。また、戦後いち早く、関鑑子《せきあきこ》(国際レーニン平和賞、一九五五年)などのうたごえ運動が職場、地域、全国に広がりました。

ちなみに『うたごえの歩み』(藤本洋著)によりますと、第一七回メーデー(一九四六年五月)で関鑑子が「赤旗」、「インターナショナル」の指揮、青共中央合唱団成立(一九四八年二月)、「みんなうたう会」(四九年一月)が始まり、日本のうたごえ第一回全国祭典(一九五三年一一月)が開かれました。そして「原爆許すまじ」、「シュワジベチカ」、「沖縄を返せ」、「がんばろう」、ロシア・ソビエトの歌では「灯」、「カチューシャ」、「仕事の歌」などが歌い広められました。

このころ、関西勤労者音楽協議会が発足(一九四九年一一月)、労音の運動が広がります。

❖砂川闘争の頃

「砂川闘争」の舞台の砂川(現・立川市)は、西武新宿線沿線にある地域です。警官に追われた学生が闘争後、終着駅となる西武新宿駅前の灯店に集まったりしていました。メーデーには宣伝カー(街宣車!)を仕立てた「灯」のメンバーが、車の上に乗って歌っている写真も残っています。車のボディーには「美声と音痴の店　灯」と書かれています。安保闘争時には、従業員たちは昼間はデモへ、夜は店での歌声という日々が連日続いたそうです。若さでしょうか、誰からもきついとか、つらいとかの愚痴は全く出なかったようです。

砂川闘争は、基地拡張計画を撤回させたことで画期的な闘いでした。裁判では「違憲」の判決(伊達判決)が出ました。最近では、当時アメリカが日本の司法へ介入した事実が明らかになり、とても驚かされました。

この砂川闘争で、何度か警官隊と農民・支援者の衝突が繰り返され、次第に数が減っていった農民・

支援者の隊列がもはや壊滅・排除されようとした時、対峙した人々の中から、シュプレヒコールの叫びでなく自然発生的に「ふるさと」という歌が口ずさまれた結果、何と警官隊が退却を始め、砂川闘争の勝利へとつながっていくという話に胸打たれた昔を思い出しました。あらためて闘いの現場にいた方の手記を読ませていただきました。

一九五六年、阻止闘争として、小雨降る中、抵抗闘争が展開された。マスコミの報道でも、「砂川に荒れ狂う警官の暴行」、「警棒の雨、突き破られたスクラムの壁」などなど言語に絶するものがあった。この日の闘いの中で印象に残るものは、闘いの合間に自然発生的に合唱された「赤とんぼ」、「カラスなぜ鳴くの」、「ふるさと」であり、警官の良心をとりもどすものであった。

「桑畑」（作詞＝門倉訣、作曲＝関忠亮）はこの砂川闘争を歌ったものでした。作詞の門倉訣《かどくらさとし》さんは二〇〇九年に亡くなられましたが、よく灯に来店され一緒に歌ってくださいました。ともしびの歌集の中には門倉さんの作詞になるものに、「たんぽぽ」、「二十歳」、「わらぐつの歌」、「青春」があります。関忠亮さんは関鑑子さんの弟さんで「晴れた五月」、「心の歌」の作曲者です。

関鑑子が主宰するうたごえ運動は、戦後の労働運動・平和運動とともに急速に広がり、職場でのみんなうたう会や様々な闘いの場で「うたごえは平和の力」と大きな役割を果たしました。歌声喫茶でもそんな歌の数々が多く取り入れられ歌われました。「町から村から工場から」はＮＨＫラジオ歌謡としての記録にもあり、全国のラジオを通して放送されました。「ともしびフェスタ２０１０」で歌った「祖国の山河に」、「手のひらの歌」、そして「心はいつも夜明けだ」、「どこまでも幸せを求めて」、先に取り上げた「桑畑」等々がうたごえ運動から歌声喫茶に今も取り上げられている歌です。

時代は、「みんなで歌う、一緒に歌える歌が必要であり、そんな歌が求められている」と考えたNHKのプロデューサーが立ち上げた番組が『みんなのうた』だったことを知りました。『みんなのうた』の記念すべき第1曲は「おお牧場はみどり」でした。「おお牧場はみどり」は歌声喫茶や様々なサークルで盛んに歌われていた歌でした。『みんなのうた』が、うたごえ運動と歌声喫茶に触発されて一九六一年に始められたという当時のプロデューサーの話は、私にとってとても驚きでした。

同じ頃手に入った本ですが、『知性』という河出書房から出されていた総合月刊誌の増刊号(一九五六年発行)は、「日本のうたごえ」が特集でした。「こういう方が!」と思う人を含めて、美空ひばりなど実に幅広い多くの方が寄稿し、うたごえ運動への期待を述べています。その期待は「いい歌に共感し、みんなで歌う喜び」という言葉で語られているように私には読み取れました。この状況は社会現象といいますか、人々の歌声に包まれた生活が当たり前の時代となり、歌声喫茶は「国民的ブーム」とまでいわれるようになります。

❖コマ裏「灯」始まる(一九五八年、歌舞伎町に二軒の「灯」)

それまでの西武新宿駅前「灯」店舗ではお客さんに対応しきれなくなり、一度改装はしたものの、一九五八年には一時閉店して大規模な新しい店とすることになりました。新装開店まで数カ月を要するということもあって、柴田伸さんが高浩振《コウコウシン》さんに話し、新宿コマ劇場の隣にあった麻雀屋を改装し、歌声喫茶として開店することになりました。それまでの従業員やメンバーは全員こちらへ一時移ることとなりました。

その後コマ裏「灯」もしくはコマ横「灯」と呼ばれるようになる店で、私たちの先輩はここで新たな活動を旺盛に展開することとなります。

当時の司会者はヤギさん（青柳常夫）一人で一日八ステージをこなしていました。コーヒー、紅茶、ジュース、ウイスキーなどが五〇円でしたが、ビールはちょっと高く、あんみつよりも高かったとのこと。厚手の切符のような食券を入り口で買って、席に座るとウェイトレスが飲み物を運んでくれ、ほとんどのお客さんが一杯のコーヒーで一日粘っていました。営業時間は平日午後四時〜一一時、土・日で午後二時〜一一時でした。そして閉店になると「どん底」へ行くお客さんも結構多かったそうです。

❖「どん底」のこと

青柳（ヤギさん）の話によると、「『どん底』は新劇の連中が歌っていた。おばちゃん（アコーディオンの渡辺光子さんのこと。「おばちゃん」という愛称で親しまれていました）の前のアコーターは確か東大音感の笠原さんだったのでは。『どん底』のお客さんはどちらかというと新劇や藤原（歌劇団）、映画関係などインテリが多く、コマ裏『灯』は学生、労働者が多く、雰囲気もずいぶん違っていた」とのことです。

一九六一年に一〇周年を迎えた「どん底」にお祝いのメッセージが数多く寄せられ、歌集に収録されていました。

三島由紀夫は、「酒場『どん底』では、どん底歌集というのを売っていて、ある歌を一人が歌い出すと、期せずして若人の大合唱となる。喚声と音楽が一しょになって、なまなましいエネルギーが、一種のハーモニーを作りあげる。何んとも言えぬハリ切った健康な享楽場である」、富士真奈美は、「『人間なんていい響きだろう』。サーチンのセリフがそのまま『どん底』に集まる若いエネルギーとコーラスの中から聞こえて来るようです」とのコメントを残したほか、詩人の金子光晴が「ドンカクの唄」(ドンカクとは新宿「どん底」のオリジナルカクテル)を、本郷新、菅原謙二、牟田悌三、小林旭、越路吹雪などもメッセージを寄せています(敬称略)。

❖西武新宿駅前「灯」の新装開店(一九五九年七月)

西武新宿駅前「灯」は新装開店して、二階席もあり、三〇〇〜四〇〇人は入れる大きな店になり、ステージもホール並みで、ピアノ、ドラムス、ベースギターを基本とする生バンドの演奏でした。新装開店した当時、バンドはコマ裏「灯」と西武新宿駅前「灯」との掛け持ちで、司会のヤギさんは新店に戻るよう誘われたが断ったそうです。一時コマ裏で仮営業的にやっていたメンバーに、新装開店になった店に戻る話がもちろんあったわけですが、そのままコマ裏に残ってやっていくことになったようです。

長田暁二さんの文章(〇二六〜〇二七頁)にもある状況などから、西武新宿駅前「灯」はレコード会社などにしっかりつながった生き方を展開し始めるなど、歌声喫茶の中でそれぞれ特徴が浮き彫りになってきました。

♪♪♬ 歌声喫茶の爆発的広がり(一九五九年頃)

歌声喫茶「カチューシャ」、「牧場」などができ、多い時期には都内だけでも二〇軒ほどの歌声喫茶があったといわれています。また、実際開店していた時期には多少前後がありますが、「炎」、「ふるさと」、「赤とんぼ」、「コーラス」等々、全国各地に二〇〇軒あまりの歌声喫茶ができたといわれました。

私たちの記憶では、一九五九年当時、都内にはこんな歌声喫茶がありました。

【新宿】「灯」(西武新宿駅前)▽もんたよしのり/「灯」(コマ劇場裏)▽青柳常夫(ヤギさん)/「どん底」/「カチューシャ」(東店、西店)/「ありんこ」

【渋谷】「牧場」/「カチューシャ」

【池袋】「山小屋」/「やま」/「アルプス」

【巣鴨】「白十字」

【高円寺】「ボルガ」

【蒲田】「赤トンボ」

【川崎】「エルサルバドル」「エルサ」▽ノイルコイル

▽は活躍した歌手などです。

どの店も行列ができ、時間で区切って入れ替えをお願いする状況でした。お客さんはコーヒー一杯で最後まで粘るため、けっして飲みきらない。ジュースなども少し残しておく。目の前の飲み物がなくなってしまうとまた何か注文しなければいけないけれど、注文するにはお金もないし……。庶民の苦悩にあふれた手段というか、意思表示だったようです。マスコミも「国民的ブーム」と報じ、修学旅行のコースにもなりました。

歌声喫茶で歌われる歌は、新しい時代の新しい歌として、耳から口へ口から耳へと若者たちの間で広がりました。小さな数冊の歌集が大活躍をし、今でも大事にとっておかれている方が多くいらっしゃいます。

赤い歌集が第一集で、続いて緑、青、黄、紫とありました。西武新宿駅前「灯」ではその後、特集の歌集など多くの種類の歌集を出すことになります。

先日お客さんからちょっと珍しい歌集をいただきました。『冬の夜におくる〝うたごえ〟メロディー第三部』とした歌声喫茶風の小さな歌集でした。雑誌『明星』の付録で、西武新宿駅前の店内の写真から始まり、「山のロザリア」(歌＝スリー・グレイセス)、「北上夜曲」(歌＝和田弘とマヒナスターズ)、「北帰行」(歌＝小林旭)、「灯」(歌＝ダークダックス)、「雪の降る町を」(歌＝高英男)、「月の沙漠」(歌＝森繁久弥)等と写真入りで作られていました。

雑誌『明星』や『平凡』の付録歌集は、ときに楽譜もついており、これで歌を覚えた方も多いのではないでしょうか。

歌声喫茶は若者たちにとって新しい文化であると同時に、その若者たちの多くは、集団就職などで都会に集中してきた若者たちであったため、「歌声喫茶」は都会の孤独の中で仲間を感じられる場でもありました。歌声喫茶の中にたくさんのサークルも作られました。このころ、名曲喫茶(スカラ座など)、ジャズ喫茶(ピットイン等)、シャンソン(銀巴里等)やカンツォーネの専門店も生まれました。そんな流れからでしょうか、普通の喫茶店を純喫茶ともいうようになりました。

❖新宿の歌声喫茶

新宿にあった歌声喫茶はそれぞれ店の特徴があり、寄席の末広亭のそばにあった「どん底」は三島由紀夫、富士真奈美、本郷新等文化人・演劇関係者が多く、コマ劇場裏の「灯」は労働者、西武新宿駅前「灯」はレコード会社と提携するなど幅広い客層で最大の客席三百余席をほこり、「カチューシャ」はアコーディオン一本の伴奏で、歌自慢のお客さんが客席をリードしていたかと思います。

この当時のアコーディオン演奏者のお一人、小倉義雄さんは卒寿を迎えた今も西新宿の歌声喫茶「トミ」で毎週金・土に演奏をしておられました。小倉さんは先代の林家三平師匠の高座でアコーディオンの随伴をしていました。三平師匠が「もうたいへんなんすから～」とやっている傍らで、無表情で座っているのが受けていたことを思い出される方も多くいらっしゃるかと思います。

なお西武新宿駅前の「灯」と「灯」吉祥寺店は、うたごえリーダー(司会者)、バンド、フロアー(ウェイトレス、ボーイ)等と職務分担がはっきり決まっていました。仙台の「バラライカ」のオーナーの南部さんは、当時は一人で歌、伴奏はいうに及ばず、コックにバーテン、ボーイと何役もこなした超人です。

「カチューシャ」は二〇〇〇年頃再開(週末のみでしたが)しましたが、二〇〇八年に残念ながら再度閉店してしまい、建物も取り壊されました。同じ経営である名曲喫茶「スカラ座」の二〇〇二年末の閉店とともに、当時を偲ばせる建物も取り壊されました。太い材木がすすけて(?)黒く、ずっしりとした時代を感じさせる雰囲気がありました。壁面にレリーフが彫り込まれていましたが、人形劇団プークや人形劇団クラルテの人形美術の若者たちがアルバイトで彫ったものだということでした。音楽評論家の矢沢寛氏によると川尻泰司氏製作とのことです。

❖映画と歌声喫茶（1）

「歌声喫茶の時代」はまた「映画の時代」でもありました。映画と歌声喫茶の接点について、ここでちょっと触れておきます。

戦後まもない一九四八年に封切られたソビエト映画『シベリア物語』は、青年たちに大きな影響を与えたとともに、歌声喫茶のその後の形成にも大きな影響をもたらしました。確か日本で初めての「総天然色映画」ということもヒットの要因になっていました。

日野康一は、「昭和二三年（一九四八年）の秋、まだ空襲による焼け跡があちこちに残っている東京の街。超満員の映画館から流れ出た清らかな一つのメロディが戦後の混乱した世相にすさんでいた人たちの胸に安らぎを与え、盛んに口ずさまれるようになった」（「映画史上ベスト二〇〇シリーズ」『キネマ旬報増刊』）と当時の雰囲気を伝えています。

ストーリーもまた当時の青年たちの心をつかんだものでした。

主人公であるピアニストのアンドレイは、第二次世界大戦で九死に一生を得て生還しますが、ピアニストとしての生命を断たれ、中央での活躍の夢は挫折します。傷心のうちにシベリヤへ向かう道すがら、乗り合わせた客らが歌う「バイカル湖のほとり」に思わずアコーディオンを手にし、伴奏し始めます。

その姿に労働者たちは心からの大きな拍手をおくります。

シベリヤの開拓地のレストランホテルでは開拓地の労働者たちが食事をし、ウオッカを飲み、ウエイトレスなど従業員も巻き込んでいつしか大合唱と踊りの渦となり、それに合わせてアンドレイは生き生きと伴奏をしています(これらのシーンがその後のうたごえ喫茶の原風景となったようです)。そこへアメリカのコンクールに参加する音楽家たちの飛行機が不時着し、かつての恋人ナターシャはアンドレイと思わぬ再会をします。しかし、境遇の違いをかつての同僚から指摘され、アンドレイは自ら身を引くために、偽って喧嘩別れをします。

シベリヤで、アンドレイによって作曲された「シベリヤ物語」はモスクワで大成功を収め、そしてその後、ナターシャとも結ばれるハッピーエンドの映画でした。

映画から流れ出る数々のロシア民謡、モスクワフィルハーモニーが総力をあげて製作したカラー映画、ナチス・ドイツとの死闘に勝ち抜き、社会主義建設に燃えていた時代のモニュメント的作品、レストランホテルの歌声喫茶につながる働くものの生き生きとした音楽シーン、そしてインテリ青年が、祖国のために自ら傷つき挫折するも、自らの才を育て立ち上がる。青年としての生き方を訴えかけ、当時の青年たちの心をつかんだといえます。

❖映画と歌声喫茶(2)

『シベリア物語』は歌声喫茶に大きな影響を与えたわけですが、そのほかにも映画で使われた歌が、歌声喫茶でもずいぶん歌われました。『二十四の瞳』の「浜辺の歌」、『ビルマの竪琴』の「埴生の宿」

など。『越境者』の「しゃれこうべの歌」、『ショウ・ボート』の「オールマンリバー」、『マイフェア・レディ』の「夜明けまで踊りたい」、『会議は踊る』の「ただ一度の賜り物」等があります。

日本映画に登場した歌声喫茶と歌は、川本三郎（評論家）さんによりますと、次のようになります（『サライ』〈一九九七年一三号〉）。

遠藤周作原作、浦山桐郎監督『私が棄てた女』（昭和四四年）「一週間」
岩橋邦枝原作、古川卓巳監督『逆光線』（昭和三一年）（「どん底」で撮影）「若者よ」
源氏鶏太原作、筧正典監督『重役の椅子』（昭和三三年）「オオ・ブレネリ」
原田康子原作、五所平之助監督『挽歌』（昭和三二年）（北海道釧路のうたごえ喫茶）「灯」
開高健原作、増村保造監督『巨人と玩具』（昭和三三年）「しあわせの歌」
久松静児監督『早乙女家の娘たち』（昭和三七年）「山男の歌」
曽野綾子原作、中村登監督『ぜったい多数』（昭和四〇年）「いつかある日」

川本さんの紹介のほかに、先ほど述べましたように『キューポラのある街』では、職場のうたう会のシーンが登場し、吉永小百合の新鮮な姿と躍動的なうたごえが印象的でした。

時代は少し下がり、テレビですが、TBSの五木寛之原作『青春の門』では、当時のともしびのメンバーが出演し、撮影されました。水谷八重子がうたごえ喫茶のリーダーとして朝鮮の「ほうせん花」を歌い、そのシーンのアコーディオン演奏者の映し出された手は池田健のものでした。セットのうたごえ喫茶店内でお客さんが歌っているシーンを録音したときは、エキストラの方とともしびメンバーで歌いましたが、「うますぎる」ということでともしびメンバーがどんどんはずされ、残されたのが金谷守晶さんと大野幸則。終わったあとでさんざん冷やかされました。

❖歌声喫茶一九六〇年頃

さて一九五九〜六〇年の歌声喫茶は、特にコマ裏「灯」、「どん底」ではデモ帰りの学生、青年であふれており、歌声が響き、激論が交わされ、恋が語られる熱気あふれた坩堝《るつぼ》と化していました。私たちの先輩たちも連日のようにデモに出かけていました。蛇足ですが、私は当時小学生で友だちと「安保ごっこ」を路地でやり、「アンポハンタイ」と訳もわからず練り歩いていた記憶があります。

日米安保条約が強行採決され、国会包囲のデモが続き、アイゼンハワー米大統領の訪日が中止され、岸信介内閣が総辞職しました。しかし「安保」は自然承認され、挫折感が広がっていきました。歌声喫茶にもその影響が出始めるのですが、六一年はまだまだ「国民的ブーム」でした。

昭和三六年の夏は格別の猛暑で、不快指数の高い日が続いた。そんな中でピークを迎えた歌声喫茶の定番曲「北上夜曲」「北帰行」「もずが枯木で」「琵琶湖周航の歌」「惜別の歌」「山男の唄」などが、レコード会社各社からシングル盤で発売され、次々とヒットした。

これらの曲はダークダックス、ボニージャックス、フォーコインズ、マヒナスターズ、スリーグレイセスなどのコーラスグループやペギー葉山、石原裕次郎、小林旭、菅原都々子らトップシンガーが競って歌い、まさに「ヒット曲は歌声喫茶から」の感さえあった。

こうなると、歌声喫茶とレコード会社とのパイプが次第に太くつながり、新譜の中に歌声喫茶向きの曲があると、レコード会社はプロモーションの一環として歌手を都内に十数軒あった歌声喫茶に派遣した。歌手は熱心に新曲の歌唱指導をし一緒に歌った。

三六年九月、高校二年の新人歌手・仲宗根美樹は雨の日も風の日も歌声喫茶を回って、新曲「川は流れる」のキャンペーンを続けた。しまいにはのどが痛くなって泣きだしそうになる。しかし、家族ぐるみの暖かい愛情に助けられて頑張り、年末にはミリオンセラーに化けた。

「川は流れる」のバックコーラスを受け持っていたのが、女性六人の重唱団、ヴォーチェ・アンジェリカ。彼女たちは春日八郎の「長崎の女」、三橋美智也の「石狩川悲歌」でも活躍した。その彼女たちの最初のオリジナルが「忘れな草をあなたに」だった。

なんとしてもヒットさせせようと相談し合い、東京にいるときは歌声喫茶を片っ端から回り、歌唱指導した。丹念に歌い広めた効果が出て、ついに歌声喫茶でのリクエスト曲のナンバーワンになった。

（後略）（音楽文化研究家・長田暁二――『読売新聞』（夕刊、一九九九年一〇月一六日）「歌謡史外伝89」より）

当時の経営者柴田伸さんは、何人かの経営者に歌声喫茶開店を説いてまわっていました。その結果、コマ裏「灯」、「灯」吉祥寺店が開店し、渋谷「牧場」などもそのような経緯で開店したと聞いています。

❖吉祥寺「灯」開店(一九六一年九月)

「灯」吉祥寺店は一九六一年九月に開店しました。

柴田伸さんがコマ裏「灯」を高浩振氏を口説いて開店したように、伊藤日出男氏などを口説いて吉祥寺「灯」を開店するはこびとなりました。吉祥寺北口駅前の映画館の前、木造モルタルの二階。一階にあるレジで昔の切符のようなチケットを買い、二階に上がると四〇坪ほどの細長い店、ウエイトレスが飲み物を運んでくれました。奥にカウンターがあり、屋根裏が事務所になっていました。

サンドイッチマンとして雇われた上條恒彦さん(サックスとドラムも。のちに労音のミュージカル「青春の歯車」に出演)、川辺晃吉さん(フルート)、開店一年後に入店したリリックテナーの伊藤晴夫(後・加藤)さんはドアボーイとドラムス、金子富男さん、富永信さん(アコーディオン)、田崎さん(ピアノ)、その後竹内、金田佳子、遠山、中越、甲斐正男さんらが雇われました。店の閉鎖問題が起き、コンサートや労音のミュージカルに出始めた上條さんらが辞め、深代利定、当時一九歳の大貫史朗、三林キヨ子さんらが入店しました。

古い木造の安普請ということもあり、ネズミが出没し、ネコ好きの金城さんが屋根裏に飼っていたネコが、ステージやお客さんのイスの下でネズミを追いかけまわしていました。また、階下の焼鳥屋さんは、「灯」のお客さんの興奮して踏みならす音に悲鳴を上げ、注意に上がってきては結局一緒に歌って帰るといったシーンもちょくちょくありました。

❖αの会(一九五九年)

一九五九年の年末に「αの会」が結成されました。歌声喫茶を真の大衆的な憩いの場として守り抜くために、主体性を芸術的内容の中に確立していくことと、そこに働く人たちの経済的・社会的権利を守ることを目的に、タレントの親睦、歌集の検討、歌詞の統一、演奏、編曲、司会の研究を進めることになりました。高く理想を掲げましたが、活発な活動を作るところまではいかなかったようです。

メンバーは以下の方々でした。（敬称略）

【新宿】灯／井上正志（αの会　書記長）
　大衆文化センター灯／横山太郎
　カチューシャ／松永志郎、高波真一
　どん底／長岡光子（渡辺光子・おばちゃん）
【渋谷】牧場／富永信
　カチューシャ／滋賀月夜見
【池袋】山小屋／渡部脩
【川崎】うたごえ／畑中隆宏

❖池袋「山小屋」

αの会の顔ぶれを拝見しますと、オーナー（経営者）の集まりではもちろんなく、歌声のリーダー（歌手）たちでもなく、すべてピアノやアコの演奏者たちで、そのリーダーシップがうかがえます。池袋の山小屋の名前があり、ここも草創期の歌声喫茶であったことがわかります。

当時、山小屋の名リーダーで、「かっぱさん」と呼ばれていた清さんの話では、西武新宿の駅前で店をやっていたオーナーが、灯の繁盛ぶりを見て「やろう！」と決めて池袋に開店したのが「山小屋」だったそうです。川端さんが入店したときの伴奏者（アコーター）が「かあさんの歌」（一九五六年）の作詞・作曲者である窪田《くぼた》聡《さとし》さんでした（一九五六年に作られたという資料もあります）。

窪田さんは、昭和一〇（一九三五）年、東京の下町（現墨田区京島）に五人兄弟の四男として生まれました。戦中は、父親の実家の長野県上水内郡信州新町で疎開生活を送り（この縁で信州新町に歌碑があるそうです）、大学に合格したにもかかわらず家出し、中央合唱団研究生二〇期に。その後埼玉県南合唱団を組織し、指揮者、事務局長として、埼玉うたごえ運動に従事。この後、「かあさんの歌」が作られ、「山小屋」でアコーディオン伴奏をされたようです。

後日談になりますが、二〇〇七年七月にともしびが「岡山音楽を楽しむ会」に呼ばれ、出前歌声喫茶（清水、吉田、小松原）を行いました。旧日銀岡山支店だった壮麗さをうかがわせるルネスホールが会場。その時に特別コーナーがあり、ゲストが、岡山にお住まいになられていた窪田さんでした。窪田さんのアコーディオン伴奏で「かあさんの歌」を清水、吉田が一緒に歌う機会となりました。

「山小屋」は当初池袋の西口にできましたが、東口の人生座（三越の奥、都電通り）そばに移転。人生座は、やはり池袋にあった文芸坐と並ぶ文士系というのだそうですが、映画館です。

記憶に引っかかりがありましたので、ちょっと脱線して調べてみました。

「文士系」とは、サンカ小説家として知られる三角寛が昭和二三（一九四八）年に「人世座」、「文芸坐」などの映画館経営を始め、井伏鱒二、永井龍男、河盛好蔵などを重役に迎えたところから名づけられたそうです。

単なる名画座ではなく、映画の上映活動では、「大映」が不入りのために数日で上映を取りやめてお蔵入りにしたアラン・レネ監督の『二十四時間の情事』を再上映したのも「人生座」、政治的に四日間の上映のみでこれもお蔵入りしていた大島渚監督の『日本の夜と霧』を再上映したのも「人生座」。また、『人間の条件』をオールナイト興行し、オールナイトを定着させたのも「人生座」だったそうです。

記憶の引っかかりはここでした。私が高校生か大学に入った頃だったかと思います。映画の『人間の条件』の一挙上映があり見に行きました。そこが人生座だったようです。全六部、九時間を越えるということで、母に弁当を作ってもらって一日見ていたことを思い出しました。原作は五味川純平。主人公の梶(仲代達也)がソビエト軍の満州侵攻を目の当たりにし、その悲惨な現実に直面し、希望を持っていた労農ソビエトに裏切られたという思いや絶望の中で、収容所で監視しながら歌うソビエト兵士たちの歌声(ロシア民謡)に深く共感し、ソビエトの人たちの「人間性」を信じつつ、それでも自らが目の当たりにした現実との間で苦悩する主人公が、青年大野にとってはとても衝撃でした。同時にロシア民謡のすばらしさを体感した映画でもありました。

「山小屋」に話を戻します。「山小屋」でリーダーをしていた川端さんのところへ、声専(東京声専音楽学校、現昭和音楽大学)の同学だった伊藤晴夫(現・加藤)が「僕もやりたい」と訪ねてきたそうです。吉祥寺の「灯」を紹介された伊藤は、加藤晴夫の現在に至り、二〇〇七年にCD『なつかしの調べ　こころの歌』を発売するとなった訳です。

その後川端さんは渋谷の「牧場」、千葉の「山小屋」、沖縄にと乞われてリーダーとして活躍。本土復帰前でしたので沖縄へはパスポートを持って行ったそうです。ところが帰ってみたら池袋の「山小屋」はつぶれていて、西武新宿駅前「灯」に出演するようになります。新宿中央口の武蔵野館のそばにできた「こだま」に移籍。二年で閉店になり、川崎の歌声喫茶「エルサルバドル」に移ります。仲間からは、「おまえが行くところみんなつぶれる」と揶揄される」と、ちょっとはにかみながら話されていました。

❖渋谷「牧場」(一九五八年開店)のこと

渋谷「牧場」は一九五八年九月に渋谷「灯」として開店し、広ちゃん(金城広子)が入店しました。当時、歌い手のステータスだったNHKのオーディションに合格し、第二の美空ひばりを目指して売り出す前だったとか。一九五八年一二月に渋谷「灯」は「牧場」と改称されました。広ちゃんはコマ裏「灯」に移りましたが、その後「牧場」に労働組合が作られました。

一九六二年五月に会社の偽装解散が行われ、全員が解雇されました。店員だった山岸精隆さんは「いつものように店へ行ったら板でドアが打ち付けられていてもう入れなかった。解雇されたのは山岸、日高秀子さん(日高孝夫人)、アコーディオンの滋賀月夜見さん(劇団風の子)ら六人だった」と話してくれました。東京都労働委員会(都労委)に提訴して、三年目に不当労働行為が認められましたが、そのときはもう店の経営者が代わってしまって職場復帰はできませんでした。山岸さんはコマ裏「灯」に入ることとなります。飲食関係の職場をよくしていこうと、新宿の「三平食堂」や渋谷の「渋谷食堂」にも労働組合が作られていき、「灯」のメンバーも大いに支援をしました。

❖コマ裏「灯」チラシから

「音痴と美声の楽しいコーラス『灯』コマ劇場裏」の当時のチラシに「当店の四月中のベストテン」が残されています。

①心はいつも夜明けだ、②一週間、③かあさんの歌、④大漁うたいこみ(斉太郎節、遠島甚句のこと)⑤青春は雲のかなたに、⑥罪つくり、⑦郵便馬車の馭者だった頃、⑧囚人の歌、⑨カリンカ⑩乾杯の歌

またお客さんに配られた歌チラシに掲載されている歌は以下のようでありました。今ではうたごえ喫茶の定番の曲もいくつか載っていますが、当時は「新曲」でした。

「十八才」、「一週間」、「心はいつも夜明けだ」、「青春は雲のかなたに」、「罪つくり」、「ロシア人は戦争をのぞむか」、「しらす畑」、「心さわぐ青春の歌」、「アルプスの恋唄(岳人のうた)」、「進め解放の旗高く」

元音楽舞踊団カチューシャの杉本憲吉さんによりますと、「一週間」などはカチューシャの公演でもこの頃盛んに歌った歌だそうです。

この頃のコマ裏「灯」におけるメンバーは、青柳常夫(ヤギさん)、井上正志、甲斐谷昇、金城広子、鈴木尚子、長谷川圭子(おけいちゃん)、日高孝、深野安子(P子さん)、藤田順好、藤野美智恵、山田弘遠でした。

♪♪♬ 歌声喫茶の相次ぐ閉店

歌声喫茶のブームに陰りが見えてきます。六〇年安保の「挫折」、テレビの普及・カラーテレビの登場、趣味の多様化などいくつかの要因があり、お客さんの減少が顕著になってきます。経営が苦しくなり、うまみもなくなり閉店する歌声喫茶が相次ぎました。一九六〇年代の半ば過ぎには、都内にある歌声喫茶は、「灯」が三軒、「カチューシャ」二軒、「どん底」を合わせて六軒のみとなり、全国的にも大阪「こだま」、京都「炎」、富山「赤トンボ」、仙台「若人」と数えるほどの店だけになりました。

コマ劇場裏「灯」は西武新宿駅前「灯」と分かれて、歌声喫茶を続けてきました。同じ「灯」でしたが別経営という事情がありました。そのコマ裏「灯」でも、経営の厳しさが経営者から言われるようになりました。

❖最初の一大事！　コマ裏「灯」(新宿) にて労働組合結成 (一九六二年)

いよいよ最初の一大事が起こります。なぜともしびが、うたごえ喫茶として生き残ったのかという質問をとても多く受けます。その答えの一つが一九六二年から始まる、一大事に立ち向かった先輩たちの行動や考えにあり、そのことによってほかの歌声喫茶と違った道を私たちのともしびが歩むことになったと言えます。

一九六二(昭和三七)年二月、一人のウェイトレスが解雇されたことに憤激したコマ裏「灯」の従業員たちは、労働組合(総評全国一般東京地方本部西部地域支部灯分会)を結成し、解雇を撤回するよう求めて立ち上がりました。その夏、労働組合をきらった経営者は、「経営の見通しが立たない」として「店を閉鎖し、全員解雇する」と通告してきました。労働組合はただちにこれに反対し、通告を撤回させました。

「歌声喫茶のブーム」にかげりがみえた時期で、もともと「もうかるから」と話に乗った経営者でしたので、もうからないと見るや簡単に商売替えをしようと考えたわけです。このことはコマ裏「灯」の経営者だけではなく、ほかの歌声喫茶でも同様です。一時期、東京近辺で二〇軒近くの歌声喫茶が作られ、あっという間になくなってしまったことを見てもよくわかります。ディスコがはやるとディスコ、カラオケがもうかりそうだと見るとカラオケを始めることと変わりのないように思えます。

❖労働組合、経営建て直し案を提案

労働組合はこれを契機に、経営建て直しの自主的計画を作りました。

それは、①店内にたくさんのサークルをつくる（店に集まる青年たちを中心に、最多時には約二〇サークル、参加者二〇〇名にも達しました）、②店ステージを文化創造の場にする、③店宣伝をかねて積極的に外部団体に出演する、というものでした。

当時の店内で配っていた歌のチラシ「皆さん聞いて下さい」にその思いが込められています。

> 私たちの「灯」は、出来てからもう十年になります。十年もたつと建物は古くなり、従って営業の面でも悪い影響が出てきました。経営者は、いっそのこと、歌声喫茶をやめて、ビルを建てバーかパチンコかもっともうかりそうな商売を始めようとしています。つまり「灯」は創立十年にして存立の

危機に立たされているのです。

皆様とよりいっそう結びつきを強くし、だれからも愛される「灯」にしようと一生懸命やっています。

「灯」がだれからも愛される店になった時、経営者も考えをかえて「灯を続けよう」と思うにちがいありません。みなさんの御理解と御支援をおねがいします。

❖サークル協議会の発足（一九六三年）

「灯合唱団」(五三名)、「灯峯山岳会」等々次々とサークルが作られ、灯サークル協議会が発足しました。

歌声喫茶では、山の好きな人たちによって山の歌が紹介され、数多く歌われました。「岳人の歌」「山男の歌」「いつかある日」などです。「アルプス一万尺」の替え歌は、店のお客さんが次々と新しい歌詞、面白い詞をひねり出し、広くひろまっていきました。

週末ともなると、新宿駅は大きなザックを背負った夜行列車を待つ山男・山女でいっぱいになりました。ザックを置いて順番を確保し、列を抜け出し、長い待ち時間を利用して多くの人たちが歌声喫茶で歌っていました。夜行列車を待つ列が列車に誘導される時間直前になると、皆さん一斉に新宿駅に向かって帰っていかれることがとても印象的でした。

❖「灯を守る会」から「灯を発展させる会」へ

経営者の「店閉鎖、全員解雇」の再度の通告にたいし、このときは、従業員(労働組合)だけでなく、ともに闘う店のお客さんの有志が「灯を守る会」を結成し、会員はおよそ六〇〇名に達しました。このときも閉鎖通告を撤回させましたが、翌年(一九六四年)夏、三度目の「閉鎖」通告がきました。何が起こるかわからない状況の中、職場を守るために従業員達は店内に泊まり込みを始め、守る会の人たちも交代で泊まり込みの支援を始めました。経営者も今度は必死のかまえで、組合員の追い出しのため暴力団を使うこともほのめかすなど緊張した毎日でした。「灯を守る会」は「灯を発展させる会」と名称を変え、会員は約一四〇〇名になりました。

そんな中、七月に「選挙で戸別訪問した」と警察が組合員一人を逮捕し、早朝五時頃、一〇〇名ほどの警官が店を包囲し、組合員を外へ追い出し、家宅捜査を行いました。不当に逮捕された組合員は「完全黙秘」を守り通し、不起訴処分をかちとりました。

新宿の「灯」労組は全国一般西部地域支部灯分会でした(委員長井上正志、書記長甲斐谷昇、事務局長宮本偉)。六四年春闘(四・一七スト中止)の影響を受け、新宿区労協の事務局長に甲斐谷昇が就任しました。当時、小さな労組出身の役員はとても珍しかったのです。その後のことになりますが、甲斐谷の後任事務局長は国労から送り出された村田静夫さんでした。『ともしび歌集』でも取り上げられていますが、国鉄の働く者の気概を歌った「俺は枕木」の作詞者で、国鉄を退職した後、ともしびの制作(営業)者として活躍、退職校長風で大いに力を発揮していただきました。その後、ハンガリーとの文化交流をライフワークとして活躍されました。村田さんにハンガリー大使館の文化担当官を紹介されたおり、ハンガリー人の文化担当官から「オー！　ツメニヒトモス　トモシビネー」といわれ、一瞬何のことかわからず、一呼吸置いて、そのあまりの洞察力に（偶然とはいえ）感嘆したことが思い出されます（下巻一八四頁）。

❖遊びの達人たち

オペレッタ劇団ともしび前代表の藤沢義男（故人）に、コマ裏「灯」のサークル活動やイベント、店の雰囲気を書いてもらいました。

コマ裏「灯」には「灯を発展させる会」とともに、多様なサークルがあり、また、「労音ともしび」、「AA連帯ともしび」等が、他団体との交流、国際連帯の活動を展開していました。

サークルの中で特異な性格を持ち、その理論と組織性をいかんなく発揮していたのが「π（パイ）の会」でした。簡単にいえばトークサークルで、その日の会場（多くは近くの喫茶店）に集まった人が、自分の想いや疑問を出し、あるいはチューターが引き出し、自由に話し合っていく中で、結論を出すのではなく各々の考えが豊かになり、方向性が見えてくるようになる、という会を毎週開いていました。テーマはなし、結論を出さずで、なおかつ楽しく、結果的に深く学習するという気風を作り上げたのは、甲斐谷昇の知性とユーモアであり、何よりも、人間が大切という哲学によって成立していると感銘を受けました。

ロシア民謡の合唱曲等、お客さんがステージに集まるのではなく、客席で各々のパートを歌い、店全体がハーモニーしていることが印象的です。昨日のことのように吉野新八郎さんなどの美しいテノールが、耳の奥でひびいてきます。「遊びの達人たち」や甲斐谷の「πの会」を通しての活動や哲学を学び、コマ裏「灯」でのサークルやイベント活動を引き継ぎ、様々な活動を展開しました。

一九六三年頃から宮本たちと展開した「海水浴バス」、「スケートバス」は、バスの中、通る道路の風景、海の家についてからの企画内容等見事に基本が作られており、基本の上にライブが展開されていて毎回楽しみでした。中心メンバーに「ドテちゃんグループ」といわれた三人コンビ、日本フォークダンス連盟の大原栄三先生などがいました。とにかく彼らはユーモアにあふれていて、「アルプス一万尺」の替え歌を作ったのは、ドテチャン、トンボチャン、サブチャンの三人で、私たちは次に彼らがどんな歌詞をつくってくるのか、といつも心待ちにしていました。

❖構成ステージの始まり(一九六四年)

店再生の自主計画の二番目、「店ステージを文化創造の場に」の方針のもとに、店内構成企画が次々と取り組まれました。国民的課題を正面から取り上げ、また世相を巧みに切り取り、感動的なステージが構成されました。

コマ裏「灯」も同じ歌声喫茶として出発しましたが、西武新宿駅前「灯」とは全く新しい道を歩み始めたといってもよいでしょう。メンバーも多彩で特色のあったことが「店ステージの文化の創造」という目標を打ち出す力になったともいえます。藤原歌劇団にいた青柳常夫、舞台芸術学院の深野安子、作曲の井上正志、脚本の甲斐谷昇、演技派でシャンソンを得意とする藤田順好、美術の宮本偉、山岸精隆。お客さんも多士済々で、詩人会議に所属する詩人の方々、新劇俳優、画家、漫画家など多くの方の協力をきました。以下、店内企画の約一年間のプログラムを紹介します。

六四年　一月　シュプレヒコール「日本ロールの闘い」
二月　店内構成ステージ「闘う南ベトナム」
五月　構成ステージ「闘う沖縄」
六月　構成ステージ「日本の現状から」
七月　構成ステージ「ホセ・ラモン・カンタタリーソ（キューバ革命に寄せて）」
八月　歌と構成「戦後二〇年・戦争」
歌舞構成「ふるさと」（砂川によせて詩と合唱の構成）
シュプレヒコール「ガス配管工の闘い」
寸劇「列外三名」
九月　今様狂言「忍びの者」
一〇月　構成劇「愛・ふるさと」
一一月　構成再演「青春の歌」「ふるさと」
一二月　灯オペレッタ「シンデレラ」店内初演
六五年　一月　「シンデレラ」再演
二月　灯オペレッタ第二作「おむすびころりん」

❖『平凡パンチ』に取り上げられた「えらく楽観的な奇妙な争議」（一九六四年）

一九六四年、新宿のコマ裏「灯」はついに争議に入り、労働組合が職場管理し営業を続けました。暴力団が壊しに来るということで、毎日泊まり込みが続きました。

営業後、お客さんが帰ったあと、一階の客席の丸イスを二階へ上げ、並べてベッドとし、カンパでもらった布団を一〇枚ほど敷き詰めて泊まり込みが始まりました。毎晩泊まっていると、二階へのイスリレーが驚くほど巧みになりました。窓からの侵入を防ぐため、内側から板張りをしますが、営業中ははずさなければならないので、毎日付けたりはずしたり、いつしかそれも合理的に工夫されました。泊まり込みの時間を使って夜遅くまで学習会や討論会が行われるようになり、他の労組からの支援者を含めて「労働者の学校」の観を呈しました。

このことは「えらく楽観的な奇妙な争議」として若者向け雑誌『平凡パンチ』に取り上げられました。たくさんの支援者が泊まり込み、誰が従業員か客かわからない状態でした。「発展させる会」で活動していた宮本偉さんは、こちらの争議に力が入りすぎて自分の会社をクビになってしまい、とうとう「発展させる会」の専従者になるという奇妙な結果も生みました。

❖灯オペレッタ「シンデレラ」の上演(一九六四年)

「催しをやって、お客さんに来ていただこう。来ていただくことが争議支援ということで割引券付き前売り券をたくさん売ろう」と話し合い、あちこちへ訴えていきました。

取り上げた企画は、なんとあの「シンデレラ」でした。かつて井上正志さんが書きためていたものを舞台化し、オペレッタにしようということになりました。中央合唱団の専従でもあったP子さん(現「家路」)は、舞台芸術学院で演出の勉強もし、スカウトされて「灯」で司会をすることとなりました。

そのP子さんが演出と演技指導、音楽は井上さん、絵描きを志していた宮本偉・山岸精隆さんが舞台美術を、台本は当時お客さんで店によく来ていた詩人の方にお願いし、オペレッタ「シンデレラ」は作られ、初演されました。

貴族たちの退廃的な生活に飽き足らない開明的な王子は、庶民の娘シンデレラに魅かれ求愛するという設定がお客さんにも大いに受けて、繰り返し店内で上演されるようになりました。

❖灯オペレッタ第二弾「おむすびころりん」(一九六五年)

当時の資料を見てみると、「灯オペレッタの第二弾として『おむすびころりん』が準備され、その方法として集団創作が模索されました。ベトナム戦争の影響もあり、もらったおむすびを食べて力を付けたネズミたちがベトコン(南ベトナム解放民族戦線)に、そしてアメリカに見立てたイタチをやっつけるというものでした。従業員の誰もが平等な発言が出来るという民主主義と混同し、強引に時代をオーバラップしてしまったものです。その後、集団創作と専門性などについて整理され、もう少し労働者の気持ちにあったものをと民話から『貧乏神』を選び、詩人の秋村宏さんに台本を依頼し、浜名政昭さんに作曲をお願いしました」と当時、まとめられています。

❖コマ裏「灯」協定書結ばれる(一九六五年八月)

渋谷の「牧場」の会社偽装解散、組合員のみ解雇されたことに対して「牧場」の労働組合は都労委に提訴していました。一九六五年六月、都労委は不当労働行為を認めましたが、職場復帰はなりませんでした。八月には様々な経緯と関係者の努力でコマ裏「灯」の労使の協定が結ばれました。一年後の再開を経営者と約束し、コマ裏「灯」店から従業員が一時出て、再開を待つということでした。

労働組合と「発展させる会」では「デッカイ灯を・全都にともしびを！」のスローガンを掲げて、こんな店を東京中にぜひ作ろうと手分けをしてオルグに入りました。この頃は集会も多く民主的運動も元気でした。また労組の総会なども定期的にあり、歌声や労働歌の指導などに飛び回っていました。労音の応援もあり「貧乏神」の四国公演が決まりました。「シンデレラ」、「貧乏神」の会館ホールでの手打ち公演を次々と準備（渋谷青いビル／一九六五年一一月、江東公会堂／一九六五年一二月、品川公会堂／一九六六年二月、紀伊国屋ホール／一九六六年四月、千代田公会堂／一九六六年五月）し、秋葉原駅前の喫茶店「ドリーム」で毎日曜日に一日歌声喫茶を開き、中央区の争議団・正路喜社でアコーディオン教室を開設するなど、厳しい状況を逆に力に変えて新たな活動に踏み出していきました。

日朝プリントの好意で、事務局の日高孝の住まいと連絡事務所を置くことができました。稽古場などまだなく、大久保公園などを稽古場がわりに転々としながら練習を積みました。東京二三区を二〜三人ずつで担当分担してオルグに入りました。組合員のアルバイト班と独身者は住居を引き払い、共同生活（雑魚寝状態）にはいりました。バイト班は葛西の護岸工事の飯場住み込みを行ったり、デザイン工房などで資金稼ぎをし、活動を続けました。こうして、何とかかんとかして稼いだお金を組合員で分配するわけですが、その総額は少ないので、年齢、技能、経験等に関係なく、困窮状態に応じて支給しようと話し合いました。この精神は今の会社の給与支払いにも残されています。

当時のメンバー一九人の任務分担は次のようでした。
井上正志(吉)、日高孝(事)、藤野美智恵(バ)、金城広子(吉)、長谷川圭子(事・オ)
佐山尚子(吉)、山田弘遠(バ)、藤田順好(文)、深野安子(文)、甲斐谷昇(事)、青柳常夫(文)、
古賀康子(バ)、井口文雄(文)、和田徳三(バ)、宮本偉(バ)、長沢和子(文)、西田信芳(バ)、
松永敏子(文)、山岸精隆(バ)
(吉)は吉祥寺店、(バ)はアルバイトに、(文)は文工隊として職場などへ公演に、(事)は事務局、
(オ)はオルグとして普及活動を行うという分担でした。

♩♪♬ 西武新宿駅前「灯」の歴史

二〇〇七年の新年のご挨拶で、演出家の関矢幸雄先生と「歴史を受け継ぐ」というお話をした日の夜、帰りの電車の中で、吊革につかまって本を読み始めていると、目の前に座っていた老人が話しかけるようにしゃべり始めました。何とはなしに表情をうかがうと、誰にということなく語りかけているようでした。「西武線は前はこんなに混んでなかった」、と一人ぶつぶつと話す。「家もなかった。天覧山によく登ったもんだ」。おじいさんの手はすごく荒れていました。その白くかさかさした手は、きれいに洗っているのが知れますが、もう落ちようのない青いインクがしわにしみている。誰にとはなく武蔵野の歴史を語り続ける老人、おそらく最近まで印刷の仕事をしていた老人が自身の来し方を重ねながら一人語り続ける歴史を、一緒に酒でも飲みながらゆっくりと聞きたくなりました。

数日後、西武新宿駅前「灯」の歴史を記録しておこうという話が持ち上がったのも偶然ではないように思えてなりません。西武新宿駅前の歌声喫茶「灯」(のちにともしび)の後半期に、リーダーの中心的存在だった近藤卓さんと、店で、少しゆっくりと話す機会がありました。きっかけは、前年一〇月一〇日のヤギさんをメインにした、うたごえ喫茶の短い企画が日本テレビ「おもいっきりテレビ」で放映されたことでした。西武新宿駅前「灯」は、一九七七年のこの日に閉店になりました。

本書『「うたごえ喫茶ともしび」の歴史』は私たち(コマ劇場裏「灯」)の歴史が中心になってしまいます。歌声喫茶としては西武新宿駅前の店が「本家」ですが、まとめるとか記録するという方がいません。みんなの記憶に頼って人名だけでも記録しようと、お客さん歴の「古参」である久保さんにもご協力いただき、さっそく当時のメンバーたちを書き出していただきました(敬称略)。

【リーダー(男性)】 岩崎、青柳常夫、かとりしろう(富松)、越膳正明、大崎卓(タク)、山ノ内清彦、上條恒彦、近藤卓(タカシ)、山田仁、北野修治、福田勝彦、杉原、市川貞男、宮史

【リーダー(女性)】 リヤ、ケケ、デコ、村田ますみ、福井典子、富山よし子、泉朱子、山川ミサ、伊藤まさ江、安部美智子、森みき子、梅田裕子、高崎けい子、富沢ふみ江

【バンド】 鎌野、井上正志、甲斐谷昇、羽鳥、横山太郎、鶴田こういち、上北進、堀井明、栗原浩一郎、斉藤淳、富永信、宮之原正輝(ジョニー)、蜂谷勇治、紙谷

そうこうしているうちに、お客さんのMさんからいただいた古いパンフレットを思い出し、整理した

ところ次のようなメンバー紹介がありました。

【一九六三年五月号】 越膳正明（エッチャン）、明石光司、柳秀子（デコチャン）、河ノ口幸治郎、玉光八洲子、杉原武雄（モンチャン）、平沢由幾子、沢田栄子、早野正子（マコ）、鎌野茂とシルバートンファイブ

【一九六四年五月号】 アコーディオン＝鎌野茂・畑中隆宏、ドラム＝堀井晃、ピアノ＝鶴田耕一、エレキギター＝渡辺千夏、ベース＝長南豊彦、エレクトーン＝鎌野茂・畑中隆宏

【一九六四年九月号】 この年のパンフレットにはメンバーの年齢と出身地も記載されていました。越膳さんが最年長で二六歳、皆さん二〇歳ちょっと過ぎです。つくづく……若かったですね。

越膳正明二六歳（青森県下北郡）、沢田栄子二三歳（東京都北区滝野川）、河之口幸治郎二二歳（三重県伊勢市）、早野正子二三歳（岩手県宮古市）、柳秀子二〇歳（栃木県真岡市）、杉原武雄二〇歳（三重県阿山郡）、平沢由幾子二一歳（三重県津市）、火鳥志郎二二歳（鹿児島市）

【一九六五年一月号】 越膳正明、柳秀子、杉原武雄、平沢由幾子、山之口聖彦、松永敏子（ビンチャン）、大崎卓（タクチャン）、新メンバー＝岡田弘（オカチャン）、三谷佳代（カヨチャン）、堀井晃とコンセールムーラン、上北進とピアノトリオ

❖西武新宿駅前「灯」のモットー

さて、一九五九年に新装なった西武新宿駅前「灯」はレコード会社との提携を始め、「北上夜曲」に

続いて友竹正則「忘れな草をあなたに」、「竹馬の友」の歌詞を、毎月お客さんにサービスとしてお渡しする栞《しおり》に印刷して紹介し、キングレコード、ポリドールレコードなどのレコード発売の宣伝を合わせて行っていました。六二年には倍賞千恵子「下町の太陽」がレコード大賞新人賞を獲得、新譜として紹介されてもいました。六四年は「祖国の山河に」、「淋しいアコーディオン」、「花あそび」などを新譜として紹介していました。

この頃は「うたごえオリンピックキャンペーン一九六四年」として、東京オリンピックに連動したキャンペーンが歌声喫茶でもありました。もう五五年以上も前のことになるのですね。「ハアー　あの日ローマで…」で始まる「東京五輪音頭」、「海を越えて友よ来たれ」、「この日のために」なども栞に紹介され歌われていました。私はといえば、中学三年の「多感な少年期」(?)で、修学旅行でも誰とも口をきかず、学内弁論大会で「幸せでしょうか」と題して受験戦争批判をして優勝したのですが、終わって職員室に呼ばれ「どういうつもりだ」と先生方に囲まれたことがふと思い出されます。聖火リレーの伴走者が校内からも選ばれ、颯爽《さっそう》と走っていたオリンピックは、どこか別の世界のことのようでもありました。

西武新宿駅前「灯」は次のようなモットーを掲げていました。

・すべての人に愛されるうたごえの店であること
・すべての人にうたごえの楽しさを満喫していただくこと
・そして、常に健康的で明るい雰囲気をたもちつづけること

当時のリーダーたちに「あなたが大臣になったらあなたは何を?」と問う企画があり、多くのうたご

えリーダーたちが応えています。

もしも私が厚生大臣だったら……そうね、何をしようかしら。そうそう問題になっている医療費値上げをやめさせるわ。だいたい毎月一〇〇〇〇円近くも健康保険の負担金を払っているのに、この上初診料の値上げ、薬代半額負担なんてばかにしているわよ。

今、物価がものすごく高いでしょう。肉だって野菜だって満足に食べられないから病気になる率だって高いのよ。安心してお医者さんにかかれないじゃない。支払いの心配ばかりしていていたらなおるものもなおらなくなっちゃうわ。私が厚生大臣だったら病気になってもただで病院に行けるようにします。（松永敏子）

ここで語っている松永敏子さんは、びんちゃん（ソプラノ）として親しまれていました。夫君は松永志郎（かんちゃん）です。かんちゃんは「灯」ではなくカチューシャでアコーディオンを弾いていました。私が初めてお二人にお目にかかったのが一九七二年頃でしたか。かんちゃんとは渋谷のカチューシャででした。渋谷のセンター街を入ったところにあったように思います。びんちゃんとは吉祥寺の「灯」だったかと思います。

❖一九六〇年代後半の西武新宿駅前「灯」

一九六〇年代の後半になりますと、東京では西武新宿駅前「灯」、吉祥寺「灯」、亀戸「灯」、新宿

「カチューシャ」、「カチューシャ」渋谷店、「どん底」のみとなりました。一時期池袋に「ラーク」が営業していました。「カチューシャ」のかんちゃん、「どん底」のおばちゃん（渡辺光子）と私たちはネットワークを持ち、当時の音楽文化集団ともしびからは、ほかのお店へのトラ（司会者や伴奏者が休みを取るとき交代のメンバー〈トラ〉として応援に行っていました）でたびたび出かけたり、人材の派遣を求められ、ともしびの専従であった寺井一通さんを「どん底」へ、飯田剛巳さんを「カチューシャ」に送り出しました。大野はトラとして、よくどん底やカチューシャに行きました。お客さんのKさん、ばりばりのバリトンでロシア民謡やカンツォーネを歌ってくださるKさんは、この頃カチューシャのバイトをされていたように記憶しています。どん底の司会者はしょーちゃんにテラ（寺井）さん、若ちゃん（若狭健二）でした。

若ちゃんの漢字を確認しようとインターネットで探したところ、「どん底」のホームページにたどり着き、拝見したところ「どん底今昔」として、一九五一（昭和二六）年創業時以来のお客さん、本郷新、愛川欽也、野村萬、角田陽次郎、小松方正、矢野誠一、渡辺美佐子さんらが、創業五〇年にあたっての想い出をリレー式に掲載されていました。とても面白かったです。さすがに「どん底」。ともしびと違って少し大人の雰囲気がありました。本当に多くの文化人が常連の「どん底」でした。今取り上げている六〇年代では青島幸男、美川憲一、尾藤イサオさんらが書いていらっしゃいます。

さて、この頃の西武新宿駅前「灯」につきましては、越膳正明さんを世界青年学生平和友好祭に送り出すの弁を紹介してとりあえず終わります。

越膳正明　第九回アルジェ世界青年学生平和友好祭に参加

通称エッチャンで親しまれているチーフリーダー越膳正明は青森県の出身で一九三七（昭和一二）年生まれ、当年二七歳です。将来は電気技師になるべく東京電機大学へ通っていましたが、歌が三度の飯より好きという彼にとってはもっぱら学業そっちのけで歌の勉強をしていました。大学二年のとき、ついに病こうもうにして大学中途で歌手に転向してしまいました。初めは日劇やコマ劇場等の大舞台を踏んでいましたが、そのコマーシャリズムに飽きたらず、自ら新宿合唱団を結成したり、徳田ラテン合唱団中の混声合唱団を経て昭和三四（一九五九）年、灯歌声ビル落成と同時に灯に参加しました。今回アルジェリア平和友好祭に芸術部門の代表として参加、ソ連他各国を訪問してきますが、それによって一段と視野が広くなり、またうたごえ発展のための大きな足がかりを作ってきてくれることでしょう。

♪♪♬「夜明けの前がいちばん暗い」

❖ともしび運動史上最も困難な時代

一九六五年と、その後の活動は全く過酷といってよい状況でした。「夜明けの前がいちばん暗い」という言葉がありますが、まさに「夜明け前夜」といった様相でした。コマ裏「灯」の一年後の再開が約束されましたが、給料は保証されていませんでした。自分たちで稼ぎ出さなければなりませんでした。吉祥寺「灯」も閉店が取りざたされ始めました。けれどもメンバーたちは意気軒昂、「全都にともしびを！」のスローガンを掲げ駆け回っていました。

ともしび運動の歴史の中で、この時期があらゆる意味で最も困難を極めました。ほとんどのメンバーが、バイト、オルグ、単発的な出演、という活動形態にあり、組織的な団結を持続する上で、格段の努力と組織性と政治性が求められました。オルグをサボる者やバイトを辞める者、出演先に来ない者や、ともしびを辞めようと思う者等々……。

何よりも経済的には極貧状態でした。ひどいときは一カ月五〇〇〇円（！）の配分という時期（当時の時給が五〇ないし六〇円、高卒初任給一万円ちょっとという時代です）もあったのです。にもかかわらず、組合員を支えたのは閉鎖反対の争議時代の団結と、「全都にともしびを！」の夢と、一年後の約束されたコマ裏「灯」の再建再開でありました。

連絡事務所を兼ねていた日高家にプライバシーはなかった、といっても過言ではありません。三十代前半の日高夫妻にとって、若い支持者が泊まり込むことも含め、ともしび全ての集中点であったのですから、家族の憩い等、物理的には望むべくもありませんでしたが、日高夫人の「デコちゃん」は、飲食も含め若者たちの悩みにいつも応えていました。

また、極貧にあえぐ組合に匿名で米や味噌が、たびたび届けられ、それは何よりの励ましとなりました。匿名の送り主は今日に至るも判明していませんが、そして本人も認めませんが、HYさんだと確信しています。本人は、ただ、寝るだけのスペースの部屋に住み、文字通りパンの耳を食べて暮らす生活の中で、後に亀戸店開店の時には、ピアノとアコーディオンを用意して「貸して」くださいました。ずーっと貸してくださいました。思えば、この時期を乗り越えることができたのは、多くの「Yさん」

たちの支援に励まされ、それに応えようとした心意気かもしれません。

その当時（一九六六年三月一四～二一日）のMさんの手帳を拝見しました。当時の姿が目の当たりに迫ってきます。少し引用させていただきます（引用文中の※はMさんによる註です）。

三月一三日（日）

ドリーム一日歌声。坂口君と梅田君にあう。梅田より建設資金カンパ一五五〇円領収、日高さんに預ける。坂口君一一時に帰る。P宅（P子さん・現「家路」）に原稿を取りにゆく。夜中、一時半帰る。ヒロシ帰ってくる。

※ドリームとは当時、コマ横の「灯」を出てから毎日曜日、秋葉原駅脇の「喫茶ドリーム」で一日うたごえを続けていたところ。

三月一四日（月）

朝七時出る。朝よりコンクリート打ち込み。夕方、正路喜社で「貧乏神」練習。

※私はアルバイト班で葛西の護岸工事土木現場にて月曜から土曜まで安全靴にナッパの防寒服を着て保安帽かぶって現場監督助手のバイトを一月四日からしていた。今は、浦安のディズニーランドになっているところだ。

※正路喜社とは銀座に読売新聞社の争議団が自主管理していたビルの名前。ドリームと同じ頃より一室を使用させてもらい「アコーディオン講座と歌や踊りの稽古」をしていた。私は、灯創作オペレッタ「貧

乏神」上演にむけ初演から庄屋をしていた。

三月一五日(火)

原稿を日高さんに預ける。夜何もしていないことを知る。

三月一六日(水)

相当の疲労だ。帰って一一時に眠る。ヒロシに二時に起こしてもらう。日朝室にゆき朝まで準備する。

※日朝室とは新宿の大久保駅南に在日朝鮮人のバラックがあったのを東京オリンピックを前に行政が鉄筋の二階長屋をつくった。その一階の一室に、日朝プリントという印刷屋があり、片隅に新宿地区労の事務所が入っていた。私たちは長屋の一室を日高さん家族の住居にかりて灯争議団連絡先とし、あわせて印刷所機能を自由に使用させてもらっていた。

三月一七日(木)

※朝まで準備とは、週末の「貧乏神」上演の資料や集会の歌チラシづくりのこと。

そのまま職場にゆく。眠い。何としてもねむい。夜、タイプを打ち終わった原稿の校正とカット入れ。雨がふる。ヒロシ居なくなる。予定通り製本。

三月一八日(金)

※昼間土木現場の仕事をして、夜は資料づくりと二晩も徹夜をしているのだ。眠いのはあたり前だ。

三月一九日(土)

朝になり、チラシ一〇〇〇枚刷る。糊付け終わり。カッティング済ます。

オペレッタ「貧乏神」品川公会堂公演。一一時合評会終わり、帰る。一食とパン一個の一日。

※オペレッタの公演となれば私は舞台美術の仕込と舞台監督、それにチョイ役の「庄屋」の出番と、休む暇はなかったものだ。それは出演者全員同じようなものだった。

※当時、争議団ということと、同時に一七度線に分断され、二年後の総選挙統一の約束をなし崩しにされた、ベトナム人民の戦いに呼応する気概がどこかにあった。

三月二〇日(日)

朝一一時起きる。空腹である。一円もなし。三・二〇集会参加の交通費をなんとしよう。定期で錦糸町へゆく。平井までのりこしバック。錦糸町より残りの回数券で晴海へ。歌い踊り、デモで旗を持ち新橋駅まで。八時、日朝に帰る。一食もなし。椀一杯のご飯とソバ一袋をもらって帰る。もらったソバを湯掻いて食う。何一つ味付けのないソバはのどを通らず半分残す。

※水道の蛇口を見つけて口をつけ、水だけは飲んでいた記憶がある。

三月二一日(月)

仕事場にゆく。バス代の残りで牛乳を飲む。昼にならず、猛烈な空腹、あと少しの辛抱。

※昼食は飯場の食堂で腹一杯ご飯と汁がかき込めた。多分これがエネルギーの最大の補給源だったのだろう。

❖「灯」吉祥寺店と新宿「灯」の連携

その頃、「灯」吉祥寺店でも大きな変化が起こり始めました。伊藤社長(当時)から経営の困難さが言われるようになり、従業員たちは仕事を守るために労働組合を結成し、経営者が別だったのでそれまでまったく別々だったコマ裏のメンバーと吉祥寺のメンバーが連携し合うようになり、現在のともしびの組織的運動の出発となりました。

一九六一年に作られた吉祥寺「灯」でも、一九六四年、ボーイの一人が当時六〇円の時給を六五円にしてくれと要求し断られたのをきっかけに、労働組合が作られました。

結成された労働組合は、新宿コマ劇場裏の「灯」にすでにあった労働組合(総評全国一般西部地域支部灯分会)に支援を求めます。ここから新宿と吉祥寺の関係が生まれたのです(コマ裏「灯」と「灯」吉祥寺店の経営者は別でした)。

六五年一〇月頃、吉祥寺店で経営者間の意見の不一致と労働組合に対する無理解から、経営困難を理由に企業閉鎖、全員解雇の通告が出ました。しかし六六年二月、「六カ月間、労使双方が努力する」、「六カ月たったらまた話し合う」ということで、交渉はまとまりました。閉鎖撤回をかちとった日のステージでは、上条恒彦が男泣きに泣きながら勝利の報告をしました。伊藤晴夫だけが終始冷静であったと「さすがは労働組合委員長」と評価を高めました。勝利を機会に、上条ほか何名かが「灯」をやめ、巣立って行きました。かわりに入ってきたのが大貫史朗、深代利定。

❖亀戸店開店への底流

よく東京の東部地域は「文化の不毛地帯」といわれていましたが、コマ裏「灯」の時代から、常連のお客さんやサークルの会員、店での構成ステージへの出演者などに、東部在住の人がたくさん参加していました。そして、それらの人々が、店企画のチケット普及でも大きな力を発揮していました。

一九六五年の「シンデレラ」の最終日のことです。最終ステージが終わり、打ち上げをやっていると、白い息を吐きながら、前売り券を手にして三人の労働者が飛び込んできました。すでに午後一一時を過ぎていました。「やっぱりもう終わったんですか」。一瞬、「灯」のメンバーは互いの顔を見つめ合いました。そして、「もう一回やろう!」と瞬時にみんなは立ち上がり、衣装を付け、シンデレラを上演したのです。三人の労働者は墨田区から、残業を終えて駆けつけたのでした。

また、秋葉原「ドリーム」での一日歌声喫茶は、人的にも地域的にも、「灯」と東部を結びつけるさらに強い契機になりました。

「全都にともしびを!」を掲げた活動の中で、コマ裏「灯」での創造活動と青年運動、サークル活動の理念と組織論が、東部の労働者や青年の中に浸透し続けていたのです。「豊かな感性とは、深い知性によって支えられるものである」と、ともしびは考えてきました。コマ裏「灯」の日常のステージや企画、オペレッタ、あるいは各々のサークル活動を通して、実によく私たちは学びました。学習の柱は文化だったのです。いい換えれば、それは、人間的に豊かである日常を目指す集団と個人の学び合いでもありました。そのような文化と運動の質を持って、全都に運動を展開したのですが、東部における、かつての南葛労働会からの伝統を受け継ぐ労働運動と、何人かの強力なパートナーの存在との出会いが、歴史的な亀戸店開店(一九六六年)に結びついていったといえるのではないでしょうか。

❖文工団「たんぽぽ」——公演活動の開始(一九六二年)

一九六〇年代半ばはうたごえ喫茶にとっても転換点でしたが、現在のともしびのもう一つの基礎、公演活動を開始した時代でもありました。

一九六二年に文工団「たんぽぽ」が作られ、一九六四年一二月にはオペレッタ「シンデレラ」(作曲＝井上正志)がコマ裏「灯」の店内で初めて上演されました。六六年一一月にはオペレッタ「貧乏神」(作＝秋村宏、作曲＝浜名政昭)が四国労音一一カ所で上演されました。うたごえ喫茶六五年になりますが、ともしびの公演活動ももう五七年続いていることになります。

文工団「たんぽぽ」の団員は、深野安子(P子)、藤田順好、井ノ口文雄、長沢和子、松永敏子(びんちゃん)等でした。職場で開かれた昼休みうたごえや春闘決起集会などに数多く出かけていきました。当時の労働運動は安保・三池闘争の統一戦線を受け継いで、中小企業の争議団で闘われていました。日本ロール、三協紙器、ガス配管太田支部等、東京だけでも一〇〇あまりの争議団があり、「灯」も一〇年に及ぶ争議となりました。

アコーディオンの伴奏で歌唱指導をしたり、参加者と楽しく歌ったり、時には寸劇などもおりまぜての出演でした。オペレッタ「シンデレラ」を上演した「灯」は、これら職場の姿を描いたオペレッタを作り上演するようになりました。オペレッタ「俺たちは太陽」、オペレッタ「〇メートルの青春」等です。

日本ロールの闘いは映画『ドレイ工場』(山本薩夫・総監督)に描かれ、またその子どもたちの生活を記録した須長茂夫著『どぶ川学級』は橘祐典監督で映画化もされ、日本全国に大きな感銘を与えました。劇団代表の藤沢義男によると、当時、日本ロールは江戸川区雷《いかずち》の埋め立て地の突端にあったこと、交通の便がなく延々と歩いて支援に行ったこと、須永さんや日本ロールの労働者たちが「灯」亀戸店に来てくださったことなどを覚えていました。

ちなみに『ドレイ工場』はそうそうたる方々の出演でした。

製作＝ドレイ工場製作上映委員会（一九六八年一月）、総監督＝山本薩夫、監督＝武田敦、出演＝前田吟・日色ともゑ・草薙幸二郎・宇野重吉・高城淳一・杉村春子・志村喬・北林谷栄・花沢徳衛・鈴木瑞穂・陶隆

❖灯「オペレッタ」

さて、オペレッタ「ごんべえかかし」（脚本＝山岡まさる、作曲＝井上正志）は「灯」のオペレッタを見たある学校の先生から子ども向けの作品をぜひにと懇願され、一晩でみんなで作った、とスイカ泥棒役のヤギさんは話してくれました。

ところで、なぜ「オペレッタ」という言葉を使うようになったかということですが、庶民的な音楽劇をめざした「灯」にとって、ミュージカルでもオペラでもなく、オペレッタがふさわしいと考えたそうです。「オペレッタ」は「小喜歌劇」と訳されていましたが、オペラと対になった言葉で、奇しくも日本の能と狂言との関係に似ています。能は歌劇であり、その世界は幽玄世界に人間の本質を描こうとするものです。狂言は庶民的で風刺性に富んだ喜劇として、よって立つ視点が違ってもやはり人間の本質を描こうとしていると区分することができます。オペラとオペレッタとの関係でもとても似た要素があるように思われます。

「ごんべえかかし」も狂言の「瓜盗人《うりぬすびと》」を脚色して作られました。当時、オペレッタが日本で上演される機会もあまりなく、クラシック、オペラ界とも異なる庶民的で、かつミュージカルとも異なる音楽劇を創造し、表現する上で、とてもマッチしたネーミングでした。わらび座は民族歌舞団、いちょう座は楽劇団、カチューシャは音楽舞踊団と称していました。私たちはその後、「オペレッタ劇団ともしび」として独自の活動を始めることになります。

ちなみに一九九一年、「財団法人日本オペレッタ協会」が設立されています（二〇一三年に解散し、現在、NPO法人になっています）。目的は「西欧の音楽劇の基礎であり、裾野であるオペレッタの本当の姿、本来あるべき姿を日本の土に根付かせ、芽吹かせ、花を咲かせるべく、オペレッタの公演、歌、芝居、踊りが三位一体となったクラシックの歌役者、コーラスの養成の創造部門とそれを支援し、違いの分かる観客を育成する観賞部門を両輪にオペレッタの普及にあたると同時に、オペレッタを共通語に海外公演を行い国際的な文化交流をはかる」とありました。

当時の機関誌『月刊ともしび』第一号に「貧乏神特集」として、どのようにともしびらしい独自のオペレッタ「貧乏神」を作り、活動の指針が作られたかが書かれています。当時の「思い」がよくおわかりいただけるかと思いますので、少し長くて恐縮ですが紹介させていただきます。

「貧乏神」はどのように作られたか。私たちは六年前（一九六二年）、組合結成と前後して「文工団たんぽぽ」を作り、日本ロールや三協紙器、ガス配管太田支部（企業閉鎖）等に出演し、働く仲間の正当な闘いをはげましてきました。店内でも「詩人会議」の方々と協力して、「働く仲間の夕べ」を企画

し、「沖縄」「ベトナム」「キューバ」「戦後一九年」を上演し好評を得てきました。

こうしたいろいろな努力の集大成として、昭和三九（一九六四）年のクリスマスに灯オペレッタ「シンデレラ」が店内で上演されました。

「シンデレラ」上演の中で、日本民謡に取材して「灯の闘いと結びつけた創作を」という声が強く出て、灯労組の書記長の甲斐谷昇さんが、日本の民話から「おむすびころりん」を選んで脚本を書きました。脚本を書く過程において、本読み、立ちげいこの過程を通じて、徹底的に組合員全員が創作に参加しました。

私たちは、ステージに立った時は一ひとりの組合活動のあり方、家庭生活のあり方から日常の全生活に対する誠実さが試されるのでした。それは「全体の出来、不出来は私たち全員の団結の度合いであり決して技術的な問題ではない」と確信していたからです。でも時には技術主義的に走ってしまうこともありました。演技がゆきづまった時や舞台のさえない時、全体の団結で困難を突破することを忘れて、演出家や照明や装置担当者や演技者が自分一人で請け負って、それぞれの専門分野で技術的「芸術的」につっこんでしまう傾向がいつも現れました。また、反対になんでもかんでも全体のせいにして自己の責任をさけてしまう傾向も現れました。私たちは、全体の団結で突破しなければならない問題、私たち各人の責任を常に明らかにするよう苦心しました。こうして作られたオペレッタは、灯にくる仲間たちから圧倒的な支持を得ました。

その中から「本当に現代にマッチした民主的で民族的で楽しいオペレッタを作ろう」と「貧乏神」が作られたのです。それは昭和四〇（一九六五）年五月のことです。詩人の秋村宏さんの脚本に、コーラス指導者としてしられる作曲家の浜名政昭さんが作曲したものです。

「貧乏神」の練習では、「おむすびころりん」の時の作劇方法がさらに発展させられました。一昨年（一九六四年）八月に新宿の店を出てより四〇回近くの公演をし、一回ごとに討議を深めてきました。

その成果と失敗の上に立って昨年（一九六五年）九月四国労音出演が決まって、私たちは作者と話し合って大改作をしました。

その主な点は殿様が年貢を取り立てにくるのを前にしての百姓の一人一人の感情の動き、特に夜逃げをしようと動揺する茂作とその茂作を励ます百姓を充分に描くこと。農民のふるさと、土地に対する愛情をうたいあげることでした。

新しい詩と音楽は私たちをとらえ、四国の仲間たちに好感を持って迎えられました。その反面貧乏神の役割について疑問が出ました。百姓が貧乏神を「あんなにいじめなくてもよいのではないか」、「殿様に対して統一戦線の見方で貧乏神を仲間に引き入れたらよいのではないか」という意見が出されました。この四国の数多い仲間の意見に対して私たちは、貧乏神を冷酷な下級職制のようなとらえかたと、百姓自身の内にある欠点や弱さの象徴という二重性格として演出してみることにしました。

みんなが主人公

一昨昨年（一九六四年）の一二月、コマ裏の灯の小さな舞台で上演されたシンデレラの成功は私たちにとって、本当に歴史的な出来事でした。

灯の企業閉鎖をはねかえし、働く仲間の文化センターとして灯の方向を強く打ち出すと共に、俺たち働くものが団結すれば、何でもやれるんだという確信を、シンデレラを見てくれた仲間たちともども私たちはつかむことができたのです。

こうして歌声喫茶を守り発展させる闘いの中で大勢の仲間に励まされ、アンケートや交流会での意見に導かれて、私たちの灯オペレッタ創りが始まったのです。

〈外国のものでない、日本のオペレッタを〉、〈楽しいだけでなく、働く仲間みんなを励ますような内容のものを〉とシンデレラから、おむすびころりん、貧乏神へと不十分ながらも一つずつ課題を深め、再演ごとに努力を重ねて、私たちは歩んできました。

〈働く若者たちを主人公に、私たちの愛を、のぞみを描いたオペレッタ〉をめざして。

今までほとんどオペレッタを上演するたびに、私たちは呼びかけ約束してきました。

真っ黒な顔に白い歯を光らせ、キャップランプに未来を照らし出す炭坑の若者、美しい白衣の眉をくもらせて夜勤の子守歌を歌う看護婦さん。「動かなくなった指を返せ！」と叫ぶキーパンチャーの娘さん。日本ロールのA君、日特のB君、街角の小さな工場でプレスをふむLさんも皆それぞれ、私たちと分かち合う喜びや悲しみや闘いの報告を持っています。化学工場、印刷工場、国鉄私鉄、先生も銀行員も商店の店員さんも、みんな私たちのオペレッタの主人公なのです。

日本中の働く仲間たちを主人公に、誰がみても楽しくって心の底から泣いたり笑ったり励ましあえる、そのオペレッタを創ることができたらどんなに素晴らしいでしょう。しかし、そのために東京中の仲間たちから資料を集め、ストーリーを探し出し、台本を作り、音楽を創らねばなりません。会場は、装置は、衣装は、製作費は？　と考えると、これは大変な仕事です。八月コマ裏「灯」の再開を目指して東京中にともしびをつくろうととびまわり、食うや食わずでフーフーしている灯の私たちだけの力を考えると、これはとんでもない夢物語のように思われてきます。でも今、私たちは十数名ではありません。今まで灯オペレッタを支えてくれた何万という仲間たちが私たちと一緒にいます。亀戸「灯友の会」、吉祥寺「灯を守る会」で頑張ってくれる仲間たち、新宿「灯再開実行委員会」の仲間たち、いえ、私たちオペレッタの主人公になるべき東京中の働く若者たちみんなが共に闘う仲間なのです。

♪♪♬ この時期の「灯」について、あれこれ

この時期についていくつかの懐かしい言葉や、ちょっと気になっていたことなどおありかと思いますので、少しまとめてお話ししておきます。

❖「灯」と「ともしび」

開店時のともしびは漢字の「灯」でした。西武新宿駅前の「灯」、コマ裏の「灯」、これから触れることになりますが「灯」吉祥寺店、「灯」亀戸店、全て「灯」の字を使っていました。一九七〇年代になってひらがなの「ともしび」も使うようになりました。時代の流れもあったかと思いますが、堅い感じの漢字のイメージよりも、ひらがなの優しさが受け止められたのかと思います。西武新宿駅前のともしびは「灯」と「ともしび」を並行して使っていたように思います。吉祥寺の「灯」が、駅前からF&

F・伊勢丹ビルへ移転開店したときは「ともしび」で統一するようになりました。

❖「歌声喫茶」と「うたごえ喫茶」

同様に初期は「歌声喫茶」の漢字でした。特にうたごえ運動は「うたごえ」がひらがなでしたので、その違いを漢字ではっきりさせたと聞いています。一九七〇年から八〇年にかけて「歌声喫茶」から「うたごえ喫茶」が使われるようになりました。したがって本書でも歴史的な話は「歌声喫茶」を使い、現在に続く活動は「うたごえ喫茶」と書くようにしています。ただし、「出前歌声喫茶」は漢字を使い、昔の歌声喫茶世代の記憶に重ねるようにネーミングしたものです。

❖登録商標

ともしびの商標登録についてときどきお尋ねを受けることがあります。私どもの店名の「ともしび」「灯」はもちろん登録商標されています。「うたごえ喫茶」については登録商標されていません。覚えていらっしゃいますでしょうか、阪神タイガースが優勝した年のことを。「阪神優勝」が商標登録されたというニュースでした。何の関係もない全くの第三者が商標登録を得ることができたということで、とても衝撃的な話でした。もし誰かが「うたごえ喫茶」を登録商標にしたらたいへんなことだと、すぐに対抗処置として申請しました。「うたごえ喫茶」もしくは「歌声喫茶」は、一般的な名詞ともはや考えられるので商標登録できないとの返答でした。私たちができないのならほかの人にもできないと一安心。同時に申請した「出前歌声」、「でまえうたごえ」等は商標登録しました。全くの第三者に登録されることを防ぐために私どもは登録したので、「出前歌声」喫茶等の呼称を多くの方々が使い、うたごえ喫茶の活動が広がることこそ望んでいます（ちなみに「商標登録」は商標の登録のことで、「登録商標」は登録されている商標のことです。「商標登録」は、一連の手続きを意味し、「登録商標」は表示そのものを指します）。

❖歌集

うたごえ喫茶というとすぐに思い起こされるのが歌集です。始まりは、壁に歌詞を貼り出していたそうですが、その後歌集が作られました。名刺判の小さな歌集でした。「灯」では赤色の第一集から始まり、黄、青、緑、紫と多いときには八集くらいまでに増えていました。今でも大事に持ってらっしゃるお客さんがたくさんいらっしゃいます。現在「ともしび」では貸出の歌集を用意していますが、当時はそういうシステムはなく、必ず買わなければなりませんでした。今でも、押し入れの中にたくさんの歌集をお持ちのお客さんが、懐かしそうにお話しをしてくださいます。歌集を持ってないふりをしてとなりの女性に見せてもらい、お近づきになるという不届きものも結構いたようです。お客さん同士で結ばれるケースも多く、活発なサークル活動とともに若者達の交流の場でもあったわけです。

❖飲み物

喫茶という名前のとおり、飲み物はコーヒー、ジュースがほとんどでした。お冷や（水）などのサービスは一切ありません。飲み干してしまうと器を下げられて、目の前に何もないと居づらいため、少し残しておいて器が下げられないように、注文したコーヒー一杯で何時間も粘っていたものだそうです。

❖ヒット曲

一九六一年は、歌声喫茶から広がった「北上夜曲」が大ヒットでした。

皆さんは何歳くらいでしたでしょうか。私は小学校六年生くらいで、姉の買っていた『平凡』だったか『明星』だったかの付録の歌本を持って、「僕は生きるぞ生きるんだ　君の面影胸に秘め……」と、なぜか力を込めて歌っていた記憶があります。「忘れな草をあなたに」やロシア・ソビエトの歌の「灯」、「トロイカ」等が歌声喫茶から全国に歌い広まっていきました。これらの歌は、倍賞千恵子、ダークダックス、小林旭、デュークエイセス等々の多くの歌手によって歌われ、テレビの歌番組でも盛んに放送されていました。中でも西武新宿駅前「灯」はレコード会社と提携し、新曲のキャンペーンに盛んに利用されていました。

そういえば、ポップス系のレコードは四五回転のドーナッツ版で発売され、A面とB面に二曲が収められていました。雑誌の付録などではレコード代わりにソノシートがおまけで付いていたりしました。このソノシートはビニール材質でレコードのように割れることはありませんでしたが、ぺらぺらでいかにも安易という感じで、片面だけでした。

月収が約一万三〇〇〇～一万五〇〇〇円程度だった一九五〇年代後半～六〇年代前半当時、EP盤が約三〇〇円、二五～三〇センチメートルのLP盤が約一五〇〇～二〇〇〇円と高価だった一般的なビニール盤レコードの代用として普及しました。音質はビニール盤に劣り、片面しかプレスできなかったものの、EP盤並みの価格で長時間再生が可能、また大量生産できることから、LP盤に手を出せない客層を中心に数多く出回りました。

❖フォークダンス

同じ頃、アメリカからレクリエーションが入ってきていました。ゲームやフォークダンスです。ゲームといっても今のようなゲーム機器ではなく、みんなで遊ぶゲームということです。この世代の人にとってゲームは全く人間的なものでした。椅子を取り合う「フルーツバスケット」や「ハンカチ落とし」など、フォークダンスは「オクラホマミキサー」、「マイムマイム」などでした。「コロブチカ」は今でも店で歌っているロシア民謡の「行商人」です。その当時、みんなでピクニックへ行くと、歌って遊んで踊ってという一日を過ごしたものです。

「オクラホマミキサー」については、ともしびに入って大きく裏切られた思い出があります。ともしびの歌集には「藁の中の七面鳥」というタイトルで、あのあこがれの、神聖なオクラホマミキサーが取り上げられていました。

それまでは、子どもたちの遊びは、男の子の遊びと女の子の遊びは別々なものが多かったのですが、フォークダンスは異性と手を取り合うという心ときめく出来事でもありました。フォークダンス特有の、相手が順番に換わっていくというダンスなので、あこがれの人と手をつなぐことができるチャンスは皆平等にやってきます。あと、何人目でと、どきどきしているうちに曲が終わったときのがっかり感は、ひょっとして当時の多くの方が持たれた共通感覚だったのではないでしょうか。その神聖な音楽の歌詞が、実は「大きなお尻を振りながら気取って歩くよ七面鳥……」というものだということを知ってしまった時の悲しみ、こんな歌にどきどきしていたのかと複雑な思いでした。

❖遊び歌

遊び歌や手遊びというものも、この頃広がっていきました。今でもお店で「ドレミの歌」や「手と手と手と」などをときどき歌いますが、「茶々壺茶壺……」、「三月三日の餅つき」等々をステージで盛んにやりました。特に「三月三日の餅つき」はともしびの得意技となり、その直後の子ども向けのオペレッタ公演やともしび音楽企画の公演では、なくてはならないレパートリーとなり、子ども劇場おやこ劇場の活発化とともに全国に広まりました(下巻〇四三頁)。

うたごえ運動の広まりと歌声喫茶の国民的ブームの状況に加えてレクリエーション活動、そして先に記しましたＮＨＫのラジオ歌謡に続く『みんなのうた』の放送開始(〇一七頁)は、日本中で、まさに「みんなで歌う文化」が始まった記念すべき時代だったのではないでしょうか。

第Ⅱ部

自主的な店作り、音楽文化集団ともしびの結成

（一九六五〜七四年前後）

♩♪♬「灯」亀戸店の開店(一九六六年)

❖一日歌声喫茶「ドリーム」の役割

苦境の中に、オーナーに頼るのではなく「自分たちでうたごえ喫茶をつくろう」と発想の大転換を行い、「灯」亀戸店をつくりあげた歴史的な取り組みを、当時、先頭に立って活動していた藤沢義男(当時「オペレッタ劇団ともしび」代表)に、語ってもらいました(以下、〇九〇頁まで、二〇〇三年のインタビューによる)。

＊

本書第I部で亀戸店開店への流れにふれていますが、その一つに、毎週日曜日の一日歌声喫茶・秋葉原「ドリーム」が出ています(〇四三頁)。「ドリーム」は、東京東部とともしびを深く結びつける上で、大きな役割を果たしました。が、恒常的な音楽と文化の「たまり場」がいかに大切かをも、我々に知らしめました。

コマ裏「灯」には、「灯を発展させる会」とともに、様々なジャンルのサークルがあり、たとえば、文集サークル『轍』で見ると、隔月で五〇〇部を発行し、そのほとんどを発行から二週間で売りつくしており、一九六五年に入った頃から「発行部数一〇〇〇部」が現実的なものとして語られ始めていました。しかし、「ドリーム」が地域の〈ある力〉によって半年間で開催できなくなった時期とほぼ同じくして、『轍』は休刊となりました。たくさんのサークルが次々と休会し、一九六六年(亀戸店開店時)まで存続したのは、唯一、矢崎秀明さんが代表だった「灯うたう会」だけでした。例会を企画し、他に一人も参加しなくても、矢崎さんは、日時通り会場におもむいて会員の参加を待ち続ける日々でしたが、とにかく矢崎さんは「灯うたう会」の灯を守ったのでした。「ドリーム」を通して、恒常的に集える場が不可欠であることを、東部のともしび支持者も我々も深く痛感しました。

「毎日集えるうたごえ喫茶がほしい!」。耐えがたいノドのかわきのように、その想いは深く心に刻印され、「全都にともしびを! でっかい灯を我等の手で!」の運動を否応なく加速させました。東京の南部や池袋、東京の東部を具体的に検討し、地域や労働組合等に働きかけていきましたが、意外にも、「文化果つる地」といわれた東京の東部が登場しました。かつての南葛労働会の伝統を受けつぐ労働運動と民主的市民運動とともに、強力な資金上の支援者を得て、店づくりは具体的に開始されました。「ユメが現実になる」時をむかえたよろこびを感じました。

❖錦糸町から亀戸へ

従来のオルグメンバーに加え、西田信芳、井ノ口文雄、長沢和子、そして渡辺誠子が参加し、特に渡辺誠子の人柄と類いまれなねばり強さで、急速に具体的な支持者が広がりました。また、井上正志が葛飾区堀切の地で「小梅うたう会」等の活動を展開していたことも拍車をかけました。

当初の予定地は錦糸町であり、現在は「東京楽天地」入口のビルの二階「スエヒロ」になっていますが、同じ場所にあった「本所映画館」のところでした。ともしびと所有者との間で話は順調でしたが、ある日突然、「話はなかったことにしてほしい」と所有者から言われ、結局ダメになりました。理由をあかしてはくれませんでした。二番目も同じ区域で交渉をはじめましたが、これも途中でダメになりました。理由はやはりあかしてくれませんでしたが、我々は判断できるようになっていました。考えて見ると「ドリーム」の中断と同じで、〈ある力〉に各々の所有者は屈せざるを得なかったのでした。店を借りる話し合いに時間がかかると、その間に情報が流れ、「うたごえ喫茶ともしび」を快く思わない勢力が、地元の暴力団に依頼し、賃貸契約の話をつぶしてしまうのでした。当時としては、料飲業者はこの手の圧力に抗いきれないものがありました。

そこで、我々は新しい手法を考え出したのですが、それについては後述します。

錦糸町を選んだのは、隅田川の東では最大の繁華街であり、当時、「うたごえ喫茶は繁華街以外では成立しない！」というのが常識でした。交通機関のほぼすべて（江戸川、江東、墨田、葛飾、千葉方面）も錦糸町に集中していました。しかし、錦糸町は断念せざるを得ませんでした。

亀戸に場所を変更せざるを得なくなりましたが、錦糸町とは立地条件において「天地の差」があると思われました。江東区と言えば門前仲町くらいしか想い浮かばず、亀戸には単純に「労働者の街」というイメージしかありませんでした。しかし、「亀戸に創る！」ということは、我々に、背水の陣というか不退転の決意と、「必ず成功させる！」という団結と、さらに深く広い人々の支持が不可欠であると認識せしめました。

のちに亀戸駅東口に出た私（藤沢）は愕然としました。一七〇センチメートルの高さのガードを出ると、今にも倒れそうなたばこ屋と煮込み屋があるだけで、暗たんとした気分になりました。現在もそうですが、その当時でも西口を出れば、香取神社や亀戸天神に続く商店街はあったのですが、私(藤沢)はそれを知らなかったのでした。

亀戸店づくりにむかって一九六五年三月下旬から、それまで「灯新宿再建実行委員長」であった私(藤沢は、当時は現役の学生)もボランティアで参加し始めました。

❖亀戸店作りの運動

錦糸町での教訓に基づき、店を作る資金を確保しておき、短期間に契約を結び、短期間に店を開く、という方針にしました。

静かに大規模にカンパ活動が展開され、都職労江東支部の青年部、保育園分会、江東・墨田・葛飾の教職員組合、東京建設従業員組合(東健従)、東京土建江東支部、東京土建墨田・葛飾支部、都職労墨田支部、石川島播磨重工業(ＩＨＩ)青年部(三五〇〇名)、墨田合同労組、各区の民主団体等が、我がことのように取り組んでくれました。これらの諸団体のなかで圧倒的な力を発揮し、各団体を内部からゆり動かしたのは、十代後半から二十代前半の青年たちであり、この青年達が開店後のともしびを支える力になりました。

特に鮮烈な印象を受けたのは、都立深川高校の現役の高校生とＯＢたちであり、その後も個人的に交流を続けていた東健従のＮさんは、江東区内の青年、高校生の目標とされ、したわれていました。開店後、深川高校や両国高校の生徒がたくさん来店しましたが、その関係は店を作る運動の中でつちかわれたのでした。

また、〇四一頁で紹介した、一九六四年一二月の「シンデレラ」の楽日、公演が終わってうち上げ会をやっていたとき、白い息を吐きながら飛び込んで来た三人の労働者うちの一人が、青年部長になっていました。彼は亀戸店をつくる運動の中で出会ったとき、「俺はともしびと心中してもいいと思った」と語っていました。オルグメンバーの中で、渡辺誠子を除いてほかの全員は、「シンデレラ」の真夜中の上演に立ち合っていたので、彼と同じ感動を共有していて、「それがともしびだ！」とも思っていました。

たくさんの青年、高校生、諸団体の支援者とともに、鉄工所経営者の浜中雄三氏、同じく滝口氏、そして伊勢元酒店社長の熊谷清司氏から大口の資金援助をいただき、熊谷清司氏の「社長」名義で一九六六年五月に、江東区亀戸六ノ五八ノ一〇竹山ビル四階に、我々自身の力で経営するうたごえ喫茶の契約が成立しました。オープンを六月一日とし、元新宿店店長の大貫のお兄さんたち（大工さんだった）の突貫工事が始まりました。建物は一階が理髪店、二〜三階が普通のオフィスであり、我々が入った四階も普通の事務所だったので、とにかくカウンターと厨房、ステージ、レジと最低必要なものを、器具も含め一カ月弱で作らなければなりませんでした。しかも一日中ガンガン工事するのもはばかられ（下のオフィスとの関係）、昼できることと夜間にできることを区別しながら、徹夜につぐ徹夜の作業でした。

大貫家にとっては、災難に近いことでしたが、内装や飾りつけ等の手伝いに入った山岸精隆や宮本偉たちにも、丁寧に対応しながら、開店二日前に仕上げていただきました。

❖歴史的な亀戸店開店

開店の準備で店の内装を進めているとき、「ところで伴奏の楽器は？」という、ごく当たり前の疑問が出てきました。楽器がないとは、熊谷さんたちも思っていなかったし、アコーディオンが一台ありましたが、いつも店に置いておくわけにはいかないのです。

開店の一週間前だと思いますが、新宿の日朝プリントで「安物でもよければピアノとアコーディオンならあるんだけど……」と照れながら矢崎秀明さんが口を開きました。〇五一頁でも触れたHYさんです。酒もたばこも飲まず、「質素」という以外に表現しようのない生活のなかで、アップライトのピアノとアコーディオンを準備してくれていたのです。

コマ裏「灯」を出て、亀戸開店までの極めて厳しい生活を送る組合員に、「さわらびの会」なる名称で、様々な物品の寄付をいただきましたが、我々は、それらも矢崎さんであると確信しています。今日に至るも本人は認めませんが、しかし、ピアノとアコーディオンは間違いなく、正しい意味で、矢崎さんがともしびに寄付したのであり、このご厚意がなければ開店できなかったかもしれません。

一九六六年六月一日、雨にぬれる京葉道路に面した竹山ビルに爆発的なうたごえが流れました。後に入口は総武線に面する通りに変わりますが、当初は京葉道路に面しており、一階の廊下にさえ入りきれず、雨のなか歩道にまで、お客さんの行列ができました。

開店の日は、嵐のような一日で、押し寄せるお客さんで、現在の新宿店よりも少し狭い店に、一二〇名ほどギッシリ。フロアを担当している渡辺誠子と藤沢が客席を自由に動けず、一度に二〇人分くらいの飲み物を、お客さんの手を借りて渡す有様。午後二時の開店から一一時まででしたが、二ステージでお客さんに総入れ替えをお願いし、それでも入りきれない方もいました。

開店当日のことを、当時の店メンバーは、あまりよく覚えていません。ともしびメンバーもお客さんも、待ち焦がれていたものどうしがやっと出会えたという感じで、興奮のルツボでした。のちに、再刊された文集『轍』の巻頭文に、「一九六六年六月一月、晴天！」とサークル顧問だった藤沢が書き、その間違いにほとんど気付くことなく、のちに宮本偉一人だけが「あの日は晴天じゃなく雨だったろうが」といいました。

それでよく思い返すと、雨に光る京葉道路が目に浮かんだのでした。

「ともしびは待たれていたのだ！」、「本当に東部の人々に待たれていたのだ！」という痛みを伴う深く強烈な想いが、みんなの胸に刻まれたことは、間違いありませんでした。

❖一カ月で一万二〇〇〇人を超えた

一九六六年六月一日から一カ月間の亀戸店のお客さんは、毎日店に入りきれないほど来店しました。特に土曜、日曜にはあふれかえり、一カ月で一万二二一六名に達しました（一日平均にすると四〇〇人ということになります。二〇坪ほどの小さな店でしたので一〇〇人入ったら本当にぎっしり。お客さんが四回転するという凄まじさです）。

店を探す地域を錦糸町から亀戸に変更する際、ある種の戸惑いと不退転の決意がありました（〇七二頁）が、亀戸が属する江東区は、文字どおりの「労働者の街」であり、日本の製造業の縮図の観がありました。大企業では石川島播磨重工業（ＩＨＩ）を筆頭に労働者数二〇〇〇～三〇〇〇人の大企業、中小企業、家内工業的零細企業等が、星座のごとくに点在していました。「亀戸に店を作る！」と決意したとき、同時に灯は「働くものの歌声喫茶を作ろう！」と方針を決めました。

「働く人々と共に歩む」という方針が支持され、店のハス向かいにある第二精工舎（三〇〇〇人）をはじめとし、ＩＨＩや都職労の各支部、都教組、墨田合同労組（後の東部合同労組）加盟の各支部等々の皆さんがたくさん来店され、歴史的な来店数となったのです。お客さんの年齢は六〇％以上が十代後半～二十代でした。また、従業員の年齢も、井上正志（三四歳）、井ノ口文雄（二五歳）、西田信芳（二三歳）、藤沢義男（二二歳）、長沢和子（二一歳）、渡辺誠子（二〇歳）、開店後間もなく従業員になった大瀬浩子（一九歳）と、ほとんどが十代から二十代前半の若者で、今では想像もできません。

ちなみに初代店長は西田でした。開店当初は日替わりの司会で日高孝等がいましたが、その後、新宿店再建運動や出演活動のため新宿メンバーからの司会の補充はなくなり、井ノ口が全ステージの司会を担当するようになりました。たいへんな仕事であったことは間違いありませんが、満員のお客さんを前に、曲目と頁数をコールし前奏が流れると爆発的なうたごえが返ってくるので、特別な歌を除けば司会者の負担は、現在よりも軽いものでした（と言うと井ノ口に気の毒になるかもしれません）。

❖一人ぼっちの青年をなくそう

私事で恐縮ですが、一九六六年四月初旬のことです。井上正志と甲斐谷昇に「話がある」といわれました。私（藤沢）は仏語の四単位だけ取れず留年することになっていたものの、大学は当然卒業するものだと思っていました。「大学を出ることと、亀戸の店を成功させることのどっちが重要だと考えるか」

と切り出され、従業員になることを考えました。が、「サテ入って何をやるのか？」と迷ってしまいました。そこで「お店に入ってもよいけれど、僕は絶対、歌は歌わないし、絶対に芝居はやらない」と条件を付けると、二人とも何の迷いもなく「いいよ、おまえは亀戸に行って組織を作れ」ということで、亀戸店開店の日から、従業員になったのです。

話を店にもどします。亀戸店の営業時間は夜一一時まででしたが、営業が終わってもお客さんが帰らず、深夜から早朝まで交流がくり広げられました。

十代の青少年たちは「帰りたくない！」といって店に居続け、固い座席で仮眠を取り、職場に直行するありさま。ましてや店の内装作りの鉄骨や鉄板をたたいてのアーチづくりや、ステージの飾りつけなどの作業が始まると、いわば「合法的」に徹夜をするのです。山岸精隆、宮本偉が中心になり、お客さんの林吉昭さん、横田さん等、専門的な技能を持った方々とともに、深夜の店作り。楽しい楽しい集いの日々であり、「ともしびはみんなで作るのだ」と実感していました。

六月の中旬から、小森印刷機械の青年労働者のTさんの提案もあり、労働組合を職場に作るために、三人の青少年を中心にともしびでサークルを作りました。そして組織活動を身につけたら、いずれ、職場(小森印刷)に戻す、ということになりました。三人とは、鈴木敬一さん(一六歳)、高橋光男さん(一六歳)、中村一良さん(一五歳)、そして私(藤沢)だけが二二歳で、彼らから見ると「オジサン」でした。

三人を前にして「サークルをつくろうと思うがどうか」と切り出したら、「サークルって何ですか？」と同時に返事されました。サークルそのものの意味から説明しましたが、三人ともよく知らないのです。「それでは！」ということで、「なぜ『サークル』を作りたいのか」と、四時間ずつ四回にわたって、彼ら自身の想いも含め、日本の青少年のおかれている状況と、その状況の中で積極的に生きる青春について語り合いました。「金の卵」といわれ、中学を出たばかりのまだ幼さの残る少年たちが、ふるさとを遠くし、不安と孤独の中、「ともだちがほしい」という切々たる想い。宮城県出身の鈴木さんは、涙ながらに「サークルがわかりました！」と語りました。

❖「ともしびサークル」誕生（一九六六年）

一九六六年七月六日、葛飾水元公園での「フォークダンスとうたごえの集い」が開かれました。あいにくの雨の中で、全員くるぶしまでぬかるみに足を取られながら、四七名の参加者たちは、歌い踊り続けました。昼食の時、「この集いを契機にサークルを作りたい」と呼びかけると、参加者全員が賛同して「ともしびサークル」が誕生しました。

「ひとりぼっちの青年をなくそう！」

「友情の輪を東部のすみずみに！」

これを「ともしびサークル」のスローガンとしました。「一人ぼっちの青年をなくそう！」というスローガンは後に諸団体がかかげましたが、ともしびが、日本で初めてかかげたのです。

このスローガンは、その後に誕生する全てのサークルのものになり、のちに村松良三の「店に来たときは一人でも、帰るときは一人じゃない店を」の発言にみられるように、歌声喫茶の運営の哲学として定着していきました。

❖要求、想いに応えて

「ともしびサークル」は、総合サークルとして発足しました。同時期に「ともしびうたう会」も、急速に新入会員をむかえ活況を呈してきました。どちらのサークルも毎週日曜日に例会を行い、その日の夜のまとめ会で次週の例会を企画していました。

ともしびサークルは、運営委員(前述の三人)が若いことや職場が一緒であることなどもあって、よくモメました。それでもいつの間にか、次週の具体的な企画を、彼らは何ごともなかったかのごとく、まとめあげる！「若い！」というのは、それ自体エネルギーなのだ、と当時二二歳のオジサンの私(藤沢)は思ったものです。

「ともしびサークル」は、発足から半年後には会員数が一〇〇名を突破し、サークルの機関誌が必要になりました。会員の紹介や交流を誌面を通してできるように、コマ裏時代にあった文集『轍』を再刊し、それはほどなく文集サークルとして独立し、四〇名を超えるようになりました。矢崎秀明さんの「うたう会」も五〇名になり、「π の会」(〇二八頁)も復活、サークルのチラシの絵やイラストを担当していた山岸精隆の下、絵画サークルもうまれました。

集いの際に伴奏を担当していたメンバーの中で、ギターの愛好者が集まりギターサークル、渡辺誠子を中心に労音サークル、成田さんや斉藤達男さんを中心にスポーツサークル、近藤政世さんたちの映画サークル、ＡＡ連帯ともしび支部、日本リアリズム写真集団ともしび支部、等々、自分の要求やみんなの要求にそって、またたく間に、サークル会員は二〇〇名を数えました。

それらの会員とともしびに集う人々が一同に会する企画として「ともしび海のカーニバル」が、そして正月にふるさとに帰れない若者たちが一緒に新年をむかえようとの意図で「冬のスケートバス（一二月三一日〜一月二日）」が取り組まれました。

❖もっとよいうたごえ喫茶を

私たちは、あらゆるともしび運動の母体は歌声喫茶であり、各サークルの発展と店の充実を一体のものとしていました。

サークル活動をしながら、またサークル員ではなくても、カウンターやフロア、伴奏等、店の運営に積極的に協力するお客さんが日を追うごとに増えていきました。ステージでも、司会はやらないものの従業員より歌唱力のある方も大勢おられて、混声六部での「アムール河の波」など、いつでも演奏できるようになっていました。

そういう過程で、店のあり方についての具体的な提案が、店の各々のセクション担当に個別に寄せられました。すぐ改善できる事例もある一方で、全体討議にかけなければできないこともあるという状況が生まれ、ともしびを愛するゆえの不満も発生してきました。

改善の策として、一九六七年六月に、従業員とともしび支持者との、第一回目の自由な懇談会を開きました。まさに堰をきったように意見・提案・要望が出され、予定の二時間は瞬時のごとく過ぎてしまいました。ともしびを我がことのように大切に想うたくさんの方々と交流すべく、以後、月一回のペースで交流会を開催しました。しかしそれは、あくまで交流会であり、意見を具体化するか否かは、従業員会議にゆだねられていました。共に店を運営していた支持者のうちに、歯がゆさが続きました。
そこで、全体交流会とともに、セクションごとの交流会を開くことになり、改善のテンポは少しずつではありましたが早くなりました。

亀戸店での最初の「ともしびサークル」を発展的に解消し、新たに「ともしび友の会」が作られて亀戸全体のイベントの中核を担うようになりました。「友の会」は私(藤沢)が相談役で、責任者は橋本稔さん。橋本さんは金指修平(現ともしび新宿店)の東京工専時代の先輩で、テニスのダブルスではペアを組んでいた方です。橋本さんはその後、プリンストン大学に留学しつつも「友の会」の会員であり続けました。

「友の会」とサークル全体での会員は三五〇名を数える大世帯になり、従業員とともしび支持者との密なコミュニケーションが難しくなり、より充実した「ともしび作り」が極めて機能しにくくなってきました。そこで、この状況を解決する新たな組織を考えざるを得なくなりました。また、一九六六年からの旺盛な創作活動による、音楽文化面での飛躍的なレベルアップも、新しい組織の検討に拍車をかけました。「一つの運動体としてともしび運動をすすめたい！」という強い願望をベースに、新しい組織作りは進められました。

❖旺盛な創造活動(一九六七〜六八年頃)

組合員(従業員)と支持者の協働

一九六七年から六八年にかけて従業員、サークル員、店の支持者の皆さんが一体となって展開された企画を紹介します(「年表　1967〜68年における企画」参照)。

このように、ほぼ月一本の割合で創作活動と上演活動が、いわば日常的に行われていたのです。創作にあたっての取材活動は全体で行い、音楽は井上・甲斐谷、演技と台本は当時舞台芸術学院の講師を兼任していた深野安子(P子さん)と甲斐谷・青柳常夫、舞台美術は山岸精隆・宮本偉、普及は隅田川から西(中央区、千代田区など)は日高孝、川から東は私(藤沢)が、そして接客など店内での諸々の責任者は渡辺誠子でした。役割分担は一応前述のようになっていましたが、「創作上における平均民主主義」はコマ裏「灯」時代で克服していたので、各々のリーダーシップを正しく認めた上での、活発で自由な意見交流がくりひろげられました。

従業員、サークル員、支持者の方々が一つ一つの作品作りに関わり、学び、技量を研鑽しつづけたわけですから、ともしびの音楽・文化の力量はめざましく向上しました。

店、サークル、地域の連帯

亀戸店開店後、練習会場の確保に多少手間取って若干のブランクはありましたが、店がない時期も続いていたアコーディオン教室(以下、アコ教)は、一九六七年早々から活発になりました。地域の労働運動の高揚や地域合唱団活動の旺盛さという側面もありましたが、井上・宮本たみ子(現中西)・池田健を中心としたともしびアコ教は、音楽や文化の捉え方、人間の内面に届く哲学の豊かさと、確かな音楽技量に支えられ、いわば「文化学校」的な魅力にみちていました。「どんな職場にも、どんな労働組合にも、つまり人間にとって文化は不可欠」という呼びかけに賛同して、たくさんの職場の人たちがアコ教

年表　1967～68年における企画

年	月	企　画
1967年	1月	「初笑い吉四六(きっちょむ)さん」
	2月	歌構成「ロシア冬の旅」
	3月	詩と組曲「地底の歌」
	3月	構成ステージ「冬から春へ」
	4月	オペレッタ「貧乏神」再演
	5月	構成ステージ「日本の歌と踊り」
	6月	オペレッタ「俺たちは太陽」
	7月	「シャンソンの夕べ(パリ祭)」
	7月	オペレッタ「貧乏神」改作
	8月	詩と朗読「戦後二二年」(詩の夕べ・詩人会議による)
	8月	アンコールに応え「俺たちは太陽」
	9月	構成ステージ「イタリアの夕べ」
	10月	ベトナム人民支援　歌物語「いいなずけヒエンの手紙」
	10月	同、店内支援文化祭
	11月	「俺たちは太陽」公演 ――江東公会堂(1,270席)、武蔵野公会堂(470席)
	12月	オペレッタ「シンデレラ」
1968年	1月	構成ステージ「初笑い」
	2月	構成ステージ「母なる大地ロシア」
	2月	歌芝居「ごんべえかかし」
	3月	オペレッタ「おむすびころりん」
	5月	構成ステージ「イタリアの恋人たち」
	6月	構成ステージ「イムジンによせる願い」
	7月	構成ステージ「パリとコジキと将軍」
	8月	歌芝居「ジョンヘンリー物語」
	9月	構成ステージ「ふるさと」
	10月	構成ステージ「ともしびバラエティ」
	11月	オペレッタ「〇(ゼロ)メートルの青春」
	11月	オペレッタ「カッパ沼の宝物」(児童向けの第一作品として)

に参加してきました。参加費、アコーディオン代など、全額負担という労働組合もありました。

ともしびの普及活動は、徹底して文化を柱にして行われました。地域や職場との連帯が、店やサークル、アコ教を通して重層的に展開され、一九六八年の頃には、ともしびは「東京東部の文化センター」だと外部の人々からいわれるようになりました。

いよいよ、ともしび内での「従業員と支持者」という運営形態では、内外の要望に応えにくくなっていました。

♩♪♬ 音楽文化集団ともしびの結成（一九六九年）

❖長い長い討論

一九六八年一二月、組合（ともしび）の執行委員会で宮本偉と私（藤沢）が「団を作りたい」という提案をしました。

執行委員は八名で、吉祥寺「灯」も組合としてすでに合流していました。しかし、「団を作る」という提案は、宮本と私の、多分に思弁的でロマンチスト的な思考傾向もあり、一蹴され、討議にさえかけられませんでした。しかし、提案したほうは、突然の思いつきでもひらめきでもなく、「亀戸店開店後の諸活動を総括し、その総括が生み出した新しい運動である」と固く思い込んでいたので、一九六九年の一月執行委員会にも、再度提案しました。しかし一二月と同様、一蹴されたので、宮本と私は、ともしびの状況の中で、具体的にどのような組織を作り、どのように運営し、運動を展開していくか、というプランを二人で作り上げ、毎回執行委員会に提案し続けました。

二人の考えは、飛躍的に広がったともしび運動を担う上で、サークル員・支持者・組合員がバラバラに運動を展開するのではなく、基本的に一つの組織体として、共通の理念と規約に基づく一つの運動体とすべきである、という内容でした。

イメージとしては、当時様々な場で指向されていた「統一戦線」です。団員の資格として、方針と規約に基づき、ともしびとの関わりの長短を問わず、組織の構成員として対等・平等の権利を持ち、財政についても権利を持つと同時に責任も負うというものでした。ただし、団体加盟は認めず、個人加入のみということにしました。

ただ、店の営業方針はもとより、ともしびの財政そのものにも、加盟者は関わることになると、仮にヨコシマな考えを持った人が多数意図的に加盟したとき、混乱が発生しないか、という疑問が当然のように出されました。

執行委員会では、一九六九年一月から三月中旬まで計一五回の会議を持ち、厳しい議論が繰り返されました。組合員(従業員)は、ひんぱんに会議が開かれていることは皆知っていましたが、執行委員会からの方針も報告も皆無に等しかったので、多少、不安になっていました。

最も長時間の会議は一八時間。会議場は亀戸店で、当然徹夜になり、議論が膠着状態になると、「チョット、トイレ」といって宮本が席をはずし、少し間をおいて私が「チョット、トイレ」といって席を立ち、お店の四~五メートルの廊下で二人で片言の打ち合わせをし、また会議が始まるということもたびたびありました。

いま考えると、多少性急な要望だったことは否めません。こうした会議は、どうしても「団」を作るという二人の意見の中に含まれている危険要因を、経験豊かな甲斐谷・井上が議論を通して取り除く、正しくは補充する営みだったのですが、ときとして感情的になり、激しく議論となることもありました。

❖ともしびの文化を愛する人を信頼する

一九六九年三月一八日早朝、「よし、細目はともかく、我々はともしびの音楽文化を愛する人を信頼しようではないか！」と力強い声で甲斐谷が発言しました。全員賛成し、ついに「団」を作る決定がなされました。甲斐谷・井上と宮本・私（藤沢）もこの発言と決定を相互にさわやかに受け止めました。激しい議論がウソのようでした。

❖一九六九年、音楽文化集団ともしび結成！

三カ月ぶりに出された執行委員会の方針は、多少の戸惑いをもって組合員に受け止められました。しかし、甲斐谷を先頭に具体的に「呼びかけ」や規約の作成が準備され、その討論のなかで、またたく間に全員のものになり、さらに夢がふくらんでいきました。

四月五日の会議では、結成総会を一九六九年五月一一日と決定し、甲斐谷と宮本が中心になって起草した「団の構想」を、サークルに対しては私（藤沢）が、支持者には井上が中心となって全員で語りかけてゆきました。

この際、私（藤沢）があえてふれておきたいのは、三月一八日以後の井上・甲斐谷の姿勢です。意見の

【団結成宣言】

私たちはここに、ともしび団結成を厳粛に、かつ断固として告げます。

その十年のあゆみのなかでねりあげられ、きたえられ、ためされたともしび運動を受けつぎ、総括し、更に巨大な発展へ向けて、我々はその第一歩をふみ出します。

今、多くの青年たちは、或いは労働強化でヘトヘトになり、或いは味気のない学園生活に失望し、高物価と低賃金に青春をすりへらし、マスコミ娯楽文化のなかで退廃し、やけになっています。

しかしまた、多くの青年たちの心の中には、こうした現状を青年らしい正義感と行動力で変革していくエネルギーが、沸々とたぎっています。

ともしびはこうした青年たちの心に灯をともし、魂をゆさぶり、巨大な炎となって燎原を焼きつくすでしょう。

全都の青年はともしびを、もろ手をひろげて待っています。

私達は、青年たち、日本のむすめやむすこたちを心から信頼し、彼等の腕のなかに思いきって身を投げかけましょう。

私達は、ともしびの未来、青年たちの未来、日本の未来に満々たる確信をもって、高らかに、ともしび団の結成を宣言します。

一致をみた瞬間から、共通の目標に向かって、迷いもなく断固として運動を推進する二人の姿に、熱い感動を覚えたことです。「これがともしびなのだ！」と。

サークル員が、そのまま団に入るか入らないかは個人の判断にゆだね、結成後の班やブロックの編成にも、クッションを持たせました。何といっても、団のことを説明するのに、一カ月しか期間がないのですから。また、店と同様、豊かなともしび運動を創っていくのですから、補足や微調整が必要な事象が生まれることを予想し、細目まで確定することはしなかったのです。

しかし、「呼びかけ」と規約の規定と、そこに込められるともしびの理念は、何をさしおいても鮮明にしました。

一九六九年五月一一日、団員六九名を

もって団が結成され、甲斐谷によって結成が宣言されました。

熱い感動と喜びに満ちた拍手が、強く長く続き、参加者の瞳はうるんでいました。

規約の承認、役員の選挙が行われ、運営委員長＝井上正志、副委員長＝高橋光男(亀戸)／佐々木節子(吉祥寺)、書記長＝甲斐谷昇が選出されました。閉会の言葉にかえて、大森ちづえさんが団運動発展のために「四〇〇〇万円の募金を早期にやりきろう！」と、まさに晴れ渡った五月の風のように、さわやかに初々しくアピールし、団は正式に発足したのです。

＊

❖団の規約

ここで団の規約についても説明しておきます。

団の規約を認めた人は誰でも団員となることができます(お待ちしています)。規約はとても簡潔で、名称、目的、団員、運営、賞罰、財政のたったの六条で構成されています。ちなみに前半の三条は次のようになっています。

第一条
団の名称は「音楽文化集団ともしび」とします
第二条

団は民主的で健康な文化を多くの人達の間に広めるために活動します、団は多くの人達の期待にこたえる作品をつくり出していきます。この様な活動を通じて　団は、他団体と協力して民主運動に参加します。

第三条

団の目的に賛同し、規約をみとめ、団費を納め、団のひとつの組織に加わり活動するものは団員になれます。

お読みになっておわかりのように、団員になるための条件、たとえば年齢、性別、経験、専門性、資格の有無など一切問いません。

なお、専従者という言葉がこの頃生まれました。それまでは、従業員として労働組合を組織して歌声喫茶の存続のために働いてきました。団、すなわち音楽文化集団ともしびを結成し、それまでの従業員は団の運動を進めていく上での専従者、もっぱらそのことに従う者と規約に位置づけられたのです。

♪♪♬ 団結成後から一九七〇年代前半の亀戸店

❖サークルと団（一九七〇年代前半）

ともしび亀戸店、亀戸ブロックに焦点をあて、一九七〇年代から本格的に展開した劇団の、出演活動や団全体で取り組んだイベントとの関連も含めて、七〇年代前半の時代をふり返ります。〇九二～一〇一頁は藤沢義男の執筆です。

＊

サークルは各々の要求に基づいた自主的自発的な組織であり、あらゆる活動の開始も終結も、サークル自身の決定によっていました。「音楽文化集団ともしび」（以下「団」と呼びます）の結成（一九六九年五月）により、サークルと団の区別と関連の課題が発生しました。団結成時、サークルの中心メンバーが入団すると、サークル活動は引き続き展開されていましたが、次々と他のサークル構成員も入団し、結果として「団の班」になっていました。唯一総合サークルとして「ともしび友の会」が作られ、多様な要求に応える日常的な活動とともに、「ともしび海のカーニバル」や「スケートバスの集い」等の大きなイベントの事務局的役割を担っていました。中心的メンバーは、金指修平の先輩でもある橋本稔、江東区内にある大企業の組合書記次長であった遠藤勝、専門学校生徒の川上裕美、相談役は藤沢。

一方で団結成の運動方針に基づき、新たな班、組織が誕生しました。

①うたごえ喫茶班

最も特徴的な班です。フロア、カウンター、司会、伴奏等に関わっていた人々で構成されていましたが、この班は文字どおり「自分たちの力でうたごえ喫茶を運営する力量を！」との主旨でありました。

当初、吉田茂が班長をつとめる一つの班でしたが、第三回総会（一九七〇年）の頃には班員が二〇名を数え、二班になり、班名も「うたごえ喫茶班」から「店経営班」に変更されました。

他の班と力を合わせ、「団員によるうたごえ喫茶」(専従団員は一人も加わらない)が月に一回のサイクルで実施され、通常よりお客さんの来店も多く、団員も極めて意欲的で好評でした。「団員によるうたごえ喫茶」は、ほどなく(若干名の専従も参加しましたが)吉祥寺店でも行われました。

②合唱団と「ともしびうたう会」

ともしび合唱団第一期終了記念コンサート(一九七〇年、両国公会堂、キャパシティ七九〇席)は、一〇〇〇名の参加者によって成功し、これを基点に「ともしび合唱団」が正式に発足(一九七〇年三月)しました。合唱団員は全員「音楽文化集団ともしび」の団員であり、発足時二七名で、団長はその後約三〇年間イタリアで過ごしミラノで活躍していたソプラノ歌手・出口正子。

コマ裏「灯」にあったサークルの多くは、一九六六年の亀戸店開店を待たずに解散しましたが、唯一「ともしびうたう会」が続いていました。コマ裏を出てからも、矢崎秀明が一貫して「うたう会」の活動を担って来ましたが、合唱団発足と同時に発展的に解散し、合唱団に合流しました。メンバーの中には、東京混声合唱団のテナーパートのリーダーの一人である桜井忠一も含まれていました。

合唱団の発足により、店ステージでの合唱曲やデュエット、ソロ曲などが、一段と豊かになりました。後に入団した篠田初男は、「一〇〇名の合唱団を作る」と総会で発言しました。

③「ザ・フェニックス」班

一九六〇年代後半から、三井銀行従業員組合をはじめとする金融関係の職場、東京文化服装学院等の専門学校、国公労の諸団体、そして東京東部の労働組合との友好関係が作られていて、これらの団体で多数のダンスパーティが行われていました。当初七名のバンド「ザ・フェニックス」(一九七〇年二月結成)は班長・小室良弘のもと、なぜかいつも堂々とした演奏で好評を博し、バッキー白片さんや他の有名バンドと一緒でも、全く臆することなく確信に満ちた音を出していました(当時のダンスパーティは、ハワイアンとスタンダードの二バンドスタイルでした)。

小室の後の班長でバンドマスターの田中徳昌は、私(藤沢)との話の中で、「これまで多くの有名バンドと一緒にやってきたが、一度も『負けた』と思ったことがない」と確信を持って語っていました。ちなみに田中は極めて謙虚な人物であり、おごり高ぶることは全くありません。彼らの確信は、「鬼の田中」といわれるような厳しい練習と自己点検、更に「観客のどのような要求にも応える」というともしびの理念に裏打ちされたものでありました。

のちにシナリオライターの山内久さんから「ザ・フェニックス物語」を書きたいので取材をしてもよいかと打診されました(一九七五年)。が、主に山内さんが多忙になったことと、映像と音での記録を残してはいなかったことにより、物語は実現せず残念でした。

④サークルから団の班になったその他の組織【代表、人数】

(a)映画研究会班(近藤政也、七名)

映画の自主上映、第三土曜日のオールナイト映画会と交流会、八ミリの自主製作(目標)等をサークルのときから行い、自発的に全員が入団しました。第三土曜日の店営業後のオールナイトはいつも盛況で、最も多い時は一三〇名が参加し、最前列の人はスクリーンが近すぎて「目が回った」とのこと。店のテーブル、イスを全部外に出し、床に新聞紙を敷きつめただけの客席。映画が終わって朝まで語り合ったものです。一三〇名の参加者のときのフィルムは『人間の条件』。

この映画班のメンバーが、のちに夏のページェントで「吊り橋スクリーン映画会」を企画したメンバーです(一六五頁)。

(b)文学研究班(小田島力造、一〇名)

文集サークル『轍』の会員が入団し、研究班となりました。目標は日本文学の民主的発展(今思うと良くわからないが)、ともしびオペレッタの脚本や映画のシナリオを書きたい、というものでしたが、これらの分野での力量は乏しく、活動内容は「読書サークル」的で、一九七一年には他の班に移動しました。

この班に所属していた須賀順一と、アコーディオン合奏講座の中西たみ子は、当時の在籍団員の中で、団結成時からの団員です。

(c)絵画班(熊谷、四名)

山岸精隆をリーダーとする絵画サークルが母体でした。店内での構成ステージやオペレッタの舞台美術に貢献するとし、七〇年の秋頃まで、その役割を担っていましたが、山岸の退団を機に七一年に班を解散しました。

(d)その他のサークルは「友の会」に

「ともしび労音サークル」は多くの会員（最盛時八〇名）を組織していましたが、ともしびとしては解散し、地域や職場に所属することとしました。これは東京労音の要請に基づくもので、会員のなかには多少不満もありましたが、正しい選択であったと思います。新宿店の元専従の雨田隼二がこのサークル員でした。

「山の会」、「料理サークル」、「π（パイ）の会」、「なんでもサークル」（なんでもやってみようというもの）等、各々役割を終え、基本的に「ともしび友の会」に合流しました。

これらのほかに、ともしびのサークルとは位置づけていませんでしたが、友好団体として、日本リアリズム写真集団（JRP）ともしび支部があり、現在、ともしびの歴史を写真で知る際のものは、ほとんどともしび支部の鈴木さんや大橋、神保さんたちの協力によるものです。

❖団・班活動とうたごえ喫茶

①一九七〇年代初期の亀戸ブロック

コマ裏「灯」のときから、「ともしび運動の母体はうたごえ喫茶である」と確認し合ってきました。

一九六九年の団結成後も、「団が運営するうたごえ喫茶」が掲げられ、「団活動や講座のあらゆる成果は、うたごえ喫茶のゆたかさとして反映されなければならない」と位置づけられました。各班の力量を総合してうたごえ喫茶に反映した活動の一つが構成ステージであり、これはブロックの団結と理念を深める上でも重要な役割をはたしました。また、この取り組みを通して、団員一人ひとりの課題を明確にし、挑むように活動しました。

②文化センターとしての亀戸店

千余名の参加者によって成功したともしび合唱団第一期終了記念コンサートの取り組みには、東部の七九団体が参加していました。さらに、コンサートのメインタイトルは、「第一回東部秋の文化祭」であり、よくよくポスターを見ないと「ともしび合唱団……」の文字が見えません。このように、地域の文化センターとしての役割を亀戸店は果たしていました。

❖一九七二～七三年頃の亀戸店と運動

①ステージの充実を目指して

(a)亀戸店の従業員(専従)

(イ)女性メンバー：渡辺誠子、鈴木浩子、佐籐亭子

(ロ)男性メンバー：日高孝、大貫史朗、瀬良尚郁、一ノ瀬末男、長沢康之、久保田徳男、藤沢義男

(b)専従のメンバー以外の団員(学生、ほかに職業についているメンバー)

(イ)女性メンバー：大貫みよ子、中西美樹子(OL)、石田志保子(OL)、若井美佐子(OL)、辺見洋子(OL)、高階節子(OL)、百瀬陽子(教員)、秋山キヨ(保母)、村上陽子(保母)

(ロ)男性メンバー：野村(学生)、大久保(自営業)、熊谷(銀行員)、池田健等、多彩な顔ぶれでした。

また、一九七二年になると池田建、溝田恵美子(現・山岸)、唐土久美子(元保母)、大江宣正(皮革製造)、安達美恵子(OL)が従業員になり、七三年には金指修平が加わりました。

（ハ）伴奏者たち：ピアノ（一ノ瀬、石田）、アコーディオン（池田、日高、藤沢）、サックス（大久保、高橋―自営業）、ギター（長沢）、フルート（小野寺―ＯＬ）、ベース（久保田）、トランペット（田中他三名）、ドラムス（後藤―建設労働者ほか三名）という団員、専従団員がいました。

なお、専従団員は、一人一つの楽器を伴奏できるように独習し、ステージに立っていました。

（ｃ）「亀戸村」の出現

このメンバーに加えて、いま紹介した団員、それに、発足時二七名だった合唱団員が五〇名を数え、アコーディオン教室の生徒から団員になる人も多く、この団員たちが店から徒歩で一〇分の範囲にアパートを借り、移り住みました。最も多いときは五〇カ所に居住し、店から遠くに住んでいる団員は、終電が過ぎても宿泊できる所がいくらでもありました。こうした亀戸店と団員の居住の状況を、通称「亀戸村」と呼んでいたのです。亀戸店は二四時間いつでも使用できることと合わせ、「亀戸村」の出現によって、学習と練習時間が、十分に確保されました。

②店企画とステージのあり方

（ａ）店企画・構成ステージ

亀戸店の従業員（専従団員）と団員、支持者（お客さんや地域・職場の合唱サークル、演劇サークル、軽音楽バンド）の参加による「店構成ステージ」が、毎月企画されました。様々なテーマが出ましたが、最も回数の多かったのは「ふるさと」と「ロシアのうた」シリーズでした。続いて、そのときどきの団内外の諸問題に対する、ともしびとしてのメッセージを慎重かつ大胆に発する内容でした。

（イ）参加者全員で学習し深めること、テーマにそって団の各班で話し合うことと並行して、店営業後、参加者全員で企画の位置付けと基本的方向性を確認しました。たとえば「ふるさと」——各々の「ふるさと」観と現実、総じて「失われゆく〝ふるさと〟」、その歴史的変化の要因と私たちが希む「ふるさと」、その課題は何か、など。

「ベトナム人民支援ロングコンサート」（毎日、外部アーティストに来店してもらい、二カ月間）では、ベトナムの歴史と現状、アメリカ軍による攻撃と在日米軍基地、日本政府の対応、ベトナム民族独立の立場を支持し、ともしびとしてどのように支援するか等を半月以上も話し合い、その上で外部の日本フィルや、チェリストの井上頼豊氏等の方々に、出演を依頼しました。出演者は全員ノーギャラでした。

（ロ）役割分担をし全員が力を出し合う。音楽的に構成ステージを支えたのは合唱団であり、ザ・フェニックスであり、アコーディオン教室のメンバーでした。構成台本は不二章幸子（のちに専従）、美術は絵画班、ＯＨＰは映画班というように、各々の得意分野の力量を発揮し、「灯」亀戸店の総力で取り組まれました。所要時間は、ごく一部の例外を除き、四五分。いずれにしても、この取り組みは団員の力量の向上と団結、店を豊かにする上で、かけがえのない動機づけとなっていました。

（b）司会者養成

「今さら半世紀近く前のステージ方針を書くことに意味があるのか？」という自問もありますが、当時の亀戸店の雰囲気を感じていただきたいと思って記します。ステージスタッフは前述のように多彩であり、多くの団員は司会者になる希望を持っていましたが、単独司会はまれにしか実現しません。しかし、活躍する場がなかったのではなく、一人ひとりの個性をどう開花させてゆくのかという方針に基づいて、ソロ、デュエット、合唱、合奏等で挑んでいきました。店全体とステージは不可分のものとして考え、店を豊かな音楽文化空間とするために、お客さんの協力も含め、日高孝にいわせれば「総力戦」という概念で向き合っていました。

(イ)ステージに集中する(主体は団員)。司会、伴奏は無論のこと、どのセクションにいてもステージに集中すること。司会者は、お客さんも含めて、ステージへの協力を事前に働きかける。たとえば「この日に『雪白く』をやるのでテナーをよろしく」というように、何曲目でやるかは別として、その曲に備えてもらう。団員にも同様に備えてもらいました。結果として、団員はステージに集中していました。

(ロ)ステージを行う上での努力。歌集に載っている曲名、頁数、歌詞、曲想を覚えること(演奏される回数の上位約一〇〇曲)。覚えていないと自由で柔軟でタイムリーな展開ができません。新人を除いて司会者は歌集を、伴奏者は楽譜を見て演奏してはいけない。見ながら演奏すると、お客さんや店全体の雰囲気を感じとれないからです。

(ハ)その日のステージをプロデュースする。司会者各々の個性を発揮できるよう、ステージごとに特徴を持たせつつ、お客さんの要望に応える。対応の指示は時としてリアルタイムに出され、店終了後まとめ会を行いました。ステージ方針と司会者への指示は当初、一ノ瀬、瀬良、藤沢が行い、一九七三年頃は池田、石田、藤沢がこの任につきました。

(ニ)新曲(あらゆるジャンル)を研究する。そのときどき、特に青年に支持されている歌を研究し、よい曲は大胆にステージにのせ、再創造する。この分野では、表現者として金指修平、山崎茂(通称玉三郎)、山中五郎(公務員)、フェニックスボーカルの辺見、中西、高階等が大きな役割を果たしました。彼らは十代後半から二十代前半の青年たちでした。

＊

♪♪♬ 吉祥寺ともしび新店開店へ

❖一九六〇年代後半から七〇年代、その時代と、ともしび

一九六〇年代の後半とはどんな時代だったのか、少し触れます。

池田内閣の「所得倍増計画」が進められ、東京オリンピック（一九六四年）を経て、のちに「高度成長期」と呼ばれる時代でした。再び戦争を起こさないという憲法の精神が国の隅々にまで行きわたり、いわゆる戦後世代が育ち、彼ら／彼女らが国のあらゆる場を担った活気ある時代といえます。

ベトナム戦争が起こり、国際的な反戦運動が広がりました。国内では一九七〇年安保改正で国論が二分し、中国に文化大革命がおこされ、様々な矛盾に対して学生運動が全国の学園を席巻し、革新自治体が京都、東京、大阪等々次々に生まれるといった、戦後の新生日本が立ち上がった時期に続く、新しい時代の到来が予感されました。

そしてこの一九六〇年代を受けて始まる一九七〇年代は、高度成長のあとの様々な問題に日本が直面していく時代ともいえます。

一九七〇年という節目は、ともしびにとっても、自主運営の店「灯」亀戸店の開店、音楽文化集団と

もしび結成に続く「吉祥寺駅前再開発に伴う存続運動」から吉祥寺新店（F&Fビル）の開店、一日歌声喫茶「妙義」から新宿店の開店・再開（鬼王神社横）と続く時代となります。東京に三店の自主運営の店ともしびが活動を始めます。一九七〇年前後に、うたごえ喫茶が全般的に退潮傾向にある中で、困難を逆に新たな活動を生み出す力に変え、逆風を追い風に、実に生き生きとした活動が展開されるスタート台が作られました。店を母胎にした活動も活発さを増し、概略次のような活動が始まりました。

①自主的な店作りが吉祥寺新店、新宿店再開へと発展し、亀戸を含め三店が活動。

②軽音楽バンド「ザ・フェニックス」、ともしび合唱団が結成され、ともしびらしさあふれた音楽の創造が始まる。

③八王子市民会館ホール公演を契機に、オペレッタ劇団ともしびの活動が本格化する。

さて、亀戸の店が生き生きと動き始めた頃、吉祥寺の「灯」は、吉祥寺駅前の都市計画が本格化し、まさに存続の危機を迎えつつありました。これまでも触れてきましたが、「灯」吉祥寺店の経営者は伊藤日出夫さんでした。駅前の再開発が具体化したとき伊藤さんは、苦労の連続だった歌声喫茶を継続する意志を持っていませんでした。従業員たちは、歌声喫茶を続ける意志があっても立ち退きに伴う補償の対象とはなっていなかったのです。伊藤さんがやらないという以上、従業員はいくばくかの手当をもらい転職するしかなかったのです。「灯」吉祥寺店の火は消えてしまうのです。

吉祥寺は今ではおしゃれな街となっていますが、当時はごみごみした普通の中央線の駅前の街でした。余談ですが、前進座が吉祥寺に居を構えた一九三七年頃、まわりはほとんど畑だったとか。

年表　ともしびの出来事(1968～73年)

年	月	出来事
1968	2	オペレッタ「ごんべえかかし」(脚本・山岡まさる、作曲・井上正志) オペレッタ「◯メートルの青春」 オペレッタ「かっぱ沼の宝物」(作・赤木三郎、演出・深野安子、作曲・井上正志)
1969	5	吉祥寺駅前再開発計画案承認
		音楽文化集団ともしび結成
	6	団結成文化祭(日本青年館)
		立ち退き該当者同盟結成
		「うたごえ喫茶存続」署名開始
	8	オペレッタ「狼五郎」(脚本・ともしび文芸部、演出・深野安子　作曲・井上正志)
1970	2	軽音楽バンド「ザ・フェニックス」結成
	3	ともしび合唱団結成 「灯」文化祭・音楽祭(牛込、武蔵野、小金井、両国) オペレッタ「シンデレラ」公演(小金井、八王子、文京)
	8	オペレッタ「いたずらポッキの冒険」(作・演出・深野安子、作曲・井上正志)
1971		「ザ・フェニックス」平和友好祭に初出演
1972		新宿「妙義」一日歌声喫茶開始(旧鬼王神社横ともしび前身)
	3	株式会社ともしび設立 日本フィルハーモニー争議
	4	「灯」吉祥寺店、F&Fビルへ移転 ミュージカルコメディ「雨にぬれても」 ロングリサイタル(労音会館)
	8	児童演劇劇団協議会、東京都児童会館「夏休み児童演劇祭」
	11	児演協設立
1973		ともしび新宿店再建・開店(鬼王神社横)

❖都市計画による立ち退きと対市交渉

一九六九年七月二六日、伊藤晴夫その他の組合役員は、後藤喜八郎武蔵野市長(当時)と会い、ともしびの問題について話し合いました。

組合(ともしび)の要求は、次の三点でした。

①灯を存続させ、労働者を解雇しないこと

②労働者の労働条件が今より下がらないこと

③灯店立地条件、収容面積が今より悪くならないこと

市長の回答は「労使間で円満に解決して欲しい」というもので、立ち退きに伴う労働者の生活の変化や、労働者の文化施設ともいえる灯店がなくなってしまうことに対して、革新市長を標榜《ひょうぼう》しながら全く無責任な態度でした。もちろん立ち退きの保障は法と慣例の枠内で行われるのですから、大きな制約、難しさがありました。しかし、新しい問題提起に対して、従来の枠を越えて考えてみるという積極性は、残念ながら見られませんでした。

市長は「労使間で解決して欲しい」、つまり市から経営者に補償金を出すから、労使間で仲よくそれを分けあって欲しいということでした。しかし、組合は、伊藤社長とこれまでの経緯の上に話し合いを重ね、「立ち退き問題に関して、金銭的要求を社長にしない」、同時に、「社長は、組合の三つの基本要求が実現するよう(対市交渉などで)協力する」と協定していました。組合はうたごえ喫茶を残すことが大切と考え、零細な経営者と交渉して、何がしかの金銭を得るよりも、社長と団結して市政を変えて、もっと大切な要求をかちとろうとしました。

しかし、他の労働組合や民主運動の活動家の一部からは、社長に「金銭的要求をしない」などというのは、労働組合としておかしいという批判も出ました。また立ち退きにあたって、労働者が市から補償を取るなどということは、前例もないし無理だともいわれました。

中小零細経営のなかの労働運動では、よく「労働者は経営者とも団結して……」とか「零細な経営者は労働者の味方につけなければいけない」などといわれていました。

しかしいうは易く、実際にはとても難しいことでした。ともしびの存続はこれまでにない新たな課題といえました。新たな事態に対して、今までの前例や常識にとらわれず、新たな課題を活かす発想が必要でした。ときにはそれが「世間の常識」から批判を受けることになりました。

しかしそういう批判に屈服していたら前進はないと考えました。あのときそういった批判にともしびが屈していたら、今のともしびの運動はなかったでしょう。

❖武蔵野市始まって以来の署名運動、全国でも全くユニークな活動

困難な経営を前にして、暴力的に私たちを追い出そうとさえした伊藤社長でしたが、前に述べた協定が出来てからは、対市交渉において、一貫して誠実に組合と共闘を進めてくれました。組合も、「灯」吉祥寺店存続署名を集め、他の近隣の営業者とともに立退該当者同盟を作って、運動を進めました。組合の情熱的活動と動員力は、営業者たちからは大いに頼もしがられました。

第一回の署名運動は、七〇〇〇名の署名を集め、徹夜になった市議会で審議されました。しかし、自民党の反対多数で否決になり、伊藤晴夫や深代利定は徹夜で真っ赤になった目で、議長に激しく詰め

寄ったのです。けれども否決は厳然たる事実。「よし。もう一回署名だ」。

二回目の署名はごく短時日のうちに一万七〇〇〇余名分が集まりました。再び市議会に提出しましたが、その早さと署名数の多さにため息をもらした議員もいました。今度は自民党の議員が筆頭紹介議員になり、建設委員会では満場一致で採択、いよいよ本会議ということになりました。ところが前述の自民党の筆頭紹介議員が紹介議員を降りるといい出したのです。他の自民党議員からの圧力があったのです。ともしびの組合のメンバーは、その筆頭紹介議員に面会を求めました。事情を聞くためです。ところが、その筆頭紹介議員は自民党の議員控え室に軟禁状態にされ、出てこないのです。こんな喜劇映画のようなこともありましたが、この署名は継続審議になりました。

なお、署名はその後も続々増えて、三万名に達しました。

❖市が認め、事態大きく動く

市側も建前を崩すことはできないが、ともしびの運動も無視できないということで、実質的に従業員(労働組合)を立ち退き補償の当事者として認めたのです。こうした立ち退き問題では、普通立ち退き補償の当事者として認められるのは、まず地主、そして借地権者、建物所有者、営業者までで、借家人、借間人には権利は認められないのです。そういう法体系と前例の中で、従業員を当事者として認めさせたことは、運動の大きな成果でした。

結局、伊藤社長は独自に一階にパーラー「フルール」を開き、別途、伊藤氏を社長とした株式会社ともしびを設立し、株式会社ともしびがF&F(エフアンドエフ)ビル地下一階に入居し、四〇坪のうたごえ喫茶を開くことになりました。伊藤社長は、一刻も早く「ともしび」から手を引きたかったので、社長の強い希望で二重三重に念書を交わし、「二年後には社長を降りる」ことにしました。

駅前の立ち退き該当者が入居したF＆Fビルは、伊勢丹ビルと地下がつながっているワンフロアーのツインビルで、吉祥寺駅前から数百メートル離れた場所に作られ、ディベロッパーとしての伊勢丹と駅との間に商店街を残し、お客さんが回遊するという考えでの都市計画が進められたものでした。吉祥寺はこの後発展し、東急百貨店・近鉄百貨店が出店し、駅ビルができ、丸井が進出することによって過当競争状態となり、生き残りのため、伊勢丹のF＆F側への売り場の拡張、零細店舗の追い出し、「ともしびつぶし」という事態につながっていくことは、この時点では予感すらありませんでした。さて、こうしてうたごえ喫茶を存続させる場所を確保することができましたが、これからがまた難問でした。

❖一九七一年一二月三一日の出来事

当時は、団活動や創造活動は旺盛でしたが、一方で財政活動は無意識のうちに軽視されていました。資金が不足すると大勢の支持者にお願いして支援していただくという状態が続いていました。

一九七一年一二月三一日。専従者は年を越すお金がなく、亀戸店開店の際にも、決定的といえる資金援助をしていただき、その後も一貫して物心両面にわたって支持していただいている熊谷清司さんに、資金援助を要請に行きました。

「今日中に一人残らず全員を『ここ(熊谷氏宅)』に集めなさい。それが前提で、話はそれからです」と厳しく告げられました。

あらゆる手段を使って夜一〇時頃全員が集まりましたが、それまでの長い時間、ともしびの当時の幹部、井上正志・甲斐谷昇・宮本偉・藤沢義男が別室に呼ばれて、これまでの活動の弱点について、中小企業の経営者として、また、文化をこよなく愛する立場の人間として、たくさんの話をされ、それを全専従のものにできるかどうかを問われました。ともしびの創造・運動と経営をどう両立させるのか、支援に協力してくれている人々が何をともしびに託しているのか、その人々に責任を負えるのか等々、いつになく厳しく問われました。

実際、その当時の専従の生活は、午前一一時に集合して、学習会やレッスン（レッスンに入らずオルグ活動に出るメンバーもいましたが）、レッスンが終わると店の開店準備をし、午後五〜一一時の営業を行う。資金に困ると、安易に支持者に資金援助を呼びかけ、赤字は解消されない……。資金援助に応えてくださる方々の、それが朝早くから残業につぐ残業での汗の結晶であるというそのことを、実感として私たちは感じてこなかった、と深く反省しました。

熊谷さんからのともしび運動への、特に、創造と経営への厳しい指摘を受け、そしていただいた四五万円の援助を全員で分割して、新たな決意を胸に家路につきました。それまでの創造活動の成果を活かし、店経営の改善とともに財政を健全化させるために、幼稚園・保育園・小学校等への出演活動が自覚的に展開されたのは、この日のことが契機でありました。

❖はだか一貫から三〇〇〇万円の資金作り

こうした状況で、お金に全く縁のなかった人たちがお金を準備しなければならなかったのです。会社設立資金(資本金)一〇〇万円、新会社の運転資金数百万円、新店の内装費八〇〇万円(実際には二〇〇〇万円ぐらいかかってしまった)など、さらに、区分所有権の買取、地代・固定資産税の支払いと、経験したことのないことが待ち受けていました。賠償金などの立ち退きの保障金というものがない私たちだったので、全くの無一文。それまでの生活感覚からは想像すらできない金額を短期間に作らねばならなくなったのです。当時の専従(従業員)の給料は、その日の食事にもことかく月一万円ちょっと、欠配・遅配もありでした。専従者の会議で、若手の坪川行成が「こんな状態では食っていけない!」と厳しく発言したこと、昼ごはんにコッペパン(中の具のないただのパンだけ)をかじっていた姿を思い出します。専従者の夕食は、キヨちゃんが作るコロッケ半分、キャベツの千切りにたくあん、みそ汁といったものでした。その食事がうらやましくて、まだ学生だった大野はともしびに入れてもらったようなものなのです。

団では早速、次のような訴えを行い、出資金及びカンパの募集に取り組みました。

【今月中に一〇〇〇万資金作りの各セクション目標を達成することを訴えます】

全団員のみなさん

私たち音楽文化集団ともしびは、三年前に結成されるとともに、団の内外に常に新鮮な問題提起をし続けてきました。

その一つひとつを、いまふりかえってみますと、これといって特異なことをしてきているわけではありません。ただ、あたりまえなことを、あたりまえに精一杯生きてきたこと、努力をつみあげ、コロンブスのタマゴのように最初の発見と努力を「ともしび」の発展という中で一貫して続けてきただけのことでした。

しかし、その結果は奇跡のように何を考え何をするのかわからないと云われるバケモノのように息つくひまもなく動きつづけ、結成当時考えられなかった規模の多面的で多様な文化活動をおこなっている現在の団を作りあげていました。

昨年(一九七二)五月総会以後の各セクションの努力の結果は、財政的にも赤字から黒字へと、又、多額の借金の返済も行い、ともしびの活動上、歴史的なともいえる発展をして、五カ年計画を丸三年目の今年で全て達成してしまいそうな力量を主観的にでなく作りあげてきています。

団員のみなさん

団報一一三号討議のなかで、すでに深められ発展されているように、私たちはいま五カ年計画の中でもっと大きく、しかもともしびの発展にとっては、避けることの出来ない課題「吉祥寺新店作り」と「新宿再建」の終盤戦を全団員の総力を集中して取りくんでいます。

この取りくみの中で思いもよらない感動の人間ドラマとともしびの再発見を幾度となく経験してきました。

あるサークルで一緒だった青年が、ボクの青春の一ページにともしびがあたえてくれた素晴らしい感動にくらべると、申しわけない額ですが、これが貯金の全てなのです。使って下さい、と一〇万円を持ってきてくれた話。

店にはじめてきて、色々と話を聞いたり歌を唄うなかで一万円を五カ月続けて出資すると約束してくれた新聞配達の青年。

職場の一人ひとりに心をこめて訴え、三〇〇〇円前後のカンパをあずかり総額数万円にして届けてくれた女性。その中にいきづいている未来あるともしびに、めまいがするほどでした。

その結果は二月末日で二〇〇万の資金を確保することが出来ました。ところが、この三月二日の出来ごとは、ともしびのカイブツぶりをあらためて知らされたのです。

それはこういうことなのです。

吉祥寺新店のため建築業者と二月末日に工事の契約をし、すぐに着工してもらい、三月四日に一〇五〇万の三分の一である頭金を支払うことになっていました。これまでに集めた資金で楽器やその他に支払った残金に、新しく三〇〇万の大口の出資を申し出てくれた女性の確約があったからです。ところが、二日の夕方になってその女性の職場の方より別用で伝えられた話では、彼女の話のほとんどがでたらめであり、もし金をもっていたとしても資金にはあてにできないというものでした。そこで、本人と連絡をとり、その旨をたしかめようとしましたが、十分な確証は得られませんでした。

さあ、大変です。四日の支払いに丸一日半しかありません。もし支払いが出来ないときに工事は中断し、これまで一切の約束はほごにするという念書まで交わしていたのですから……。

伝えられるところに緊急事態を訴え、三〇〇万作りが始まりました。亀戸の合唱団員の一人は大阪のオジさんに電話をしたが理解されないで男泣きしたとか、「僕の一生の願いなのだから」と三〇万作った話。ともしびに来て色々はげまされ学ぶことが多く、ありがとうと、お礼をこめて一〇万円とどけてくれた方。両親に話し、家にある現金の全てを出し、その上に商売をしている自宅を担保に出来るならしてもいいという話。奥さんと相談して定期預金を解約してくれた古い常連の方。存続運動の危機だと、さっそく職場の仲間と五〇万とどけてくれた市職の仲間たち。今持っている現金のすべてですと一万円、三万円と次々に申し入れがあり、吉祥寺と新宿、亀戸の電話は鳴りっぱなしです。そのたびに金額が上がっていくのです。そこにいる人々は胸をドキドキさせっぱなしでした。知らせが入るたびに亀戸灯の電話の向こうから拍手や歌声が聞こえ、感動的な時間でした。

「ともしびは素晴らしい」そんな言葉ですまされるものか。ある団員はこう表現していた。「全身がわななき、ふるえることをおさえられない感動を味わっている」と、又、ある人は「ひとりひとりを大切にできる。そのひとりひとりをあらためて、じっくりみつめ直してみたくなった。こういうところで歌えるということは幸せだ。声がきれいか、きれいでないかは別としても、こういう感動の中で歌えることは素晴らしい」と、又、「ともしびはいいことやってきたんだなあ、毎日の中で知らないうちに沢山の人々の中で支持を作り上げていたんだってことを、これほど味わったことはない」と。その結果は、なんと、たったの六時間で五二〇万円のとどけがあり、三日の日には四八〇万をこえる現金が確実に集められたのです。

この信じかねる額は、まぎれもなく、ともしび存続に対する人々と団員の手によって集められたのです。ふりかえってみて下さい。昨年五月から九月までかかって八三万作りをしたことを。

団員のみなさん

工事は無事進行しています。すでに厨房の防水テストは終わり、ステージも作られました。すべての業者との打ち合わせもほぼ終わりました。

業者との間にも、ドラマは作られつつあります。開店記念の絵皿のために九州のカマ元の方と直接に交流ができてきたとか、その絵のために、絵本の『ごろはちだいみょうじん』や女性週刊誌『ノンノ』などでしられている梶山俊夫さんが、おむすびころりんの絵をかいて下さり、そのうえで舞台下絵や、ともしびオペレッタの絵本化など開店後の夢もふくらませています。

酒屋さん、マッチ屋さん、コーヒー屋さん、建築デザイナー、照明、音響、楽器の専門家、沢山の人々と、ともしびは、人間として団理念で対応し、協力しあって素晴らしい店づくりを進めています。しかし、総額一六〇〇万もかかるのに対し、現在二〇〇万と今回の五〇〇万ですが、今回の五〇〇万がほとんど短期の出資であることを考えたとき、今月三〇日の開店レセプション、三一日の開店が正式にF&Fビル全体で行われると決定したいま、各ブロックが協力して、セクション目標を開店までやりきることが絶対条件です。

団、書記局は、一人ひとりの創意と努力をセクションに集中し、取り組むならば、必ず達成されると確信しています。（以下略）

一九七二年三月五日

その後、出資、カンパが続き、三井銀行の首藤さん（組合の金融共闘で三井銀行従業員組合と文化祭やうたごえなどで協力関係が作られていました）には格別な協力をいただき、大野善吉氏の土地を担保に、ともしびとして初めて融資を受けることができ、二〇〇〇万円を超える資金を調達することができました。

また申し込みの遅れから、夜営業のできる東フロアに入居できず、西フロアになりましたが、伊藤社長の尽力で管理規則の枠を越えて、東フロアと同じ条件で夜一二時まで営業できることになりました。組合の立てた正しい方針と戦術、社長との柔軟な交渉姿勢、支援の人たちとのかたい団結、支援の人たちの情熱的、献身的な活動、そして結成された音楽文化集団ともしびの果たした力、これらが誰も押しとどめることのできない一つの大きな流れとなっていきました。

❖「灯」吉祥寺店開店（一九七二年）

こうして一九七二年三月三〇日、F&Fビル地下一階にうたごえ喫茶「灯」吉祥寺店がめでたく開店したのでした。

開店のあと三カ月目の武蔵野市六月市議会は、継続審議になっていた灯存続請願を全会一致で採択しました。全党派議員がその足で吉祥寺店に来て乾杯をしました。自民党、民社党、社会党、共産党の議員がお互いに肩をたたきあって乾杯する姿は、これまたあまり見られない光景でした。

開店した「灯」吉祥寺店は、選び抜かれた材質をふんだんに使った質感の高い店舗となり、業界紙や建設関係雑誌にも紹介されました。開店当時は、吉祥寺に一軒のデパート伊勢丹とつながった地下街ということで、昼・夜ともに四〇坪の店はいっぱいのお客さんを迎えることができました。料理も、最善の力を尽くすということで、半蔵門の東条会館に技術指導をいただき、東条会館の伊藤敏明さんをチーフコックとして「引き抜き」、本格的なゴーダチーズをふんだんに使った手作りピザなどが評判になりました。

開店時の体制は、井上正志が責任者、店長は大野幸則、そして、青柳常夫、金城広子、伊藤(現・加藤)晴夫、佐山(現・西銘)尚子、深代利定、大貫史朗、村松良三、田中徳昌、吉田智子、松浦寿美、平石文子、伊藤育子、小市信、三浦博之、武者博和(現・ブッチー武者)、富永節子、近藤リマ子、田崎勝に、伊藤敏明チーフコックと、本当に豊かな人材が吉祥寺店に常時配置されました。大野は最年少の二二歳でした。

それでも朝八時から仕込みを始め、片づけて店を出るのが一時過ぎ。繁盛する店で皆生き生きと働き、昼の数十分の休みはそれこそ死んだように店の隅で眠っていました。

❖移転した吉祥寺店の開店当時の様子

一九七〇年代は、都心に集中していた新宿・銀座・渋谷といった繁華街・商業地域が吉祥寺・下北沢等へ広がり移っていく時期でした。その後一九八〇年代は、立川・町田等へとさらに広がっていくわけですが、吉祥寺は再開発の典型的なものでした。駅前に大きなデパートをどんどん作るのでなく、ちょっと離れたところにディベロッパーとして伊勢丹ビルを作り、駅周辺に人々が回遊するという構想でした。伊勢丹ビルと立ち退き該当者ビルF&Fとは今でいうツインビルで、地下一階が共通フロアーになっていて、伊勢丹側は食品売り場、F&F側は駅前で飲食店を営業していた立ち退き該当者が出店しました。さらに構想では、この地下街が吉祥寺駅に直結するというものでしたが、半世紀近く経った今日に至るまで地下道はできてはいません。

ともしびの四〇坪の店舗は一番大きなスペースの一つでした。外壁は割った煉瓦を積み、ステンドグラスの小窓から店内が少し垣間見えます。入口には手彫りの看板「ともしび」が、一メートルほどの大きさの船のランタンとともに下げられていました。入った左手がカウンター、その奥がキッチン、右手の柱の周辺から奥が客席、そしてステージとなっていました。テーブルは厚さ一〇センチメートルほどの一枚板で、椅子は特注のちょっと大きめのゆったりとしたものでした。圧巻は天井で、直径八〇センチメートルの無垢の丸太が縦にどーんと貫いている、『店舗建築』誌にも紹介された大変重厚で雰囲気のある内装でした。鉄板焼きの鉄板や灰皿は南部鉄器、名入りの皿、テーブルの上方にはデンマーク製(?)の吊り照明が二〇個ぐらい並び、覆いの硝子部分(三〇センチメートルほど)がいくつも重なり合って見えとてもきれいで、硝子のふき掃除を怠ることができませんでした。ステージは二段の高さで作られ、楽器は昼営業演奏用のエレクトーン、黒塗りでなく木地の見える塗りのグランドピアノ、ドラムスにベース、アコーディオンでした。

吉祥寺店の開店記念とオペレッタ劇団ともしびの作品「おむすびころりん」をかけて、絵本作家の梶山俊夫さん(『ごろはちだいみょうじん』、『ねしょんべんものがたり』、『島ひきおに』など)の絵で、手漉き和紙の豪華装丁本『ねずみ浄土』(二万二〇〇〇円・限定出版)が出版販売され、店の雰囲気ともマッチして素晴らしいものでした。梶山さんとは亀戸店の頃からのおつきあいがありました。

ステージでは、ヤギさん(青柳常夫)といえばロシア民謡、今でもベスト二〇曲には顔を出す「郵便馬車の馭者だった頃」は十八番中のおはこ《おはこ》。ヤギさんも本当に若く「乾杯の歌」や「ビヤ樽ポルカ」とともにビールのジョッキがお客さんから次々と届けられ、飲み干すたびに歓声が上がるといった具合でした。若いといっても四〇歳ぐらい。それにしても貫禄というのか老成したというのか雰囲気がありました。小柄な広ちゃん(金城広子)は三十代後半、シャンソン「群衆」、「パリ野郎」、「ジョリーシャポー」を歌うととても大きく感じたものです。ハオさん(加藤晴夫)が、男の歌い手の表現としてふさわしいかちょっと「?」なのですが、鈴を鳴らしたようなリリックなテノールでカンツォーネを歌い上げると、うっとりする女性がここかしこ。ともしびのオペレッタ「シンデレラ」では王子役。尚ちゃんは、普段は低いぶっきらぼうな話し方で、歌い出すと全く別人のようなソプラノ。レパートリーは幅広く、ともしびのオペレッタ「シンデレラ」ではシンデレラ役。日本人では数少ないバスの歌い手、深代はアメリカの歌、と多彩で華やかなステージでした。

深代は後にナメちゃんとのコンビで「バクさん」と親しまれ、動物の物まねが抜群におもしろい。子どもの頃に引っ越した群馬県の沼田の自然に遊ぶのどかな牛の声、馬のいななき、蛙の愛のささやき、そしてとんびがピーヒョロロと舞うそんな情景が、聞いている私たちの目の前に現れ、体に感じられるほどでした。大貫は今では司会をすることがありませんが、優しく一寸とぼけた雰囲気がステージを和ませていました。「こんなにすさんだ俺を見てお袋はなんというだろう」と、色白でふっくらした史朗さんが、歌の合間に決める科白《せりふ》のミスマッチに客席は大爆笑でした。吉田智子(秘書の仕事から引き抜いてともしびにきてもらいました)のランチタイムのエレクトーン演奏は、しゃれたデミカップのサービスコーヒーと共に落ち着いた昼の休息場所として評判でした。

引き抜いたといえば、キッチンの伊藤敏明チーフは半蔵門の東条会館のチーフクラスのコックでしたが、意義を語って、来てもらいました。カレー、ボルシチ、ピザ、壺焼きなどすべて手作り、開店した半年くらいは、伊藤チーフのほかにいつも数人が東条会館から手伝いに来てくれていました。村松良三や大野は見習いで、毎日一〇個ほどのキャベツを千切りにし、五〇個ほどのジャガイモの皮むきと形の整え、タマネギのみじん切り。けっこうたいへんなのは直径三〇センチメートルのゴーダチーズのスライスでした。今でも自宅でキャベツの千切りを出すと子どもが唯一ほめてくれます。これもその頃の「修行」のおかげと感謝。村松は村まっちゃんと愛される存在、本当に歌が好きで、いつもどこでも歌っていました。楽器も器用で何でもひきこなすというタイプ。ともしびには珍しい甘党で、ともしび自慢のカレーライスにもたっぷりと砂糖をかけておいしそうに食べていました。

店は、一〇〇人はゆっくりと座れるスペースでしたので、貸し切り、結婚式の披露宴にずいぶん多くの方が利用してくださいました。今時は宗教抜きの結婚式も多くなりましたが、当時はまだそんなに多くはなく、神前結婚式ならぬ人前結婚式がとてもユニークでした。植木等の甥御さんの結婚式や、田中徳昌・吉田智子、村松良三・平石文子の合同結婚式がめでたく行われたのがこの新しい店でした。

植木等のほかに開店当時よく来られたのは岡本敦郎さんで、「高原列車は行く」等をよく歌ってくださいました。丁寧に優しく語りかけてくるように歌う姿がとてもすてきでした。お客さんとしてもとても紳士でした。文藝春秋漫画賞を受賞された漫画家の荻原賢治さんは、ちょんまげの時代物で一世を風靡し、当時は『東京新聞』の夕刊に連載していたかと思いますが、ご家族でよくお出でいただきました。座るところはいつもカウンターの入口奥。変わったところでは読売巨人軍の黒江透修さん、当時はコーチだったと思いますが、たまに店に遊びに来てくださいました。芹洋子さんは新曲の発売時にはキャンペーンでよく来店されました。

縁は不思議で、キャンペーンに付き添ってきていたのがイトープロの伊東社長、その後芹さんと結婚されたと伺い、「ずるい！」と冗談めかして声を上げたものです。何せ、寅さんのたこ社長にちょっと知性を味付けしたような雰囲気なのですから（これも失礼）。その伊東社長がのちに、青音協（日本青少年音楽芸能団体協会）の代表となって、児演協（日本児童・青少年演劇劇団協同組合）の代表理事となった私と一緒にお仕事をするようになるとは思ってもいませんでした。子ども劇場の東京都協議会事務局長の森本真也子さんも、当時はバリバリの青年でしたが、さらに一回り若い青年をたくさん引き連れて遊びに来てくれました。

その後、吉祥寺駅周辺には近鉄百貨店、丸井、駅ビル、東急百貨店と相次いで大型店が開店します。ファッション、グルメの店も増え、吉祥寺の街は若くたいへん活気のある街となりました。F＆Fビル地下街もお客さんがあふれていました。買い物帰りの家族連れがよく立ち寄ってくださいました。桜の季節には井の頭公園での花見帰りのお客さん、前進座劇場（一九八二年オープン）の公演の後に立ち寄ってくださるお客さんで店は華やいでいました。

♩♪♬ ともしび新宿店再建・開店（一九七三年）

❖ひとりぼっちの青年をなくそう！

オペレッタ劇団ともしびの草創期の活動を紹介（〇五八頁）しましたが、その後のともしび音楽企画に展開する活動を、普及部が担っていました。「全都にともしびを！」、「ひとりぼっちの青年をなくそう！」のスローガンを掲げ、石川島播磨重工業越中島工場・労働組合青年部文化祭、金融共闘の集い、三井銀行従組の文化祭などの企画のお手伝いや、力を付けてきた軽音楽バンド「ザ・フェニックス」演奏によるダンスパーティーを催すことなど。そしてザ・フェニックスは平和友好祭での衝撃的デビューを果たします。

各地で「灯」文化祭・音楽祭（牛込、武蔵野、小金井、両国）を組織しました。両国では合唱団の最初の演奏会がともしびの文化祭となり、合唱団講師の出口正子さん（ミラノ在住、イタリア・オペラのプリマドンナ。国内では藤原歌劇団公演で様々な主要な役を務めています）が、鮮烈な舞台を作りました。また、自治体主催の成人式でのうたごえステージも数多く依頼がありました。狛江市の成人式に、P子さんとともしびに入ったばかりの大野が出演し、なぜか翌年は出演依頼が来なかったという現実もありました（〇一四頁）。一九七〇年前後は、歌声喫茶の創世記にも劣らない、これまたすさまじいエネルギーと規模で、ともしびがよみがえっていった時期でした。

コマ裏「灯」の再開再建運動を行っていた宮本偉は、「ひとりぼっちの青年をなくそう！」のスローガンのもと新宿界隈の中小零細の職場で働いていた青年たちの要求を汲み上げ、労働組合加盟等を進めていました。東京ガスの販売店で働く梅田誼美《まさみ》、切手会館の平石文子（後、村松）も組合に加わりました。このなかから団に加盟する青年が生まれ、再建再開運動の事務局をしていた高柴秀樹も加わり新宿ブロックが作られました。大久保周辺で一日うたごえ喫茶をやろうとしていましたが、なかなか会場が見つからず苦労の連続でした。

一九七二年になって、歌舞伎町の奥、鬼王神社横にあった喫茶「妙義」を借りて、日曜日の一日うたごえ喫茶を毎週行えるようになりました。この新宿でも中ノ瀬ひろみが中心となり、女性三人のコーラスグループ「チュリーズ」が生まれ、そのさわやかなハーモニーが「青年ジャンプ」、新入生歓迎集会など若者の集いで大評判となりました。新宿ブロックが地道に一日うたごえ喫茶を続けていくうちに、「妙義」のオーナーである和田さんから、店を居抜きで借りてくれないかとの申し出がありました。

❖再建された新宿店

ビルのオーナーであり、「妙義」の経営者である和田さんから居抜きで経営を引き継いでもらえないかという話があったのは、吉祥寺店をF＆Fビルに移し、音楽も料理も店の内装もお客さんに末永く楽しんでもらえるような今までにない店作りをと、大きな借入金を募って渾身の力を振り絞って進めていたところでした。「妙義」の店の造作権譲渡が、確か三五〇万円ほどとの申し入れだったかと思います。吉祥寺店の取り組みそのものもとても大きなもので、これ以上の負担に耐えられるかという意見と、これをまさに好機ととらえ新宿店を再開・再建しようとの意見が出されました。世相として、たとえば、相次ぐ革新自治体の誕生といった民主主義的な時流の高揚が私たちを後押ししている、という判断から新宿店再建を決意し、自主経営の店ともしびの三号店開店へと踏み出すことになります。

この時期に私たちは「総有」という考え方をするようになりました。亀戸店から始まり自主経営の店はまさに無一文から始まり、吉祥寺店そして新宿店へと広がりました。ともしびの建設資金として多くの方から貴重なお金をお借りしています。吉祥寺の店は区分所有権のある店舗で、今の分譲マンションのようなものでしたので、買い取りのローンを支払ったり、他店の保証金を用意したり、内装設備費用、劇団の新作仕込み費用やトラックの購入に充てさせていただいてきました。これら資産は、本来運動を進めている音楽文化集団ともしびが責任を負っていくものですが、現在のように特定非営利法人（NPO）等が概念としてもなかった時代でしたので、会社の行為とせざるを得ませんでした。借入は株式会社ともしびが行っているもので、仮に倒産すれば、資産を売却するなどして返済に充てることになりますが、会社としての責任はその範囲の有限な責任で終わります。万が一のとき、それではともしびという活動に協力してくださった方に迷惑をかけてしまいます。あくまでも、お借りしたお金、生み出された資産などはうたごえ喫茶をはじめとしたともしびの諸活動に生かされなければなりませんし、ともしび全体が責任を負っていくという立場を打ち出しました。ともしび全体が資産を保有し、運動に貢献していくという所有のあり方を「総有」と考え、お借りした責任はあくまでも果たしていくと表明したのもこの時期でありました。

佐藤内閣のあとを受け、日本列島改造論をひっさげた田中内閣が日中国交回復を為したあとの総選挙がこの年でした。新宿区労協事務局長などを歴任し、ともしびの専従としては離れていた甲斐谷が、東京一区から出馬していた紺野与次郎氏の秘書として選挙を戦い当選。この総選挙では共産党が四〇人（革新共同・沖縄人民党を含む）当選、大きな驚きを残した選挙でした。紺野さんといえば村田敬二郎さんをすぐに思い浮かべます。ご本人はすでに亡くなられた（二〇〇三年）ので、書いてもよろしいかと思いますが、愛知県選出の自民党所属、通商産業大臣などを歴任した村田さんは大のうたごえ喫茶ともしびファンでした。議員バッヂをはずして、気さくにお一人でよく来られました。「心さわぐ青春の歌」などそれこそ肩を組んで歌っていた姿が思い出されます。当選された紺野議員とお二人で来店されたこともあったかと記憶しています。「金のことで困ったことがあればいつでもいってくれよ」と金城などにそっといってくださる村田さんでした。もっとも、とうとうお世話になる機会を失ってしまいましたが、ありがたいこととお礼を申し上げるとともに、ご冥福をお祈り致します。

一九七三年に再建された新宿店の雰囲気を少しご紹介させていただきます。とにかくお客さんにとって、ともしび新宿店にたどり着くことがたいへんでした。新宿駅の東口を出て歌舞伎町を脇目もふらず、ホテル街の脇を通り抜け、ひたすら一五分は歩きます。友達と歩いて来れば気が紛れるのですが、一人で歩く時は、ただただ下を見て客引きの誘いに耳を貸さずに歩くか、毅然と目標に向かって胸を張り、顔を上げて歩き通すかです。中には適当に冷やかしながら楽しんで到着される剛の者もいらっしゃいました。町名は歌舞伎町でしたが北のはずれ、職安通りとぶつかったところですので、街の明かりも消えつきてしまうような場所でした。今は職安通りは、大久保通りと一区画をなすコリアンタウン。中でも区役所通り側は高級な韓国・朝鮮料理の店でにぎわっていますが、当時はまさに場末でありました。男性のお客さんは途中で何度声をかけられたか。女性のお客さんはそんな街を急ぎ足で、追われるごとく店にたどり着いていただきました。実は、新大久保駅から歩いてもほとんど変わらないか、ちょっと近いくらいでしたので、そちらのルートを選ばれる方も少なくありませんでした。平将門を密かに祭った神社ともいわれる稲荷鬼王神社の境内の闇の手前を地下に下りていくという、何ともミステリアスなシチュエーションでした。階段を下り、扉を開けると薄暗い照明の中に立ちのぼるたばこの煙とうたごえとがまさに渦巻く店でした。後年(一一年後)、靖国通り沿いの現在の店へ移るわけですが、私の学生時代の友人に、新しい店は明るすぎる、あのもうもうとした猥雑さがよかったのだなどという方もいらっしゃいます。

ともしび新宿店は二〇坪ほどで、村松良三らが積んだ煉瓦の壁、右手にカウンター、正面左手にピアノがあり、オーナーである和田家が喫茶店をやっていた頃の名残りの大きめのテーブルを囲むように四〇席ほど。当時、毎日ピアノ伴奏をしていた金城広子さんは、医者に行ったところ「まず、たばこをやめなさい」という厳しい診断が下されたほどでした。もちろん広ちゃんは、たばこなんてとんでもないという方、お酒も飲まない清廉な生活でした。

開店当時のメンバーは、日高孝、P子(深野安子)、大森秩江、瀬良育子、小市信でした。その後、新人の溝田恵美子(あかねちゃん)、森口久美子も加わり、若い男性に人気の店となりました。伴奏は金城広子。

❖家入修さん、古宇田亮順さんとパネルシアター

新宿店再建のお祝いメッセージに家入修さんからのものがありました。家入さんは声楽家でもあり、時々、店でアコーディオンの伴奏もされました。歌集には家入さんの詞になる「母なる故郷」がありますが、ときどき古宇田さんを連れて遊びに来られました。古宇田亮順さんは、私たちにパネルシアターを紹介してくださり、新宿店の瀬良育子がこのパネルシアターをとても気に入り、教えていただくことになりました。

パネルシアターは、たとえていえば紙芝居を進化させたもの。フェルトを貼った画板状のパネルに、これもフェルト生地に彩色した動物や植物の切り抜いた絵を貼ったりはずしたりしながら、お話しの

シーンを構成して物語を進めるもので、子どもたちの視覚に訴え、想像力を広げる魅力的な舞台として古宇田さんによって生み出されました（資料を見ていたら、古宇田さんによるパネルシアターの創設が一九七三年となっていました。再建されたともしび新宿店と一緒の誕生とはまさに奇遇でした）。家入さんはこの始めたばかりの古宇田さんのパネルシアターに伴奏として参加することがありました。縁はいつも不思議なもので、二〇〇四年末、公立学校の先生方の集まりの全国公立小学校児童文化研究会発表大会で、久しぶりに古宇田先生とお目にかかりました。その際「ともしびと出会って、パネルシアターに音楽が加わったことでパネルシアターの世界が広がりをもつようになったのです」といってくださいました。

❖新宿でのうたごえ喫茶店交流

新宿ともしびの再建は新宿のうたごえ喫茶店のありようにも大きな影響を及ぼしました。「どん底」のおばちゃんこと渡辺光子（てるこ）さん、「カチューシャ」のかんちゃんこと松永志郎さん等と協力し、提携する活動が始まったことです。メーデーや各種集会情報を交換し、不足する人材を補い合ったりしました。

また、総評全国一般東京地方本部西部地域支部灯分会として新宿の区労協傘下の組合との交流が行われていました。「再建する会」もこれまで再建へ向けての活動に定期的に支援してくださり、大野はいくつかの組合の事務所を定期的に回ってカンパをいただいていました。春闘の決起集会や職場での昼休み歌う会などにP子さんに連れられ、P子さんのアコと大野一人の歌で盛んに出かけていきました。キャンプのつどいなどにもよく呼ばれ、宮本たみ子（たみちゃん）と二人で行きました。二一か二歳、今考えればよく物怖じせずに行ったものだ、蛮勇というのか世間知らずというのか、(たみちゃんのことではありません)「フータリハ　ワカーイ」。灯分会は一九六〇年代後半では三平食堂や渋谷食堂での労組結成に協力したり、七〇年代に入っては個人加盟の労働者を組織する活動も行っていました。この個人加盟の労働組合が、再建されたともしびを支える柱の一つとなり、営業マンの梅田誼美、切手センターの平石文子など、のちにともしびの運動にも大きな役割を果たすメンバーが生まれました。

❖新宿店の再建に寄せられた声

一九七三年、新宿店が区役所通り奥の鬼王神社の隣に再建された年に、多くのお祝いのお言葉を頂戴しました。当時の雰囲気が伺われるお話ですので、少し長くなりますが採録させていただきます(肩書は当時のものです。敬称略)。

【大槻健(早大教授)**】** 質の高い文化芸術が、すべての人民のためのものとして花を開かせることが、私たちの歴史的な課題だと思っています。そのような時代と社会をつくりだすために、若者たちが、街角から精一杯の歌声をはりあげることが出来る場が、無数につくり出されるようになることが求められています(必要です)。ともしびが新宿の一角に、ささやかでもその場を持ったことを心から喜びます。皆の力で、若さに溢れる歌声のうねりをつくり出していきたいとおもっています。

【赤堀文雄(新星日本交響楽団)**】** 音楽の喜びは、演奏者と聴衆が同じ空間と時間を共有し、音を通じて感動を伝えあうことにあります。ところが我が国では、音楽の専門家と聴衆の間の溝が深く、両者の連帯意識は極めて薄く、昨年（一九七二年）の日本フィル事件をみても、交響楽団が労働者、市民の中にもっている根の浅さを痛感します。こういう状況の中で、ともしびのように演奏者と聴衆が一体となって音楽をつくり、そのことによって音楽に真に生命を吹き込むということは、非常に重要なことであると思います。副都心といわれる新宿に、ともしびが復帰すれば、民主的な音楽運動は大きな砦をまた一つ付け加えたことになるでしょう。

【秋村宏（詩人）**】** 新宿ともしび店が再開されるという。まず、おめでとう、といいたい。コマ劇場裏にあった昔のともしびもいい店だった。歌もオペレッタも詩も、というようにいわば働く人たちの文化の泉のようだったともいえる。新しい店にも、そのことを期待したい。「わたしはなにも答をだしにきたのではない。／わたしがここにやってきたのは歌をうたうためだ。／わたしと一緒にきみたちみんながうたうためだ。」というパブロ・ネルーダの詩の一節を、お祝いのことばとして捧げたい。

【西良三郎（日本ジャズメン会議）**】** 新しい時代の音楽を考える上での困難というか悩みは、それは聴衆と音楽家のパイプが断絶しているということにあるわけで、パイプがマスメディアというか録音機械とかですね、テレビカメラとか、商業資本とか、そういったものにささえられてしまって相互の交流が断たれている。ということによって、聴衆の音楽に対する要求なり何なりが直接、我々の方でつかみとることができない。また、聴衆の方も、専門家との直接のふれあい、肌のふれあいみたいなものがないということ。それが新しい言葉を考えていく上で大きな困難になっているということがあるわけです。そういう意味で、今の都会の中で、ともしびのような形態ってものが、そういった、交流の求められる場所になっている訳です。それが今度新宿という東京の文化の中心みたいなところに発足するということで、非常にうれしい。私たちもそれに参加できる機会があれば参加したい。今後の発展を大いに期待します。

【永島慎二（漫画家）**】**昔、僕もともしび（コマ裏）に通ったことがあるんですが、それは、どんなことかというと、僕にとって、青春の一部だったという気がするんです。いろいろありますよね。モヤモヤしたことが、いろんな時に、歌を歌うことですっきりする。そんな意味でも歌を歌うっていうのは良い事だとおもうんです、健康的で。大きな口をあいて歌うと虫歯が少ないっていうんですってね。だから僕もきっと、一本位少ないいんじゃないかと思います。

【藤田順広（シャンソン歌手）**】**ともしびは僕の青春、僕のふるさと。今度新宿のはずれに小さくふたたび灯をともした「ともしび」おめでとう。なんだか失った青春をふたたび手にしたような気持ちです。歌は生きものだし、その時々に命をもって、人々の心に入っていく。それだけの永遠性があると思います。お互いに頑張りましょう。

【佐藤克明（日本音楽舞踊会議事務局長）**】**新宿にまたひとつ、若ものたちの「ともしび」がともるときまました。おめでとう。あたらしい仲間をふやし、活気ある「ともしび」でありますよう、これからも、日本フィルをはじめ、日本の音楽の民主的な発展のために、一緒によい仕事をしていきましょう。

【早乙女勝元（作家、談話）**】**現在、都会に住む若者の健康な交流の広場というのは意外にないものです。女性週刊誌などをみますと、カッコいい男性がみえたら誰でもいいから「……ちゃんしばらくね」みたいな声をかけてみるとすると案外、道は開けるもんだぞ、みたいな無責任なことが書いてある。それは小説の上ではうまくいきましても現実のものとしては、そういうことの中では良い相手に巡りあえるなどということは、とてもあるとは思えないのです。そんなようなことを考えますと、かつて、コマ劇場の横のともしびに、私も何度かお伺いしたことがあるが、やっぱり新宿に一つ位そういう若者の健康な「広場」(というには屋根がついてせまいですが)があって良いと思うんです。丁度、私がその広場へ出かけた時は、土井大助さんが自作の詩を朗読して、コーヒーを飲みながらみんな聞いていて、若干のヤジに詩人が頭をかくような場面も一、二みうけられました。それもまた、僕はなかなか楽しいと思うのです。そうして仲間たちの交流のみならず、いわゆる芸術家との交流も行われるとするならば、今日の都会の殺伐とした砂漠のような中で、ともしびが果たす役割は、決して小さくないように思うのです。そういう意味で今度、新宿に本拠を構えると聞きました。働く若者たちに歓迎されて、みのり大きなものになってくれることを期待しています。

【松沢久之(三井従組東京地協議長)**】**今度ともしびが、吉祥寺に引き続いて、待望の新宿に再び店を出すことを聞き、懐かしさとその努力に、頑張れと声援を送りたい。ともしびの団員も貧苦の中で、よく頑張って来たものだと思う。私たちの組合でも、六年来毎年組合による文化祭を開いているが、その中でともしびの人達には、並々ならぬお世話になっている。が、同時に働くものの自主的な文化運動を追求し指導してきて下さったことに感謝している。若者は、誰にも押しつけられない健全な文化を要求している。ともしび新宿店に大いに期待している。

【村上国治(白鳥事件中央対策協議会)**】**念願の新宿店開店おめでとうございます。歌って踊って、飲んで食べて、ダンスから囲碁まで、本当に幅広い誰でも参加できる、底抜け明るい「白鳥新年の集い」は、今や東京の名物となりつつある(?)などといわれていますが、ともしびはもう何年も、この企画に出演、それから果ては、今年（一九七三年）などは料理の方まで引き受けて下さるなど、ほんとうに感謝しています。明るく大らかで、そして力強い、私はいつもそんな印象を強くともしびから受けます。この前も、近くで私たちの集会があり、偶然亀戸ともしびにお邪魔し、その雰囲気につりこまれ、つい私までが下手な自分の詩を朗読しましたところ、持っていた二〇冊の詩集がたちまち売り切れてしまいました。「おふくろ」の詩なんか、泣いて聞いてくれた子もいました。田舎から出てきた子でしょうか。こんなすばらしいともしびを全都に！

【萱島哲夫（東京アート・プロ）**】**昨年（一九七二年）八月におこなわれた「平和友好祭」、一〇月の「ベトナム人民を支援する大文化祭」で、ともしびの若い仲間達と一緒に仕事をする機会を得た。この二つの舞台では「闘うベトナムの青年男女」を演じ多くの観客に深い感動を与えた。この取り組みのためにともしびの仲間達は夜一〇時に店が閉店するとテーブルやいすを片付けて深夜の一時二時まで稽古に打ち込んだのである。このエネルギーと情熱が観る人に語りかけないはずがない。これこそ、ともしびの日常活動の賜物であろう。～目を閉じると、今もありありとその舞台が眼に浮かぶのである。夕陽に輝くメコン河の岸辺で歌う「明日を築く若もの」、闘志漲る戦闘場面での熱演。ベトナムの青年達もこうであろうかと思われるような溢れ出る誇りと確信に満ちたあの笑顔、あの輝く瞳、その一つひとつが私の心のカメラにピシャリと収まっている。こんなに爽やかでしかも真実に対しては真正面からぶつかる青年たちが新宿にやって来る！　退廃文化の氾濫する新宿にやって来る！　リポビタンDやまむしドリンクのような一時的な強精剤でなく、永遠のオアシスとして、新宿に湧き出ずる清水をふりまいて欲しい。そんなねがいで一杯である。

【大友純（俳優）**】** ともしびと僕の関係といえば、何といっても三、四年前の暮れに両国公会堂でやった音楽祭の思い出がまず浮かぶ。当時すでに人気上昇中の上條恒彦氏。藤原歌劇団のテナー氏（注・山口栄次氏のこと）。それに、歌に司会に増々磨きのかかったベテラン、ヤギちゃんこと青柳常夫氏の活躍。そして何よりも、会場いっぱいにつめかけた、下町特有の庶民性をもった青年男女の熱気に僕はうたれた。そんな客席から送り出され、オールマンリバーとステンカラージンを歌ったがそのすばらしい熱気に支えられて、どうにか歌ったことを、私は忘れていない。今度、あらゆる色合いの若者が、歌舞伎町に再び先頭を切って、ともしびが新しい力を伸ばしてもらいたい。

【横笛太郎（作家）**】** うたごえの店ともしびが、新宿に再開します。とてもうれしい…というのは、そこは十何年前に僕が人形を持って出演したことがあるからです。その頃の司会者のヤギさん（青柳常夫さん）が、今も元気に若々しく歌っているのを見ると、まるで昨日の様です。スモッグでよどんだ東京の空に、ひとすじのさわやかな風を吹き込むともしびの皆さんに、心から拍手をおくります。

【家入修（アコーディオニスト）**】** 歌の本当の楽しさを、ともしびに行けば感じられるという期待がある。そのともしびのねばり強さには驚きました。もっとも外国では五十年、百年単位で計画をたてるそうですから、新宿に十年ぶりに戻ったとはいえ、まだまだ長い目でいろいろ考えなければならないでしょう。第一に、場所は良いとはいえないし、若い人ばかりでなく誰でも入れるような雰囲気を！高い質の音楽を！　と、不安や希望が入り混じる中で私はあえて申し上げると、ともしびの人たちは、ともしびを称賛する人々の誉め言葉を聞いて良い心地になり満足する、ということでなくおおかたの批判をもっと率直に受け入れて欲しいものです。そうしなければ、創造の問題を解決することができないでしょうし、結果としては、赤字になりはしないかと恐れています。

【小山起功（法政大講師・アメリカ歴史研究家）】私が女房に連れられて初めて「ともしび」に行ったのはもう十年も昔のことになります。以来私は、隠れた「ともしび」ファンの一人であると密かに自負してきました。長い間日本を離れていた関係で、店に顔を出す機会こそありませんでしたが、その間も普通のファン同様に、新宿店閉鎖闘争の知らせに一喜一憂したり、亀戸店や吉祥寺店の開店を心から喜んだりしたものでした。帰国後、ふとしたことから「ともしび」の皆さんと親しくおつきあいをするようになりましたが、私が十年来のファンであることをご存じの方は恐らく一人もおいでにならないと思います。かつての新宿店を知っているオールド・ファンの一人として、この度の新宿店開店はこの上ない喜びです。関係者の努力に心から敬意を表すと共に「ともしび」万歳を大声で叫びたい気持ちです。

【大井数雄（人形劇団カラバス）】「見せかけだけのお子様ランチ」や、がんじがらめの「学校給食」ではない、ほんものの歌、ほんものの音楽、ほんものの芸術を味わうことのできる「子どものためのコンサート」を、毎日といいたいところですが、せめて月に一度くらい開いていただけないでしょうか。そこへ、かつての若者や娘たちが、我が子、我が孫たち、未来の若者や娘たちをつれてやって来る。「ともしび」の発展の姿の中に、そんな情景が浮かんでくる。大人が喜ぶ歌をすべて子どもが喜ぶとは限りませんが、子どもたちがほんとうに喜ぶ歌は大人たちの心をも深くゆり動かす歌になるでしょう。

【日本の「灯」を／渡辺照男（早稲田大学教員組合書記）】「灯」が西武新宿駅のそばにあったころ、中学三年だった僕は先輩につれられてはじめて「歌声喫茶」なるものにお目にかかった。新宿高校定時制の五年間(病気で一年延びた)「灯」は僕たちの第二会議室だった。「灯」が新宿から消えているうちに僕は三〇歳になった。もうコーヒーより酒のほうが欲しい。歌にしても三十代以上の日本人がまともに歌える歌が欲しい。店は狭くとも、いわゆる「ファン」から開放されている日本の《灯》が欲しい。僕は客としての権利を主張しつつ再び《灯》にお目にかかれる日を待っているのだ。

【うたごえ喫茶の火/門倉訣(詩人)**】** 私はあの新宿コマ裏の「灯」のファンでした。職場のなかまを誘ってよくうたいにいったものです。芥川也寸志さんが作曲した「火」を作ったのが一九歳のとき、私のうたう詩の初めての作品で、それが灯歌集にのって広められたころですから、もう二〇年近くなるのでしょうか。うたごえ喫茶はそれから多くの人たちに愛され、全国にひろがりました。その「灯」のメンバーが、閉店後の長い道のりをへて、また店をひらくなんて本当にうれしいことです。またむかしのなかまや若ものたちをさそってうたいに行きます。開店の日をおしえて下さい。お祝いの詩をもって駆けつけます。「灯」が、また若いなかまたちのいこいとはげましの場として多くの人達に愛されるよう心から願っています。

【明るく健康な音楽を!/北川剛(音楽家)**】** 最近、テレビを見てもラジオを聞いても、耳をおおいたくなるような歌が多いのには驚かされます。脱思考的な薄っぺらな文化からわれわれ日本人、特に若者たちが一日もはやく抜け出さなければ、日本の芸術も生活も駄目になってしまいます。ともしびが健康な憩いの場となり、音楽創造の場所になるよう頑張って下さい。

【辻本全志(フラメンコ・ギタリスト)**】** 昨年(一九七二年)四月、ヨーロッパ旅行したときに感じたことですが、ドイツ人もイタリヤ人もスペイン人もみな「うた」が好きです。ドイツ人たちはビアホールのようなところで、よく歌っています。南欧に行くと、もっともっとカラッと明るくなって郊外でもどこでも歌い出します。スペインの南部アンダルシア地方では人々は一日の労働を終えた後、着飾って大勢集まり、ブドウ酒を飲みながらフラメンコを歌います。まさに「うた」は民衆のものです。「うた」は特定階級の人が特定の場所で歌うものではないのです。日本では家庭に地域社会にそのような歌を中心としたコミュニティが少ないのが残念です。そういう場所を歌の好きな人々と創り出す……ともしびがそんなところになってほしいと思います。

♩♪♬ 新しい時代の音楽文化

❖オペレッタ劇団ともしびの始まり（一九七〇年）

さて、子どもたちに向けての公演活動の始まりですが、コマ裏「灯」の店内で上演されたオペレッタを見たお客さんの中に学校の先生がいらっしゃって、子ども向けにオペレッタをぜひやって欲しい、と話があったのがきっかけでした。

狂言の「瓜盗人」を下敷きに、オペレッタ「ごんべえかかし」（作＝山岡まさる、作曲＝井上正志）が、一九六八年、なんと一晩で作られ、今でもともしびのレパートリーとして幼稚園や児童館などで圧倒的に喜ばれています。歌集で取り上げられている曲で数分で書き上げられたといったエピソードを持つ歌がありますが、この「ごんべえかかし」もまさに一晩で生まれた名作です。西瓜作りの名人ごんべえじいさん役が一ノ瀬末男（現・季生。その後大阪の老舗の人形劇団クラルテの音楽監督）、泥棒役がご存じ青柳常夫（ヤギさん）でした。西瓜を頂戴してそのあまりのうまさに惹かれ、図に乗って大きなかごをしょって泥棒が再々登場します。かごいっぱいに西瓜をもって帰ろうと。この場面になると今でも観客の子どもたちは大声で泥棒を非難します。ちょっとさめた、バーチャルの世界に浸っている現代の子どもが、劇に熱中して、劇の中にのめり込んでいく姿に、先生方は「正義は失われていない」と驚かれます。

第二作の「かっぱ沼の宝物」（作＝赤木三郎、作曲＝井上正志）もそうでしたが、公演で使う道具や衣装を運搬するトラックを、当時ともしびは持っていませんでした。公演メンバーが手分けして電車やバスで手持ちで運んでいました。「ごんべえかかし」の場合は、先ほどの泥棒が使う大きな野良仕事用のかごに舞台道具を詰め、背負って運びました。電車を待つホームに置いたかごにぽいとゴミを捨てていった乗客、その行為のあまりの自然さに、思わず納得したメンバーたちでした。「かっぱ沼の宝物」は小学校公演の作品でしたので、舞台道具も多くかなりたいへんでした。登山用の横広の大きなザックに衣装などを詰めて運びました。ヤギさんは恥ずかしいと、そのザックに「灯山岳部」と大書して使っていました。こんなとき、建設関係の仕事をしていた村松良三が、軽トラックを持ち込んで専従になりました。待望の劇団最初のトラックの誕生でした。流行歌が好きだった村松は、いつも運転しながら気持ちよさそうに歌を歌いまくっていました。

当時は「劇団ともしび」などといっても誰も知っている方はいないという状況でした。専従者は、夜は店に出ますが、昼間は地域を分担してオルグをし、公演を依頼してくれる学校や幼稚園を訪ねます。なかなか依頼を受けられず、担当する何人かの専従が日和《ひよ》ってしまいました。学校の門をくぐれず喫茶店で時間をつぶす人、パチンコに逃げる人、目標に届かない人ばかりですが、井上正志の点検はそれは厳しいものでした。そんな困難な中でも、渡辺誠子は、名前の通り誠実なオルグを地道に行うすばらしい専従者でした。

オペレッタ劇団ともしびを東京中に知らしめようと、初めての手打ち公演（自主公演）の「シンデレラ」を八王子市民会館で一九七〇年一二月、二日間にわたって行うことになりました。集客目標は四〇〇〇人でした。劇団メンバーの青柳、伊藤晴夫、佐山尚子、一ノ瀬、鈴木浩子、渡辺、瀬良尚郁、斉子などが八王子にアパートを借り、泊まり込みで、それこそ朝から晩まで券売りに励みました。職員会議で訴えさせてもらったり、朝礼で全校生徒を前に歌ったり、「三月三日の餅つき」の手遊びをしたり、まさに奮闘努力を続け、公演当日を迎えました。普通、八王子市民会館などで公演する劇団は、大道具など一一トンの大型車を横付けにして道具を搬入し、仕込みを始めるのですが、我がともしびは一トン足らずのトラックで搬入口に横付け、あっという間に搬入完了。ホールのスタッフに「これだけ⁉」のエピソードを残しました。

この公演により、弾みをつけて都心進出を図ります。翌春（一九七一年）、文京公会堂での公演を目指します。劇団メンバーだけでなく、当時普及部といって店の普及と労働組合を中心にオルグをしていたメンバー、藤沢義男、深野安子（P子）、深代利定、日高孝、新人の大野幸則も混ぜて東京全体にオルグをかけていきました。合唱団「草笛」にチケットをお願いしに行ったときに対応してくれたのが、今思い返してみると、ベレー帽をかぶった文化人風の雨田隼二でした。ここも二〇〇〇人のキャパの大ホールで、三ステージをほぼ満員にして成功しました。宮本偉は公演後「次は武道館、目標一万人だ！」と怪気炎を上げていました。

シンデレラは佐山尚子、王子は伊藤晴夫、そして魔法使いが青柳常夫でした。ヤギさんの強い希望「魔法使いは空を飛びたい」の一言で、特撮で名を馳せていた円谷プロダクションに依頼して宙づりで空を飛ぶことになりました。リハーサルも無事に終え、いよいよ本番、二階席で見ていた大野はわくわくしてそのシーンを見守っていました。下手から魔法使いが空を飛びながら登場、（思わず心の中でヤッタ！）シンデレラの前に颯爽と現れる演出です。ところが、魔法使いがシンデレラの前まで飛んできたと思った瞬間、魔法使いがシンデレラの前からバックをし始めたではありませんか。あれよあれよという間に下手に引っ込んでしまいました。「あれ？」と思うまもなく下手に隠れた魔法使いが再登場、ちょっと緊張が伝わる表情での再登場でした。そのうち頭が下に下がってバタバタとまた下手袖に戻ってしまいました。「トラブル！」。舞台袖に走りました。吊ってあったロープが引っかかり、引っかかったところが支点となって、ヤギさんが振り子となり、右に左に揺れることになったのです。

ところが、ヤギさんはしたたかです。その後の公演活動で事前の会など開かれると、芸談としてこの話を持ち出し、子ども劇場のお母さん方に大いに喜ばれ、信頼を逆に獲得するという離れ業を決めるのです。逆境に強いともしび、ヤギさんの面目躍如たる後日譚です。このときの演出は第一ステージサービスの川崎ひろしさん（その後高島平二丁目団地自治会の会長、保育園長等々）。

❖小作品による幼稚園公演

「ごんべえかかし」（一九六八年）の公演から始まった小作品による幼稚園等の公演は、一九六九年オペレッタ「狼五郎」（脚本＝ともしび文芸部、演出＝深野安子、作曲＝井上正志）、七〇年オペレッタ「いたずらポッキの冒険」（作・演出＝深野安子、作曲＝井上正志）と新作を加えながら行われました。主な出演者は、青柳常夫（ヤギさん）、伊藤晴夫、瀬良尚郁、渡辺誠子、佐山尚子、鈴木浩子らで、七〇年以降は、斉子、伊藤育子、深代利定、大野幸則らが出演するようになりました。伴奏は井上、金城、一ノ瀬など。

小作品はおおむね四人編成、伴奏者一名で舞台には三人が立つ形がほとんどでした。約一時間の公演時間のうち前半を一部として「みんなでうたおう」、後半の三〇分程度がオペレッタ上演でした。「みんなでうたおう」はまさにともしびならではのステージで、うたごえ喫茶風にリーダーならぬ出演者が子どもたちを巧みにリードして会場一杯のうたごえが響きました。「ピクニック」、「森のくまさん」、「たきび」、「さっちゃん」、「クラリネットをこわしちゃった」、「おもちゃのチャチャチャ」、「犬のおまわりさん」、「手のひらを太陽に」、「ぞうさん」、「アイアイ」、「こげよマイケル」等に、季節の歌の「うれしいひなまつり」、「ジングルベル」などを加えて、よく歌っていました。

のちの話ですが、子ども劇場おやこ劇場が盛んになって、音楽団体がたくさん公演するようになると、演奏だけでは子どもたちがもたないということで、一緒に歌うコーナーを盛んに取り入れるようになりました。先に紹介した私たちのレパートリーの多くの曲は、そういったコンサートでの定番曲となり、子ども劇場おやこ劇場などからは、「また同じ曲ばかり」という声もあがるほどでした。

影絵劇団でも本編の上演の前に併演作品として「うた」が取り上げられ、歌のイメージに合わせて美しいシルエットが写されて、録音された音楽に合わせて子どもたちが歌うといった企画がありました。その部分を生でやって欲しいという「かかし座」さんからの客演要請がともしびにあり、確か宇都宮の公演だったと思いますが、かかし座公演の前座として、「みんなでうたおう」を行ったこともありました。他劇団との初めての仕事で、影絵の舞台裏を楽しくのぞき見させていただきました。今思えば、そのときに主役級の人形を扱っていたのが、かかし座の長老（という言い方がふさわしいかわかりませんが）の幅田さんでした。

「みんなでうたおう」はヤギさんが主に構成をしました。公演先の幼稚園に着くと園児のカバンと帽子を借ります。私たちはそのカバンをかけ、帽子をかぶってヤギさんに連れられて歌いながら「ピクニック」に出かけます。いろんな動物（象や猿）に出会って「ぞうさん」、「アイアイ」を歌い、川に沿って歩くときは「メダカの学校」に振り付けをつけて子どもたちと遊びます。「♪そっとのぞいてみてごらん」と歌いながら、何があるのか川の中をそっと覗く仕草、続けて川の中の学校で遊ぶメダカたちを想像して驚く仕草。子どもたちのはじけるような嬉しい顔が広がります。とにかく子どもたちの元気なうたごえとはじけるような笑い声が会場一杯に巻き起こります。

手遊びは群を抜いておもしろく、幼稚園の園長先生が「自分の園の先生方にぜひ教えて欲しい」とおっしゃることもしばしばでした。「ごんべえさんのあかちゃん」、「メダカの学校」、「お弁当箱」、「大きな栗の木の下で」、「落ちた落ちた」、「三月三日の餅つき」など、どれもよく知られたゲームですが、普段先生方が子どもたちとやっている同じゲームとは思えないおもしろさが、そこにはあったからこそでしょう。今思えば、子どもたちの心の中にすっと届いてしっかりとつかむ、そんな表現ができる力量と、子どもたちと一緒に楽しむ私たちの心が一つになってできたのだと思います。

動物の鳴き声（物まね）では深代が抜群でした。戦後を群馬県の沼田で育った彼、動物の鳴き声で、その沼田の自然に観客を引きつけて魅力的でした。うららかな春の空に響く鳶の鳴き声、蛙の求愛の声、牛がのどかに鳴き、馬が走る、同じステージに立っている私も何度聞いてもうっとりと引き込まれてしまいました。

❖呼んでいただける幼稚園が増える

夜、店で仕事をして翌日の朝の公演でしたので、朝の集合時間は誰か寝坊するのではといつもひやひやでした。小さいことにはいっこうにかまわない、おっとりとした大人風のメンバーがおり、ときとして不安が的中し、起こしに行ったことも一度や二度ではありませんでした。大きい声ではいえませんが、「病気」になって公演を延期していただいた記憶があります。子どもたちの前で「このお兄さんがこの前病気になってしまってごめんなさい」と罪をかぶって謝ったように思います。草創期のこんなどたばたした出来事が次から次へと果てしなく思い出されてきます。

そんな中でも、ともしびの公演をたいへん気に入っていただき、毎年呼んでいただける幼稚園も生まれました。たとえば多摩幼稚園は、京王線の多摩センター駅へ行く路線ができていない頃、多摩ニュータウンが生まれる前からのおつきあいでした。確か聖蹟桜ヶ丘駅からバスで丘を登っていきました。丘の上に着くとそこはのどかな桃源郷ともいえる田園が広がり、行く度に地上のものとは思えない風景にいつも感動していました。美しい光景として今でも心に残り続けているには、もう一つの理由がありました。それは手作りのお弁当です。公演が終わると、いつもお弁当を用意してくださいました。手作り風の心のこもったお弁当がなんとおいしかったことか。そんな心遣いに私たちの心も和んでいたから、別世界のような思い出となって残っているのでしょう。

❖新作の小作品がつぎつぎ生まれる

毎年呼んでいただける幼稚園などが増えてきて、小作品公演は新作を準備するよう心がけてきました。学校公演作品として、一九七四年一月にオペレッタ「べっかんこ鬼」(原作＝さねとうあきら、脚本＝赤木三郎、演出＝関きよし、作曲＝井上正志)(ともしび鬼シリーズ2)が作られました。「鬼シリーズ」と銘打って、オペレッタ「豆六と鬼」(ともしび鬼シリーズ1)(作＝横笛太郎、演出＝深野安子、作曲＝井上正志)、オペレッタ「そめこと鬼」(ともしび鬼シリーズ3)(脚本＝山本担、作曲＝井上正志)が次々と作り出されました。

「鬼シリーズ」では、武者博和(ブッチー武者)が活躍し、「そめこと鬼」で修ちゃん(金指修平)が舞台デビューしました。武者は顔に似合わず(失礼!)、とてもすてきなリリック・テノールでした。日常のステージや構成ステージで盛んに男声合唱に取り組み、トップテナーが武者、以下セカンドがヤギさん、バリトンが瀬良、バスが深代で、デュークエイセスばりの男性コーラスでした。武者はのちにコントの世界を志し、ともしびから離れますが、一九八〇年代に入ってフジテレビ系の番組『おれたちひょうきん族』で「懺悔《ざんげ》の神様」として衝撃的なブームを巻き起こします。最初はあんな俗悪番組!といっていたのに、武者が出るようになって口を閉ざす私でした。

「そめこと鬼」の脚本の山本担さんも忘れられないともしびの支持者でした。本業はよくわかりませんでしたが、いろいろなことに実に造詣が深く知識が豊かでした。映像関係のイラストをやったり、中南米の音楽の研究をされたり、ともしびの歌集の挿絵や中南米の歌の紹介・訳詞などでずいぶんお世話になりました。小金井の大邸宅を借りていて、私たちは空き部屋を倉庫として使わせていただいたり、作業をしたり、ときには資金も貸していただいたりしていました。ただしスポーツは苦手のようで、合宿でソフトボールをやったときにいきなり三塁側へ走り出したり、送球した井上のボールが頭に当たって本気で怒ったりとか、実に不思議な方でした。

❖児童館、中学校での公演

どうも話が脱線してしまいますが、このころ都内に児童館が作られ始めました。学校と異なる視点で子どもたちの健全育成を図る施設としてひろがっていきました。学校と異なる子どもの居場所が作られ、先生方の献身的な努力が始まっていました。子どもたちの観劇の機会がそこで持たれるようになりました。比較的早かったのが世田谷区や足立区、品川区、大田区、北区、板橋区、新宿区等で、小作品の公演をずいぶん行いました。学校や幼稚園などでの子どもたちの観劇姿勢とまるで違います。小さい部屋にぎっしりと集まった子どもたち、観るも観ないも子どもの自由。つまらなければ出て行ってしまいます。異年齢の集団となりますので昔風のガキ大将もときに現れます。ガキ大将は一番前に座って役者たちをやじるのです。ともしびは「みんなでうたおう」からプログラムが始まりますが、子どもたちの掛け合い交流が絶妙との高い評価がありました。

このガキ大将たちはとても一筋縄でいく代物ではありません。押さえ込むか引き込むか、私たちの世界にとけ込んでもらえるようステージを進めていくのに苦心します。ときとして、あまりのうるささにヤギさんが思わずカーッとなって我を忘れたなんていうこともありました。ところが公演が終わって一番親しみを持って近寄ってくるのは、こういったガキ大将たちでした。「ほんとにおもしろかったよ」といって、片づけをしている私たちのそばを離れず話しかけてきます。

またまた少し脱線してしまいますが、中学校がとても荒れていた時期がありました。演劇鑑賞会が成立しない、芝居を中断して子どもたちをしかってから続行した等という話があちこちで起こり、先生方が竹刀を持って会場を巡回するなど、よくある話でした。

ともしびも墨田区の中学校で「お月さんももいろ」(原作＝松谷みよ子、演出＝関矢幸雄、音楽＝岡田京子・井上正志)の公演を行ったときに起こった話です。その日も開演前は険悪な雰囲気でした。しまっている緞帳の隙間から観客席を覗くと、紫の長いはちまきをした生徒たち五、六人が先生方ともみ合い、声高なののしり声が激しく体育館に響きます。開演直前のメンバーに緊張が走ります。「いこう!」。舞台監督の声で緞帳があがります。生徒たちの顔が目の前に広がります。体育館の奥、跳び箱が並んでいる場所で、先ほどの生徒と先生がまだせめぎ合っている姿が見えています。

普通、演劇は、体育館の暗幕を閉め、真っ暗な中で上演されます。その場合、舞台上からは暗い客席の様子は見えない、眠っていようがあくびしていようが、見えないのが普通です。客席の観客の顔の表情は、実は舞台上からはわからないのです。ところが演出の関矢先生の考え方、後に「体育館演劇」と呼ばれるようになりますが、会場は暗くしません。明るい中で芝居を行います。生徒たちの表情がくっきり見えるわけです。ですからせめぎ合っている姿は、出演者たちにもはっきりと目に見えていました。芝居が進み、子どもたちの心に私たちのオペレッタがしみいるように受け止められていることが感じられました。大きな拍手のうちに幕がおります。いつしかあの騒ぎを起こしていた生徒のことは忘れていました。

終演後、楽屋にしていた教室で汗を拭っていたところ、訪問者が現れました。応対に出てみると、なんとあの紫のはちまきをした生徒たちが(押しかけて)きているではありませんか。一瞬凍り付いた私たちに、「こいつら」とリーダーがしゃべります(いったい何ごとだという表情の私たち)。「みんな感動しました」(なに!)。「そうだなみんな」とうしろに控えた一〇人位の仲間に振り返ってそういいます。(え!と思うまもなく)「ありがとうございました」と一斉に頭を下げ、そして上げた顔の晴れ晴れしい笑顔。一人一人と握手し、子どもたちと気持ちが通じ合ったことに、この仕事をしていて本当によかった!

❖小作品公演を支えてくれた方々

小作品公演に話を戻します。よい思い出だけではありません。毎年呼んでくださっていた千葉の幼稚園から、声がかからなくなったことにあるとき気がつきました。おそるおそる、何か理由があれば伺いたいとお尋ねしたところ、「歌が下手になった。歌のよさでともしびにお願いしていたが……」というお返事でした。私たちには思い当たることがありました。「ごんべえかかし」など、誰が演じてもとてもおもしろい芝居です。劇団員、ほぼ全員に小作品の役を振り当て、公演班の数を増やしていたのです。誰が演じてもそこそこに喜んでもらえるという作品の力に甘えた、誤った方向に踏み出していたことに気づかされました。

小作品公演は、多くの園長や先生方に支えられてやってくることができました。児童館には多くのうたごえ喫茶ともしびファンの先生方がいらっしゃいます。うたごえ喫茶とオペレッタ公演をともに大事に育ててくださった方々が何人もいらっしゃいます。たとえば、うたごえ喫茶を愛してやまない伊東四姉妹の次女、結婚されて足立区の児童館にいた馬上先生もそんなお一人でした。一九八〇年代はうたごえ喫茶がさらに厳しく、お客さんも少ない状況でした。当時のことを、「俺が帰ると客がいなくなってしまうので帰るに帰れない」と懐かしそうに語られる古いお客さんがおられましたが、つぶれて当然の状況でした。そんな中、月に一回、職場の仲間を誘って「ともしびで歌う会」を持ったりしてくださいました。また小作品のファンでもあり、いろいろな児童館にも声をかけて広めてくださいました。ともしびだったらこんなこともできるのではと新しい企画も提案してくださり、児童館祭りの構成・司会や高齢者のためのうたごえなどが実現していきました。

小作品作りにもっと多くのメンバーが関わるよう企画を募集し、新しいコンビを作り、小作品作りをさらに進めました。オペレッタ「三びきのありとキリギリス」(一九七三年、脚本＝赤木三郎、作曲＝井上正志)、オペレッタ「さかな君かえる君」(一九七五年、脚本・演出＝おおのゆきのり、音楽＝一ノ瀬末男)、一九八〇年には、さらに思い思いの企画を持ち寄り、一気に三作品を作ることになりました。生まれた作品は、オペレッタ「ゆかいなジャック」(作・演出＝青柳常夫、作曲＝一ノ瀬末男)、オペレッタ「じっちゃとまめだぬき」(脚本＝山岡まさる、作曲＝井上正志)、オペレッタ「春を呼ぶうたごえ」(作＝おおのゆきのり、作曲＝井上正志)。

❖「新しい時代の音楽文化を」ともしびの気概

開店して間もない亀戸店、駅前からの立ち退き問題で存続のために奮闘する吉祥寺店、みな全力で走りまわっていました。一年後に再開すると言ったコマ裏「灯」。しかし、その高浩振社長は全く別の業種の店舗をすでに開店してしまいました。そのため、新宿では高柴秀樹が再建・再開運動の事務局として運動を展開していました。

当時は印刷物といえば謄写版印刷（四国原紙といったでしょうか。紙に蝋が布いてある原紙を鉄のヤスリの上に載せて、鉄筆で字を書き蝋を削り、版を作り、ローラーで原紙の上をなぞると一枚印刷ができるという印刷方法）で、高柴はガリ切り（鉄筆で字を書くときガリガリと音をたてたので、この作業をガリ切りと呼んでいた）のプロフェッショナルでした。

亀戸、吉祥寺、新宿のどの一つの問題を取ってみても、生半可でできる課題ではありませんでした。それぞれ大きな課題を抱えて、その上に今まで行ったこともない大きなホールでの初めての劇団公演を行うことになったわけです。当然といいますか、激しい議論が起こりました。力が分散されるだけでなく店は手薄になり、専従者一人ひとりにかかる負担がこれまで以上に大きなものになっていたからです。それまでも、それこそ渾身の力で活動していた専従者たちでした。「二四時間、団（音楽文化集団ともしび）活動にもっぱら力を尽くすのが専従者」と、時代の革新を担おうとする人々の心意気のようなものが支えとなっていたと言えます。

当時社会的には、次々と革新自治体が生まれ、世の中が戦後続いた保守政治から新しい時代へと生まれ変わりつつある、その新しい時代に、ともしびが果たす役割を、「働く者の新しい社会にふさわしい音楽文化」を生み出すこととし、「それを担っていこう！」という気概を持って活動していました。

それは専従者だけでなく、結成された団に次々と若者が参加してきたことにも現れています。専従者が外にむかって活動を起こしていくその間隙を、歌声喫茶班（店内班ともいった）や友の会班としての活動をするこれら若者たちが、団員としてしっかりと埋め、今までと違った店の雰囲気が生み出されてきました。

❖多方面に展開されたサークル活動

西武新宿駅前の「灯」をはじめ、うたごえ喫茶ではたくさんのサークルが活発に活動していました。その頃のサークルはうたごえ喫茶という場だけでなく、日本国中いたるところでサークル花盛りという状況でした。全国的規模のサークルには「サークル若者」、「緑の会」、「労音サークル」、「若い根っこの会」、「みんな歌う会」、「緑の会」等があったかと記憶しています。ハイキングに行ったり、フォークダンスをしたり、歌を歌ったり話をしたりのサークルの多くは、青年のいろいろな要求を汲み上げて活動を行っていました。確か、そんなサークルを「総合サークル」と呼んでいたのではないかと思います。ともしびの中にはそれらのサークルもありましたが、音楽や文芸的なサークルがとりわけ多くありました。「山」に関わるサークルもありました。うたごえ喫茶と山は切り離せない仲のよさがあります。

音楽文化集団ともしびを結成したその後の私たちの「ともしび」は、その活動にふさわしい音楽文化の内容を追求し始めました。簡単な合唱を楽しんでいるだけのサークルに飽き足らない、アコーディオン教室でアコーディオンを習うだけでなくアコーディオンの音楽を合奏として極めたいなどの思いが募っていました。

また、開店した亀戸ともしび店は、自主経営の店というこれまでにない条件が団の活動を活性化させました。営業後の店内には、うたごえ喫茶開店中の店の活況とまた違った活況が生まれていました。歌の練習、コーラスの練習、構成ステージの打ち合わせ、楽器の練習が終電の午前一時近くまで続きました。いつのまにか店の周りに住まいを移す団員が増え、「亀戸村」といわれるようになりました(〇九八頁)。土曜日の夜には自宅に帰れない若者が亀戸村のそれぞれに「分宿」して、日曜日も活動を続けるといったことがよくありました。一ノ瀬末男、金指修平、ちょっとあとになりますが斉藤隆などは深夜の店に残り、徹夜で独学でピアノの練習をし、ものにしていきました。TDKで働く田中徳昌(トランペット)が牽引車となり、軽音楽バンド「ザ・フェニックス」が生まれていきました。

❖ともしびらしい音楽追求の芽ばえ

教育大・お茶大あらぐさ(『ともしび歌集』にある「二十歳」を作ったうたごえサークルで、東京教育大学〔現筑波大学〕とお茶の水女子大学の学生たちが作っていたサークル)で八年間活躍した池田健、保母に成り立ての宮本たみ子(たみちゃん)が、アコーディオン教室の教室生を教えながらアコーディオン合奏講座をすすめました。当時まだ国立音大に在籍していた出口正子が講師となり、東京外語大学で合唱活動をしていた瀬良尚郁《なおいく》が中心となって、「ともしび合唱団」が結成されました。大野は一期研究生、武者博和が二期でした。武者はその後専従になりましたが、コントの道へ進み「おれたちひょうきん族」で懺悔の神様として一世を風靡しました。

この合唱団の立ち上げでは、ちょっとしたぎくしゃくが生まれました。亀戸には「みんな歌う会」、吉祥寺には「ドレミサークル」があるのに、どうして同じような歌を歌う「合唱団」を作るのかという意見と不満でした。この議論と経過の中に、サークル活動とは異なり、団の組織の一部である合唱団の結成、さらにその後のともしび音楽講座への展開が見えますので少し触れます。

「ドレミサークル」などサークルは、たとえば歌を一緒に歌ってサークル員が楽しむ会です。サークル員の要求に基づいていろいろな歌を歌い、新しい歌を覚えること、ときには簡単な二部コーラスをつけて歌うのが楽しみでした。

新たに生まれつつあった想いは、「ともしびらしい音楽文化創り」という機運でした。「ともしびらしさ」を創造し普及し「ともしび」を広げようとする団が成長しつつありました。ともしびの音楽、ともしびの文化、集団としてのともしび、音楽と社会進歩、青年の生き方など、文化集団としての理念方向性といったものが混沌の中から凝縮しつつありました。会員の要求で組織され運営される原則を持つ音楽サークルと、目的と理念を掲げる合唱団の違いが、この経過の中で浮き彫りになりました。それらのことが、これまでたくさんあるうたごえ喫茶の中の一つのうたごえ喫茶、ともしびという店名を持ったうたごえ喫茶から、文化の内容として特異な個性を持った「うたごえ喫茶ともしび」が生まれました。西武新宿駅前の「灯」との違いがこの頃ハッキリしてきます。

このことはさらに二つの論議を通していっそう明確になりました。相次ぐ閉店などに直面したともしび従業員が作っていた労働組合が、もっとうたごえ喫茶を全都に増やしていこうと活動してきたことは先に触れました。この時期になって「全都にうたごえ喫茶を！」から「あなたの街にもともしびを！」というスローガンになっていきます。また、ともしびは多くのお客さん、様々な民主的な運動の輪に支えられてきました。うたごえ喫茶という立場で社会的な位置を占めるそれまでの姿勢から、音楽文化集団ともしびに支えられた「うたごえ喫茶ともしび」として社会の中にその位置を占めるようになります。

❖軽音楽バンド「ザ・フェニックス」

軽音楽バンドも次々と仲間を増やし、ビッグバンドを目指す熱意を持っていました。リーダーの田中のまじめ一徹な性格も反映していたかと思いますが、厳しいレッスンに加えて労働者的な気質が働く者の時代、新しい民主的な次代を担っていく青年の時代の気持ちを音で表していたからこその魅力でした。職場や地域でダンスが盛んに行われ、ザ・フェニックスの生演奏は大好評でした。ともしびではダンス企画を扱う「ダンスアプローズ」を日高孝、大森秩枝（現・蒼い企画代表。ともしびで歌って、ときとして振りが付きます。「今・今・今」の振り付けの考案者です）が手がけていました。

日高は本番前はよくうろうろと舞台裏をうろついていました。この人が本当に司会ができるのかと周囲はとても不安でした。ところが、気に入った衣装を身に付けるとたんにシャキッとし、開演と同時に観客を一気に引き付け、堂々とかつ洒脱な名司会者に変身するのでした。スペイン風というか南米風といいますか、大きなくっきりした顔立ちと情熱的な目と唇が何とも軽音楽バンド、ダンスパーティという華やかな雰囲気に実によくはまっていました。ザ・フェニックスと日高の物語のクライマックスは、山中湖で毎年行われていた青年学生平和友好祭の野外舞台でした。数万人の青年を前にザ・フェニックスと日高は熱情的なステージを生み出し、参加者の高揚する気概と一体となったステージを繰り広げました。団活動の発展と一体となった活動が各所で行われていきました。

♪♪♬ 広がるともしびの活動

❖様々な団体との交流が広がる

一九七〇年代の前半は、東京には私たちの「灯」(新宿、吉祥寺、亀戸)が三軒、西武新宿駅前の「灯」、「カチューシャ」(新宿、渋谷)、そして「どん底」(新宿)があり、七軒の店がにぎわっていました。少しあとの時期ですが池袋に「ラーク」、高田馬場に「十一時館」が開かれ、五反田には統一劇場のメンバーが「希望ホール」を開きました。うたごえ喫茶とはいっていませんでしたが「ライオン」(銀座、池袋、後に新宿)系列の店での演奏、赤坂溜池の「ベルマンスポルカ」、「ウェストパーク・セントラルパーク」(池袋、新宿)等、一緒に歌える店はまだまだ元気にやっていました。

この頃のうたごえ喫茶のメンバーは店が違っても結構交流がありました。西武新宿駅前「灯」の越膳正明さん、くまさん(甲斐正男)、かっぱさん(川端清)、こんちゃん(近藤卓)、「どん底」のおばちゃん(渡辺光子)、しょうちゃん、てらさん(寺井一通)、わかちゃん(若狭健治)、カチューシャのアコーターのカンちゃん(松永志郎)、小倉義雄先生、木村俊明さん、小林良信さんなど。ベルマンスポルカのアコーターの清水さん(息子さんはピアニストの清水和音さん)等、とにかく個性的でユニークな方たちでした。ボタン式のアコーディオン演奏をするどん底の「おばちゃん」にはその人柄からでしょうか、とてもたくさんのファンがいらっしゃいました。清水さんのアコーディオンのテクニックは抜群で、演奏と同時に店の独特の雰囲気をつくり出し、お客さんを引き込んでいました。圧巻は生ビールの大ジョッキを演奏の合間に一気に飲み干すこと、お客さんからの付け届けのビールを毎日十数杯飲んでいました。かっぱさんは何と劇団すぎのこ（現・公益財団法人すぎのこ芸術文化振興会）で子どもたちのための人形劇の演出、音楽を担当していらしゃいます。奇しくも児童青少年演劇という場で一緒の活動をしていると思うと、たいへん親しみを感じました。

お客さんも楽しくおもしろい方がいらっしゃいました。大原栄三先生は「ビヤ樽ポルカ」、安藤夏雄先生は「ボンボンキャラメル」が得意で、吉野新八郎さんはロシア民謡のコーラスになると、日本語の発音にはたいそう厳しい方でした。亀戸の手塚久さんはステージ衣装などをよくプレゼントしてくれました（詳しくは、一七二頁以降）。

こういったうたごえ喫茶同士の交流にともしびも一役買っていました。〇四九頁でも触れましたが、要請されてともしびから寺井さんが「どん底」に、飯田さんが「カチューシャ」に派遣されました。また、それぞれのお店はほとんど毎日の営業でしたので、専属の司会者や演奏者の休みの日に、ともしびからトラを送り出していました。なぜか大野が出かける機会が多く、ともしびでは味わえない経験も数多くしてきました。トラという言葉は、野球でいうところの代打、交代要員を指す業界用語、隠語です。ついでにちょっと。ギャラをゲーセン（G千）というと五〇〇〇円、ツェーマン（C万）というと一万円です。ドレミをCDEFGABでドイツ語読みで表した場合、一番目がCということです。さらに脱線。バンドマスターが演奏のキー（調）をバンドに示すときに指を立てて合図します。指一本はC、二本はDで演奏するよ、と無言で伝えるといった具合です。

さて、ウェストパーク・セントラルパークは五〇〇席ほどの大きなビアーレストランで、ジャズバンドとうたごえバンドが交互に演奏していました。ジャズバンドではときおり、ジャズドラマーのジョージ川口さんが叩いていらっしゃいました。近藤さんたちがやっていたうたごえバンドのトラとして、週一回ともしびが受け持つことになりました。ここのステージと客席は大きいので、一人のリーダーと一人の伴奏者というわけにはいきません。歌い手と伴奏者の八人前後のアンサンブルを組むことにしました。専従と団員の中から笹井春美、影山光子、安達美恵子、行貝弘美、近藤リマ子、きたがわてつさん、武者博和、村松良三、大野等の組み合わせでヴォーカルグループを作り、井上正志(ピアノ)、宮本たみ子(アコ)、大島勝美さん(ドラム)などがバンドでした。二次三次とチームが作られ、名前をあげきれないほど多くのメンバーが関わりましたが、合唱団とはちょっと違ったハーモニーの形や伴奏のアンサンブル編曲が行われました。てっちゃん(きたがわ)はその後、シンガーソングライターとしてセンタープロ所属となり、「日本国憲法前文」で注目され、「そんな町を」はともしびでも多くのファンがいます。

このような交流が、うたごえ喫茶関係だけでなく多方面に広がった時期でもあります。「歌舞団文工隊会議」が結成され、ともしびも参加し、わらび座や日本のうたごえの皆さんとともに共同の公演が行われました。文化団体連絡会議(文団連)にも加盟(一九七〇年)し、他ジャンルの文化活動とも手を携えて、民主的で健康な文化を担い発展させていこうと、視野を広げた活動をするようになりました。一九七二年には現在の児演協(日本児童・青少年演劇劇団協同組合)の前身、日本児童演劇劇団協議会(東京児演協)に加わり、子どもたちのために演劇公演をする多くの専門劇団と知り合い、大きな刺激を受けるようになります。劇団風の子の「宝のつるはし」(作＝多田徹、演出＝関矢幸雄)に出会ったことはとても衝撃的で、その後、関矢先生にオペレッタ劇団ともしびの作品の演出をしていただけるようにお願いすることになります。

❖日本フィル争議に支援の輪

日本フィルの争議が始まり、ともしびの中にも支援の輪が広がり始めます。一九七二年三月、日本フィルハーモニー交響楽団はフジテレビ・文化放送から楽団運営資金の打ち切りを宣言されました。楽団員たちは意見の違いを越えて統一をめざして日本フィル存続を願いましたが、財団が解散され、新日本フィルが結成されてしまうなどと、その願いも断たれてしまいます。しかし楽団員たちは新しい日本フィルの姿を求めて厳しくも感動的な闘いを展開したのです。

フジテレビが新宿にあり、日本フィルは新宿の争議団としての活動を始めました。私たちともしびも新宿争議団として新宿ともしび店の再開再建運動を展開しているさなかでもあり、いくつかの接点を持ち、音楽文化に携わるものとして経験をお話しするなど支援活動を行いました。

当時の藤沢義男は、こう書いています。

日本フィル・室内楽初演

一九七二年十一月、うたごえ喫茶ともしび亀戸店での「日本フィルをはげますともしびの集い」が、大河内カルテットの初演であった。争議に入った直後から、ともしびのメンバーも泊まり込み等に駆けつけた。松本ビオラさんの住居が市川市ということもあり、度々亀戸店に立ち寄り、当時酒を飲めなかった松本さんは、二時間かけてやっとコップ一パイのビールを飲み、争議のことや音楽のことを、訥々《とつとつ》と語った。無口な松本さんの相手はいつも藤沢で、その語り合いの中で、「もっと地域や職場に日フィルを！」ということになり、クラッシックとはほど遠い亀戸で、下町の労働者を対象にコンサートを企画したのだ。

狭い亀戸店に一二〇名の聴衆がぎっしり。円形劇場のような客席の中で、「生まれて初めてクラッシック」を聞いた大半の労働者は、感動した。「クラッシックってこんなにいいものだったのか！」と。無論、このコンサートでは全体の三分の一ほど、ロシア民謡を加え、「道」「樫の木」「エルベ河」を、井上のピアノも入り藤沢が独唱した。

自分たちの主張と相手の要求に応えることは、迎合ではなく、むしろアウフヘーベンするものだと、後に少し酒の強くなった松本さんがカウンターで語っていた。

もう一つ、今崎暁巳『友よ！未来をうたえ——日本フィルハーモニー物語』(労働旬報社、一九七五年)から、少し長くなりますが引用させていただきます。「さまざまな演奏会への挑戦」の節に、エピソードとしてともしびとの出会いが次のように紹介されています。

最初は、ほんとうに闘争支援要請の訴えのつもりでいたが、急速に注文がふえ、いい加減な体制では応じきれず、日本フィル全体で、きちんと小演奏会活動を位置づけ、たたかいと実益をかねたものにする必要が生まれた。(中略)拡がっていく中で、いろんなことがあった。まず、室内楽活動第一号となった、解散間もない八月、音楽喫茶「ともしび」関係者の泊まり込み合宿への出演の時。場所は、夏はすいているスキー場のロッジだった。出演グループは、クワルテット活動の実績をもつ、大川内クワルテット（大川内・三本・松本・高木）。

　実績があるといっても、こんなふうな、山小屋で、働いている若者や巷の音楽活動家に招かれて演奏するのは、まったくはじめて。今までは、彼らの出身校である芸大以来の、ファンや音楽家たちに囲まれた、クラシック音楽会らしい空気しか知らなかった。

　まず、集まっている若者らしい男女の様子に驚いた。若いのに、なんとなく、顔色もさえないし、服装も粗末である。山小屋の薄暗さのせいだけではない。たぶん、疲れて、ゲルピン（金欠の隠語）の人たちなのだろう。

　松本は、組合執行委員ではあったが、今まで、こんな形で、働く若者たちと交流した経験はなかった。日本フィルの活動を通じてのつき合いは限られていた。夏の交流といえば、軽井沢音楽会での避暑にきた人たちや、定期演奏会の熱烈なファンぐらい。その人たちは、身だしなみはよく、あかぬけして、顔色もよかった。

　〝ひどいところへきた……〟

　それが四人の偽らない実感だった。

　演奏を終わったら、彼らは、早々に、部屋にひきあげてしまった。彼らはどうしていいかわからなかったのだ。かつての軽井沢音楽祭のつきあいは、軽井沢一のホテルで、軽井沢に別荘をもちうる最高のエリート聴衆との社交だったのだから。ロビーで、月の光の下、ムード音楽にひたり、最高のお酒をのみ、最高の音楽を演奏すればよかった。

　〝これではだめだ。われわれは首を切られて、たたかっている。そのことを訴えにきているんだ……〟

高木はそう思いながらも、人々の輪に加われなかった。習慣の違いと、人に訴える弁舌ももたない脅え。松本は思った。よくよくわが身をふりかえれば、貧しい音楽学生として過ごしたというのに、日本フィルの生活の中で、知らず知らず、自分の生まれや育ちも忘れかけていたのだ。それにしても、貧乏していたとはいえ、日本フィルのつきあいも暮らしも、日本のエリートたちの周辺にあったということ。

夜がふけて、みんながキャンプファイヤーに誘ってくれた。歌や踊りや遊びの輪に入って、次第に、緊張がほぐれてきた。みんな、四人を大切に扱ってくれる。いわず、語らず、心から、彼らをいたわり、みんなで、くるんでくれる気持ちがにじんでいた。そして、親身になって、日本フィルのことをきき、これからのたたかいを心配してくれた。つきあっているうちに、この人たちの顔にも、身体にも、生き生きとした、暖かさが流れていることを感じるようになった。

〝われわれのまったく知らなかった人たち……この人たちこそ、ほんとうに音楽を愛しているのかもしれない……〟

それから、間もなく、山中湖畔で開かれた青年平和友好祭のキャンプにも、クワルテット出演した。その時、松本たちは思いがけないものをみた。別のキャンプグループの胸に、「がんばれ！　日本フィル」の文字がついているのだ。一人、二人、五人、一〇人、みんなの胸についている。その若者たちの顔を見て驚いた。それは、いつかの「ともしび」の若者たちだったのだ。

「やあ、こんにちは！」

「この前はどうも……」

話しながら、松本も高木も不思議な感動で一杯になった。

〝自分たちは、その胸についているのが、ゼッケンというものだということも知らないで、おずおずと人の中にいるのに、この人たちが、日本フィルをつぶすなと、胸にはりつけて、人々の中を歩いてくれる……われわれはいったい、なにをしているのだろう……〟

この瞬間、松本も高木も、今まで、自分たちのまったく知らなかった、聴衆と人々の心に触れ、強烈なショックをうけた。

〝われわれの世界はあまりにも狭すぎた。〟


日本フィルの楽員たちは、室内楽グループで、どんな町の片隅にまでも入り、そこであらゆる階層の老若男女とふれあい、自分たちの狭い世界を一つ一つ切り開き、新しい聴衆を獲得していった。


ともしびで行われたような小演奏活動、室内楽活動は日本フィルの闘いへの支援、共感とあいまって日本中にひろがり、日本フィルは「市民と共に歩むオーケストラ」の道を歩み始めました。その一つとして杉並コンサートが開かれました。

その第一バイオリン吉川利幸（当時日本フィル交響楽団労働組合委員長）さんの言葉です。「今まで、自分がこれこそ音楽と音楽家のあり方と思っていたことが、根本から問われているのではないか。杉並の人たちが、こんな音楽を聴きたい、日本フィルの人とともに音楽したい、その中にわれわれが自らをかえりみて、いかになすべきかを考える原点があるのではないだろうか……〝荒木栄〟がいいかどうかではないのだ……問題は、聴衆がほんとうに求め、感動するものの中で音楽する事！　それは、迎合でなく、新しい音楽の創造につながることか……定期演奏や高度な音楽要求をもつ聴衆の音楽会がいいものと考えすぎてはいなかったか……」（前掲書）。

さらに吉川さんは東北の公演旅行と今回の杉並の経験の中から、「『たたかい』とは資本への対決だけでなく、音楽家としての生活とあり方がとわれていることに気がついた。聴衆と本当に一緒に音楽する道をつかむために、自分を変えなければならないことを」（同前）と述べました。

吉川さんのこの深い受けとめにあるような日本フィルの皆さんの姿勢にともしびのありようが重なり、ともしびの中で支援の輪が広がりました。実はこの契機となった杉並コンサートの中心的な活動をしていたメンバーは、杉並区役所の田中進さん（惜しくも若くして亡くなられました）や杉並合唱団の和田伸さんなど、ともしびとは常に協力関係をもって地域の文化活動を真剣に取り組んでいた仲間でした。二〇〇六年に五〇周年を迎えた日本フィルは、一〇年来の杉並区との友好提携の上に、同年に新装された杉並公会堂をフランチャイズとした活動が始まりました。

❖一年に一度、同じ場所で再会しよう！

以下は、藤沢義男の文章です。

いままで述べたように、ともしびは団結成をバネに一層の発展を見せ、自主運営のうたごえ喫茶が新宿店（区役所通り・鬼王神社横、七三年）、F&Fの吉祥寺店（七二年）、亀戸店の三店になりました。

専従団員も、多少の入れ替わりはありましたが、三店と事務局、出演普及部を合わせると、四五、六名を数えるまでになっていました。出演活動も一九七二年の日本児童・青少年演劇劇団協議会の結成とともに、オペレッタ劇団ともしびとして参加し、幼稚園、保育園、小学校等での公演が次第に活発になりました。これにはある契機があったことを、前述しました（一三四頁）。

＊

三店への広がりとともに、団員も増えました。また、大学や職場の関係で東京を離れる団員やお客さんも多くなっていました。

彼らが用事があって上京し、一緒に活動していた専従や団員、そして顔なじみのお客さんたちに会いたいと思って三店を一日ずつ回っても、夜の出演や会議が入っていたりということで、なかなかみんなに会えない、という状況が生まれていました。

東京を離れた人々だけでなく、団員やお客さん同士、そして専従者の間でも、次第に運動が広がり活発になるにつれて、顔を合わせる機会が少なくなり、「みんなが一堂に会してゆっくり交流する場がほしい！」という願いが、強く出てきました。

ともしびは、かつて、海水浴バス、海のカーニバル、スケートバスなど、専従者の一部と団員、支援者が集うイベントを数多く企画し、大規模に展開した時期（一九六三〜七二年）もありましたが、途絶えていました。原因は定かではありませんが、近場の海が汚れたことと、担い手の中心メンバーであった宮本偉や藤沢義男が、多忙であったことだと思われます。その宮本も藤沢も、「海」の企画は慣れていましたが、「キャンプ」の企画は、一度もありませんでした。

❖夏のページェントが始まる(第一回、一九七七年)

一九七〇年代半ばに入って、ともしび音楽講座は活況を呈しており、夏には泊まり込みの合宿も始まりました。七四年、湯沢で全団合宿を行い、日本フィルのカルテットが参加しました。

一九七六年の夏、榛名湖畔での講座合宿に日程を合わせ、同湖畔のキャンプ場で、新宿ブロックの梅田誼美さん、宮本、藤沢が中心になって、五〇名参加のキャンプを行いました。まだその時は「ページェント」というネーミングは検討されていませんでしたが、このキャンプのあとに、全専従、全団員、支持者参加の大キャンプを想定していたので、この五〇名のキャンプを、「プレ・夏のページェント」と呼んでいます。

プレ夏ペは、台風直下のような大雨に一晩中みまわれ、バンガローから一歩も出られないうちに朝を迎えました。が、一歩も出られぬことが何ものにも代えがたい貴重な語らいの場となり、迎えた真っ青な朝のように、参加者はさわやかで、誰一人不満を口にする者はいませんでした。これで私たちは確信を持ちました。

一九七七年、山梨県丹波山村の甲武キャンプ場で、「第一回・夏のページェント」が開催されました。実行委員長は宮本偉でした。

このキャンプの位置づけは、「みんなが、一年に一度、同じ場所で同じ時期に集う」というもので、店も全店休んで、出演活動も入れず、文字どおり、全専従、ほぼ全団員が参加しました(二六〇余名の参加)。

第一回はまだともしび音楽講座合宿と合同で、講座の練習が始まると企画参加者が半分以下になり、淋しくなってしまいました。しかし、夜のステージは、昼の淋しさを吹き飛ばし、逆に楽しい集いでした。

キャンプのネーミングは、宮本と藤沢が『広辞苑』を間にして一日中考えたものです。「取り組み過程、キャンプの本番、そして翌年に続く、ともしびに集う人々の営み」にふさわしいものは……。「ページェント」という言葉に執着しました。「臨時に野外で上演されるドラマ」という意味です。キャンプ場の本番だけではなく、多くの人々との歩みの中で、ぼくらの共通のドラマを創り共有し体感するものだ、つまり、「人間ドラマ」だ、と考え、「夏のページェント」としたのです。二人ともこれが気に入りました。

❖文字どおり、全員参加のページェントに(第二回、一九七八年)

第一回の総括をもとに、一九七八年の第二回は、講座合宿を別にし、合唱練習は「青空うたごえ」に、というように、企画化できるものはページェントの企画として、すべて「夏のページェント」の下に全員参加することになりました。

「吊り橋のむこうは『ともしび村』です」。

三日間だけですが、甲武キャンプ場は現在より更に独立したキャンプ場で、すべてともしびの貸し切りだったので、「村」として、村長を選び、開村式を行いました。

第二回の実行委員長は、梅田誼美さん。参加者は三五〇余名。高柴秀樹、田中徳昌、村松良三らが、本格的な野外ステージを造り始めました。また、のちに実を結ぶ、地元丹波山《たばやま》村との話し合いもこの頃から始まり、丹波山村小学校でのオペレッタ劇団ともしびの「ねこのいえ」の公演につながっていきます。また、子どもだけのグループ作り「ともしびこども共和国」を構想し、半日だけやってみました（というか、子どもの自主的なグループ作りを考えたのですが、準備不足もあって、半日しか持続できなかったのです）。

そのときですら、もはや、日本の子どもたちは、異年齢の子ども同士で遊ぶ習慣を失っていることを、痛感させられました。大人のサポートが必要とされていたのですが、ともしびに集っていた昔のガキ大将世代は、そのことに気がつかなかったのです。山があり、森があり、川があれば、遊ぶことに何の不自由があるのだろう、という感覚。しかし、子どもたちは、すぐ二人、あるいは三人となり、どこにも入れず一人でいる子どももいて、それが苦にならないまわりの子どもがいる……待てよ、子どもだけか？　もしかして、参加している青年たちも、放っておけば、同じようになるのではないか……そう考えて、半日自由時間にしたら、青年もやはり小グループになってしまいました。「これではページェントにならない」、「ともしび村にもならない」……。

一〇名ぐらいで班を構成し、実行委員が班長を兼任していましたが、班の集いができかかると、放送で「実行委員は本部に集合」がたびたびあり、班のまとまりが途切れてしまいます。そこで、実行委員のなかで、班長の役割を一貫して担当できるメンバーを設置しました。班がよく交流し、ブロック（新宿、吉祥寺、亀戸)がよく交流し、全体がよく交流する……その哲学で、企画は立てられました。

その全体の集約的交流の場が、夜の野外ステージに具体的に表されるようにしました。各ブロックごとに一五分程度の構成ステージを展開し、最後は全体合唱で終わる、という企画も、その後何度か行われました。新宿ブロックのステージが終わった瞬間、舞台がドン!とホントに沈み、あまりのタイミングのよさに、見ている人は演出だと思って拍手カッサイ、というときもありました。

第二回では、初めて「ページェント宣言」を行うようになりました。その内容は、全く同じ日程で開催されていた「世界青年学生平和友好祭」の世界大会に連帯の意を表し、同時に、核廃絶と被爆者救援を訴えるものでした。

❖要求、想いがページェントを作る(第三回、一九七九年)

ともしびと、ともしびを取りまく今日の青年や人々の要求は何か。実行委員会では、「要求に応える」、「その要求とは何か」に、話し合いの半分以上が費やされました。逆にいえば、「なぜ、ぼくらは『夏のページェント』に取り組むのか」、「そもそも『ページェント』とは何か」という原点を深めることでした。

一九七九年の第三回は、亀戸ブロックの細根昭光さんが実行委員長、事務局長は飯泉昌子、参加者は四六五名を数えました。第一回、第二回の総括に基づき、きめ細かい対応をするためには、一班に班長一名と実行委員一名が必要と考えました。五〇〇名の参加者を納得させるには、一〇〇名の実行委員が必要であるとして、自分のやりたいこと、要求の実現であってもかまわない、なりたい人は、すべて実行委員になってもらいました。結果として、八六名の実行委員会になり、事前の下見にも六九名が参加しました。

安全対策として、近くの病院や消防署との連絡はもとより、医師一名、看護婦三名が参加してくれました。

実行委員会は人数が多いので、全体の会議は土建会館を借りて三回開き、あとは、各ブロックの三役と、実行委員長、事務局長、相談役(藤沢)で幹事会を構成して、これは頻繁に開かれました。

様々な企画が出されましたが、安全上で問題がないものは、基本的に実施することにしました。挑んだものの実現しなかった企画の最たるものは「吊り橋スクリーン映画会(吊り橋にスクリーンを張って、下の河原から映画を見る)」で、この企画のメンバーは六回もの現地調査をして対策を練り続けましたが、ダメでした。が、当初は三名だった企画メンバーが、二カ月後には、一二名になっていました。

その時代特有の、人々の要求に応えることと、自らの夢を実現させたいという想いと力が、豊かな「ページェント」を作るのだと思います。

「夏のページェント」には、一九七五年にできた「長野ともしび」の代表も参加していました(プレから第三回まで)。長野の代表の永井さんは、「何しろ俺なんかキャンプ場から毎日職場に通っているからね」(永井さんは飯綱高原の手前に住んでいた)と笑っていました。永井さんだけでなく、長野ブロックからの参加者は、東京に来てまでキャンプに参加することに意味を感じていたのではなく、ともしびがどういう運動を展開しているのかに、最大の興味があったのです。

三店と出演普及部、長野ブロックも入った団全体の人間とその交流、その中での様々な発見、感動が

「ともしび村」にあふれました。

「夏のページェント」にテーマとしてのタイトルをつけるようになったのは第三回で、「こだまする人間讃歌」でありました。「ページェント」は、いや、ともしびは、一貫して人間讃歌を奏でてきた、と私は思っています。

＊

♪♪♬ うたごえ喫茶のお客さん

❖三ブロックそれぞれの持ち味

一九七〇年代はともしびが都内で三店となり、国民的ブームが去ったとはいえ、まだまだ結構なにぎわいを見せていました。同じともしびのうたごえ喫茶の店ですが、店によってずいぶんと雰囲気が違っていました。それは一つには地域性というものが大きく影響していましたし、配属されている専従者、団員の持ち味や活動の色合いによってそれぞれの特色が醸し出されていました。

音楽文化集団ともしびは、店ごとに亀戸ブロック、吉祥寺ブロック、新宿ブロックとしてそれぞれの地域を大切にしながら活動を進めました。「灯」亀戸店は周辺にあった大企業の工場が郊外に移転し始め、組織労働者が減り、下町の中小零細企業で働く青年たちが多く集まってきました。例えばTさん、下町生まれの下町育ち。それも下町の長屋、みそ醤油の貸し借りはあたりまえ、で育った人情の固まりのような青年でした。「そんなしどいこと……」。ひどいを「しどい」といいながら、悲しみを体全体で表して話していました。そんな下町の雰囲気を残した店でした。

吉祥寺は若い街、多摩地域の中心、それに加えて「灯」吉祥寺店は伊勢丹と地下が同じフロアということもあって、日曜などは地下街に多くの人が流れ、ひょいと気軽に立ち寄って歌を楽しまれるお客さんも数多くいらっしゃいました。多くの文化人、知識人といわれる方々も足繁く来店してくださいました。四〇坪の店でしたので一〇〇人を超えるお客さんが集うことができ、手作りの結婚を祝う会がよく行われました。その中にはもちろん、うたごえ喫茶で知り合った多くのカップルがありました。

再開された「ともしび新宿店」(区役所通り・鬼王神社横)は歌舞伎町のはずれ、新宿駅から歩いて一五分ほど。誘惑の多い街を一五分歩き抜いて来店してくださる貴重なお客さんたちでした。場所柄も考えて、土曜の夜オールナイトでうたごえをやろうと張り切って始めましたが、夜中の二時頃になると疲れと酔いでうたごえが成立せず、いつの間にか立ち消えとなってしまいました。

西武新宿駅前の「灯」はやがて来る閉店の直前の時期で、柴田伸さんが盛んにもんたよしのりの売り込みを行っていました。「ダンシング・オールナイト」がヒットするずっと以前、黒人霊歌などを澄んだ声で歌っていました。

「どん底」は三階での営業から地下へ移り、「カチューシャ」の渋谷センター街の店が閉店となり、新宿一店となりました。

❖個性的なお客さん、お世話になった方

ここまでうたごえ喫茶六五年の歴史を、主に「ともしび」、それもコマ裏「灯」の流れに沿って書きつづってきました。そして折に触れご紹介してきたように、たくさんの個性あふれる司会者、うたごえのリーダー、歌手、伴奏者、スタッフたちが、うたごえ喫茶の歴史を彩り織りなしてきました。

しかしこのうたごえ喫茶の歩みをたゆみなく押し進めてきた一番太く大きな力は、多くのお客さんの共感と、厚いご支持、そしてうたごえだったといえます。そのお客さんのお一人お一人が何ともユニークで、個性的で、それこそ「うたごえ喫茶ならでは」のお客さん方でした。数多くの文化人、芸術家の皆さんがうたごえ喫茶のファンでした。

うたごえ喫茶は、なんといっても、お客さんと一緒に作り上げてこそのうたごえ喫茶です。普通の舞台芸術は、観客があって成立するのはもちろんですが、舞台上の芸術家の表現によって成立するものです。ところがうたごえ喫茶では、舞台とお客さんが和して初めてうたごえが感動的なものに変わっていきます。ときにステージと張り合うお客さんも登場します。こんなことは他の芸術ジャンルでは決してありません。私＝歌う人、あなた＝聞く人、です。

そんなうたごえ喫茶のお客さんを何人か紹介させていただきます。記録したのは二〇〇四年で、そのころの雰囲気をお伝えしたいので、そのときのまま掲載します。

【大原栄三先生】まず、筆頭はなんと言っても大原先生です。トレードマークのベレー帽、そして白髪。「ビア樽ポルカ」が流れると立ち上がって独特の振りで歌い、店の雰囲気を一気に大原モードと

化してしまいます。ビールだけをとにかく楽しんで飲んでいらっしゃいました。どこのうたごえ喫茶に行っても飲み屋のいわゆる常連という風が全くなく、他のお客さんとも分け隔てなく接する姿がうたごえ喫茶にとても似合っていました。

先日有志が声を掛け合って、「大原先生を囲む会」が開かれましたが、九三歳になられた大原先生、「ベレー帽、そして白髪」全く変わっていらっしゃらない、大変な驚きでした。手元に開店当時の写真があります。四五年ほど前のもののようで、大原先生、五〇歳頃のものですが、やはり「ベレー帽、そしてすでに白髪」でした。大きめのしっかりした鼻に眼鏡、漫画家の手塚治虫さんに似てもいます。昔からおじいさん(!?)でした。実は歌うだけでなく、フォークダンスがとてもお好きで、ともしびのお客さんの中でフォークダンスの会を始められました。当時を知るドテさん(堤さん)のお話によりますと、最初は十数人で始めたが、一年後には二〇〇人を超えて集まるようになって、新宿御苑など行く先々で大きな輪ができフォークダンスが広まっていったそうです。うたごえ喫茶とこのフォークダンスの盛んな姿を記事にした当時の『朝日新聞』は、「歌ってマルクス、踊ってレーニン」とタイトルにしたそうです。

ちなみに大原先生は高校の数学の先生をしていらっしゃいました。

「大原栄三先生を囲む会」をお知らせしたともしびのホームページの記事「今年九三歳の大原先生大いに歌う!」を紹介します。

大原先生はうたごえ喫茶のはじめからのお客さんで、数年前までは来店され、それこそほぼ五〇年一緒に楽しく歌って過ごしてきた方です。残念ながら遠出ができなくなってしまい、うたごえ喫茶にも来られなくなってしまいました。それなら「うたごえ喫茶」が出かけていこう！

六月二七日（日）一二時から、大原先生のお住まいになっている公団金町駅前団地で「大原栄三先生を囲む会」が開かれました。一時ちょっと前に、開襟シャツ、白髪にベレー帽と昔の姿のままの大原先生が車イスで会場に入ってこられ、独特の笑顔を参加者一人一人に向けて、一人一人を思い出すかのようにうなずいていらっしゃいました。昔のことをあまり覚えていないというご家族のお話でした。確かに名前はもう覚えていらっしゃらないようでしたが、好きだった歌が流れると一緒に口ずさみはじめ、にわかに立ち上がり独特のポーズと仕草、歌いぶりがすっかり戻って、九〇歳を越えた老人とは思えないほど。私たちも二〇年前四〇年前に戻って、「ビヤ樽ポルカ」「行商人」「九〇〇マイル」と〝いつまでも大原先生と一緒に歌っている世界〟に浸って幸せでした。

会場には涙を拭くのも忘れて、ヤギさん、越膳さん、どん底のおばちゃん、P子さんと往年の司会者や演奏者、「どん底」「ともしび」「カチューシャ」「家路」のそれぞれの（店の顔のような）お客さんたちが集まり、総合司会の若ちゃん（若狭）の名調子に乗って新宿のうたごえ喫茶が再現したかのようで圧巻でありました。

大原先生いつまでもお元気で！

【安藤夏雄先生】 安藤先生は、中野の確か桃園小学校の校長を務められ、退職されたかと記憶しています。いつもにこにこと笑っていらっしゃいました。まさに福の神といった雰囲気で、生ビールや後年になってサントリーの「だるま」（オールドの瓶がだるまに似ていることからそう呼ばれていた。トリスといった大衆ウィスキーが隆盛だった頃の高級酒）の水割りを本当においしそうに飲んでいらっしゃいました。最近出されたともしびの第二歌集に復活したシャンソンの「ボンボンキャラメル」が大好き。少し長くなりますが、安藤先生にぴったりの歌なので、その歌詞を紹介します。

ボンボンキャラメル
エスキモーショコラ
ボンボンキャラメル
エスキモーショコラ

一　ちいさい時から　甘いもの好き
ボンボンキャラメル　なんでもござれ
おかげで虫歯は　痛みはするが
願いがかなって　お菓子やづとめ

二　時にはおかしな　お客もいるが
中でも昨日の　お髭の紳士
君きみキャラメル　包んでおくれ
ビールのつまみにゃ　何よりうまい

三　パリの名物　おいしいお菓子
サービス満点　おまけはたくさん
とぼけたお客が　大声かけて

おまけの方だけ　いただきましょう
（訳者不詳）

「ビールのつまみにゃ／何よりうまい」というところはほんとうにおいしそうに歌います。「とぼけたお客が／大声かけて／おまけの方だけ／いただきましょう」と決めるところは満面の笑みを浮かべ、してやったりとうれしそうに歌います。この安藤先生の密かな自慢は、うたごえ喫茶に「夏の思い出」を歌うように強く薦めたことでした。当時のうたごえ喫茶はロシア民謡や労働歌、ヨーロッパの歌が多く、「夏の思い出」のような叙情的な歌はそんなに多くありませんでした。

また、「オペレッタ劇団ともしび」の初期にはずいぶんとご助力をいただき、ゲネプロ（舞台稽古）を行う会場の手配や子どもたちの観劇、試演会などを行ってくださいました。どんなに助けていただいたか、知れません。

【手塚久さん】 もうお一人、忘れられないお客さんが手塚さん（故人）です。大変地味な方で、ステージや客席で目立つことはほとんどありません。時々、すまなそうに手を組み、ちょっと前屈みで、おじゃましますといった雰囲気で、合唱のはじっこに加わります。そんな手塚さんが時々司会者等に「おい、これやるよ」とぶっきらぼうに包みを差し出します。ステージ衣装などをプレゼントしてくれます。その衣装が、地味な手塚さんとは思えない派手なものでとても不思議な取り合わせでした。手塚さんは戦争で家族を失い天涯孤独の身。決して声高に話されることはありませんでしたが、もっと良い社会を平和な世の中をと、高齢になってからも毎日のように願いが込められたチラシを折り続けていました。晩年は八王子の高齢者施設に入られ、そこで亡くなられました。

紹介させていただきたいお客さんはもっともっといらっしゃいます。私たちと一緒に楽しんでくださった多くのお客さんに支えられてうたごえ喫茶を続けてこられたと、お客さんをご紹介する中でこの思いを新たにしております。

♩♪♬ ともしびらしさ

❖一九七〇年代のうたごえ喫茶に影響を与えた音楽的潮流

さて、一九七〇年代の状況の中で、うたごえ喫茶のうたごえに、どんな潮流が影響を与えたのでしょう。七〇年代は、ベトナム戦争／七〇年安保／沖縄返還運動／革新自治体／という時代でした。そして書き出すにあたってどのように触れようかと迷っていたところ、一四一頁でユニークな支持者として紹介した山本担さんの論文「民衆運動としてのうたごえ」(一九七六年)が、七〇年前後の歌声喫茶に影響を与えた音楽的潮流、「うたごえ運動」、「アメリカのフォーク運動」、中南米の「新しい歌運動」について触れていますので、長文ですがその要旨をご紹介することにします。

人柄といいますか時代といいますか、事柄によっては少々激した筆使いになっていますが、ご容赦ください。

一　私たち日本人が、歌いたい歌をいつでも、どこでも歌えるようになってから、まだ三〇年しかたっていません。本当に、「自分の歌」を歌うことは、まだ一部でしか実現していないと言っていいでしょう。

現代の大衆歌謡が成立したのは大正・昭和初期以後のことですが、そのそもそもの初めから大衆的な歌は、売って儲けるための商品として現われて来ました。それと明治以来のお上の専門家向け音楽教育が徹底的にドイツ・イタリア中心の偏ったものだったし、義務教育という大衆段階でも、日本の伝統音楽を根絶し、外国音楽におきかえるというムチャクチャな大方針から出発したものでした。

およそ、音感とか音楽への好みが、ハオリハカマをぬぎすて、洋服に着替えるようにホイホイ変えられるわけはありません。

また洋服を着たからといって、日本人がその瞬間から「外人」に変質できるものでもないように、洋楽の押しつけは日本人の音楽的才能をひどくねじまげてしまいました。

第一、お上の専門家向け音楽教育は技術偏重で、「いかに日本人離れさせるか」を目的としていました。その証拠に音楽学校(今の芸大)が出来たのが明治の初めなのに、そこに作曲科が設けられたのは昭和も九年になってからです。お上が日本の作曲家を養成し始めてから、やっと四〇年しかたっていないのです。

大衆は、自分たちの歌は卑しいものと畏れ入らされていたし、専門家は「日本人離れ」の程度によってランクづけされ、「外人」のセンスで大衆を見下すように仕立てられました。こういうありさまでは、他の国々のように、自分達の伝統音楽を発展させ、みがき上げて、芸術として高めて行くことはできなくて当り前です。

それと、もう一つの顕著な特徴は、日本人自身の手になる器楽のヒット曲が、明治以後ただの一つもないということです。

もっとも、民謡の世界でも、古代以来の祭り囃し（タイコ、笛、鳴り物）以外に近代の楽器である三味線が、民謡、つまり百姓のものとして存在しているのは、沖縄と東北で、関西では三味線は、劇場、町家のものとしてとどまったのだそうです。ロシヤ民謡は、楽器がないのが本来のものです。この点では日本の民謡の多くのものと同じです。しかし、そのロシヤの民謡は芸術として最高度に発展しました。宮廷での合唱についてですが、フランスの大作曲家ベルリオーズが、「このように驚くべき芸術は初めてだ」とブッたまげたぐらいのものです。民謡そのものとしても、例えば小さいぐみの木、果てもなき荒野原、なつかしきヴォルガ、トロイカ等の「百姓の旋律」が、いかにすばらしいものか、またそれらを作詞した知識人たちが民衆の心を直接にとらえる——民謡として受け入れられる——詩をかくことができたかを示しています。

日本の商品としての「流行歌」は、♪おれは河原の枯れすすき、や、♪あなたの呼ぶ声忘れはせぬが、出るに出られぬカゴの鳥、は生み出しましたが、決して「小さいぐみの木」のような（内容はカゴの鳥と完全に同じです）すぐれた芸術は生み出せませんでした。こういういわば商品として公認の歌、消毒済みの芸術と全く違った所で歌いだされた、日本史上初めての民衆の芸術運動というより民衆の闘いの芸術面での現われが、「うたごえ運動」と呼ばれているものです。

このような運動は、組織されたものとしては、アメリカ合衆国（以下ＵＳＡと略）のＩＷＷ（世界産業労働者団）の歌うオルグたち、そしてチリの新しい歌に、私たちは同じものを見出せます。ＩＷＷの活動家たちの「フォークソング」の影響は極めて大きく、ＵＳＡのおえら方に消え去らぬ恐怖を刻みつけました。ＩＷＷは組合組織者としてはあまり優秀でなかった――というより、経済問題にはあまり関心を示さず、直接資本主義体制を打倒して、組合国家を建設することを目的としていたので、大衆組織にはなり得なかったのです――が、ストライキの指導では恐ろしく大きな働きをしました。そのＩＷＷにとって、フォークソングは、宣伝、教育、組織の武器でした（大衆闘争での歌の役割については、キューバのカストロが簡潔に言っています。「一つの歌は一時間の演説にまさる」）。

このＩＷＷの歌は、ＩＷＷが壊滅した後でも歌われつづけています。私たちは、「赤旗の歌」「牧師と奴隷」を知っています。

このＩＷＷの後をひきついで、まずウディ・ガスリーが、ハイランダーフォークスクールが、続いてピート・シーガー（「花はどこへ行った」、「一人の手」）等が、それぞれ自然発生的にフォークソング活動を始めます。これが現代「アメリカ」フォークソング（正確にはＵＳＡフォークソング）の源流です。ＵＳＡでは、フォークソングの活動は、個々の芸術家のもので強固に組織化されたものではないのが特徴です。

チリでもやはり、新しい歌は、一人の芸術家の民謡活動から始まりました。ビオレータ・パラ（「何という胸の痛みだろうか」）がそれです。彼女の拓いた道は若者達にひきつがれ、今では、ラテン・アメリカ全体の新しい歌となっています。しかしＵＳＡと違ってチリの場合、それは政治組織による強力な支援がありました。というより、チリの新しい歌は、チリ人民の政党の文化政策の一環としてスタートし発展したといっていいでしょう。三〇歳を過ぎていたビオレータ・パラは、それまで歌手として、民謡の他にボレロ、タンゴなどの流行歌をキャバレー、サーカス、小さなバーなどで歌って家計を支えていました。その彼女に兄のニカノール・パラ（チリで最も威気のある急進的詩人）が民謡の研究を熱心にすすめます。USAでマッカーシーの反動がのさばり、ピート・シーガーたちがもはや右傾化した労組でうたうことが出来なくなり直接大学中心の大衆の中へはいって、フォークソングをうたいつづけようとしていたころです。同じ時に、日本では「うたごえ運動」が全国的に発展していました。朝鮮戦争の時期です。当時は、日本でも共産党は非合法同然、チリ共産党は非合法でした。

ビオレータはその兄のすすめに応じて、民謡の研究を始め、五三年ごろから全国を回って民謡の採集につとめ、五四年ごろからその成果を発表しはじめました。最初の発表会は、共産党政治局長であったパブロ・ネルーダ（ノーベル賞詩人。サルトルがノーベル賞の候補になった時、まだネルーダが受賞していないのに自分がもらうことはできないと、ことわる理由の一つにあげた程の大芸術家、「おいで一緒に／二五三頁」の詩）の書斎で行われたということです。ビオレータの仕事は大きな反響を呼びいくつもの民謡をうたうグループ、歌手が生まれました。その一つに、五五年にできたコンフント・クンクメンがあります。ビクトル・ハラ（「平和に生きる権利」）はこのクンクメンに参加することで彼の公的な音楽生活を始めました。

チリの新しい歌が前進を始めた時、「日本のうたごえ」は既にブームでした。ピート・シーガーは大学生相手にUSA政府をむこうに回して奮闘していました（シーガー達の『シングアウト！』誌が創刊されたのが五〇年です)。

このように、「日本のうたごえ」もチリの「新しい歌」も、USAの現代フォークソングもみな基本的に同じ所で、ほとんど同じ時期に、同じ条件――USAの世界支配政策の下でスタートし、発展しました。

ラテン・アメリカでは、民衆の歌のもう一つの流れとして、アルゼンチンのフォルクローレがあります(フォルクローレは正確にはフォルクローレ・デムシカで、つまり音楽の民間伝承=民謡のこと)。これもそのハシリは、一九二九年のアタワルパ・ユパンキの〝インディオの道〟とされています(日本でプロレタリア音楽同盟――後の「うたごえ」の中心指導者、関鑑子ら数人――が結成された年です)。

ラテン・アメリカの精神的独立が自覚されるようになった第一次大戦ごろ、その芸術面での現われがまずネルーダたち文学者に始まり、大衆音楽の面での結実がこのころから、ということです。タンゴ全盛の時代でした。このアルゼンチンのフォルクローレの流れが、チリで始まった「新しい歌」の動きと結びつき(あるいは啓発されて)新しい形をとるようになったのが一九六四、五年頃からです。キラパジュンが結成されたのも六五年です。以後、経験もつみ、名声もあり、金ももうけている芸術家たちが続々と「新しい歌」の立場に参加します。

昨年(一九七五年)末メルセデス・ソーサと来日したロス・アンダリエゴスがそうですし、キジャ・ヴァシ、ウァンカ・ウア・オプス・クァトロなどのグループ、またメルセデス・ソーサ自身が認められるようになったのもその頃からです。最近(一九七六年)来日して、非常な好評を得たヒナマリア・

イダルゴが「スター」になったのも、その「新しい歌」によってでした。

五〇年代の反動の時代に、ピート・シーガー達が蒔いた種子が実り始め、大きな流れになります。抜け目のない音楽資本も、歌には深刻な関心を払っている政府すじも、この動きを見逃すわけはなかった。プロテストそのものが商売になる、プロテストを買い取ってしまえ、ということになりました。六二年には「風に吹かれて」をつくったボブ・ディランが、六五年にはLSD教〔強力な幻覚作用をもつドラッグを使ったLSD教ともいえる運動が学生の中に広がった〕の讃美歌のようなシロモノをつくり、ジョーン・バエズから「彼はただのお金持になってしまった」と見放されるようなことが起りました(ディランは最近また立ち直って来ているようですが)。

この六五年という年は、USAがベトナムへ大地上兵力を送りこみ、直接大規模介入を始めた年でもあります(六二年は「うたごえ」の労働者作曲家・荒木栄が、「我が母の歌」を残して死んだ年です)。

うたごえ運動が、チリの新しい歌やUSAのフォークソングと違っていた点は、アマチュアの合唱運動中心だったこと、器楽がほとんど完全に欠如していること、出発点は外国のうたから始めねばならなかったこと、でした。

ことに第三の点は決定的なハンディキャップでした。歴史的に、民衆自身の歌(音楽)を奪われて来た日本人は、商品でない自分達の音楽を獲得するのに、正にゼロから始めねばならなかったのです。

それは、緊急に必要だった闘争歌、革命歌への需要を満たす所から始まり、商品歌謡では応えることの出来ない、民衆の積極性、健康な部分の欲求に応える生活のうたへと拡がって行きます。この大きな民衆運動の中で、日本人は近世以後初めて愛の歌を持つようになったし、自ら歌をつくるという才能を発揮しはじめました。同時に、自分たちの伝統としての民謡が、お座敷を離れて、本来の形でみんなのものになりました。こういうことは、お上にとって気に入らないことだったし、USAにとっても同じことでした。六〇年の上院の海外援助の効率調査団の報告書(コンロン報告)に明記されています。「USAのやり方は、日本では全体として大いに成功している。しかし、音楽と映画についてはもっと売りこまねばならない」。日本の流行歌が急速に「アメリカ化」し始めたのはそれ以後のことです。この文化侵略にチリをはじめラテン・アメリカは明瞭な目的意識をもって立ち向い、チリでは、ビクトル・ハラが大きな誇りを持って「私たちは勝った」という状態をつくり出しました。USAはその敗北をとり戻すために、軍事クーデターという暴力による対抗手段しか見出せませんでした。今〔一九七六年〕チリでは、ハラの名を口にすることさえ禁じられています。チリの新しい歌がひろめたケーナ、チャランゴ等のラテン・アメリカの楽器を手にすることは軍事政権に対する反抗と見なされて弾圧されています。ビオレータの作品のほとんども演奏が禁じられています。

USAは、今また、昔ながらのアカ=悪という反動の図式を持ち出して、ベトナム敗戦によるガタツキをしめ直そうとしています。それは世界的な規模で行われています。その反動化、最悪の場合はUSAのファッショ国家化のかげりの中で、ボブ・ディランが立ち直りを見せ始めているということは、非常に示唆に富んでいるといえるでしょう。

私たちも、民衆の運動としての視点をしっかり定めて、うたごえの新しい発展をかちとって行きたいものです。最後にビクトル・ハラの言葉をかかげておきます。

「文化的な侵略はわれわれの上へ樹木のように枝葉を伸ばし、太陽や空や星を見えなくしてしまう。われわれの大切な空を見るためにたたかうならば、この木を根元から切り倒すことが必要だ」。

(『月刊ともしび』一九七六年五月号より)

❖一九七〇年前後の激動の時代とともしび

一九六〇年代後半から七〇年代の前半は激動の時代といえます。この時代、うたごえ喫茶は東京では西武新宿駅前「灯」、私どもの「灯」が三店(亀戸、新宿、吉祥寺)、「カチューシャ」が二店(新宿、渋谷)、「どん底」と合わせて七軒(一時「こだま」、「山小屋」がありましたが)、仙台に「若人」(ここで「青葉城恋歌」のさとう宗幸さんが司会をしていました)、京都に「炎」、大阪に「こだま」、富山に「赤とんぼ」がありました。時代の息吹をうたごえ喫茶は大きく受け、エネルギーと希望に満ちたうたごえが連日響き渡っていました。

先にも紹介いたしましたが、うたごえ喫茶に新しい歌が加わってきた時期でもあります。ロシア民謡、世界の名曲、アジアの歌等に加えて、日本の「うたごえ運動」のフォークの流れ、アルゼンチン、チリなどの「新しい歌運動」、アメリカのフォークソング等新たな歌が生み出され、伝えられ、うたごえ喫茶でも取り上げられ盛んに歌われるようになりました。

「六〇年安保の挫折」を経て、一九六〇年代の後半からはベトナム戦争反対の運動が広がり、七五年四月にはサイゴン解放、ベトナム戦争終結を迎えます。京都の蜷川革新府政から始まった革新自治体は、東京の美濃部革新知事を生み出し、その後大阪、神奈川などと続き、革新自治体に住む住民は全人口の五〇%近くまでに拡大しました。沖縄返還の運動も大きく広がり、七二年沖縄施政権が返還され、最初の知事選挙で屋良朝苗革新知事が誕生しました。学生運動は全国の大学に波及し、紅衛兵が造反には理《ことわり》があると「造反有理」を掲げた中国の文化大革命にも影響され、騒然とした世情の中、ヨーロッパの学生運動はヨーロッパに大きな変化を与え、世の中が変わっていくという実感があった時代でした。

ともしびでは、この時期、歌物語「いいなずけヒエンの手紙」(一九六七年)、ベトナム人民支援文化祭(連日四〇日・一九七二年一〇月)、ベトナム人民支援のためのロングラン(一九七四年)に取り組み、ジョーン・バエズやピート・シーガー、ボブ・ディランに触発された若者達のフォークソングの集いを吉祥寺店をベースに回を重ねました。南米の「新しい歌」が入ってくるのはもう少し時代が下がって七〇年代の後半になりますが、キラパジュンの公演は日本にフォルクローレの波を起こしました。店内では亀戸、新宿、吉祥寺を回る「沖縄」や「平和」をテーマとした特別ステージが取り組まれ、営業後にはよく徹夜討論会が開かれ、朝まで激論が交わされました。ときには「恋愛、異性との友情は成り立つか!」と青春の思いを互いにぶつけ合っていました。

ちょっと個人的な思い出話。サークルの先輩に、ともしびへ初めて連れて行かれたのは私が一八歳の時でした。一九六八年春、新宿の街のあちらこちらで大きな討論の輪が自然発生的に生まれ、「街頭討論」が活発に行われていました(新宿西口に自然発生的に集まったフォーク集会はこの翌年でした)。その半年後には学生運動は急速に暴力化し、相手を暴力的に粉砕し、抹殺することを文字どおり行うようになりますが、この春はよきときでもありました。その輪の中に大勢の攻勢にあいながら整然と反論し、論破する一人の学生に魅かれました。胸に私が入学予定の学校のバッチをつけていたので、迷わずその方に入学後の入るべきサークルを紹介してもらいました。それが「中国研究会」で、中国の現代史を研究するサークルでした。全国的な学生中国研究会の交流ネットワークを持つサークルでしたので、のちに学校を越えて素晴らしい先輩たちや同輩たちと出会うことになります。サークルの中にさらに個別のテーマ研究小サークルがあり、なぜか必須テーマだといわれてベーベルの「婦人論」に参加させられました。先輩女性サークル員に文字どおり囲まれ、徹底した女性解放の思想こそが人間の解放にとって……。と説かれ、ときにタバコを吹かし、ビールを飲む先輩にただただ驚く青年でありました。そんなサークルの先輩たちに連れられていったのが吉祥寺の「灯」であり亀戸の「灯」でした。若者たちの熱気、圧倒的なうたごえ、そして、うって変わったような先輩たちの優しさにあふれたうたごえはとても衝撃的でした。先輩たちはヤギさんや伊藤晴夫さんをはじめ、ともしびのメンバー(専従者)にものすごいあこがれをもっていました。私にも「すごい人たちなんだから」とその生きざまを熱く語ってくれました。そんなともしびのメンバーから声をかけられると、それこそ有頂天になって、これからまた一カ月がんばれるぞなんていい合っていたものです。当時の私たちにとって、ともしびはあこがれでもありました。

❖うたごえ喫茶の第三世代

この一九七〇年代という時期に、ともしびは大きな困難を一つずつ乗り越え、そのエネルギーは若い力を吸収し、うたごえ喫茶の第三世代が形作られ、新たな盛り上がりを作り出しました。

ちなみに、ヤギさん、越膳正明さん等が第一世代、日高孝、金城広子、伊藤晴夫、コンちゃん（近藤）らが第二世代でしょうか、テラさん（寺井一通）らが第三世代と私は考えています。この第三世代がちょうどこの時期に二十代、その五歳前後上が第二世代、さらに一〇歳上が第一世代でした。私たちのともしびでは、亀戸に一ノ瀬末男、瀬良尚郁、田村文利、新宿に高柴秀樹、平石文子、中西明、吉祥寺に坪川行成、田中徳昌、大森秩枝、村松良三、斉敬子、松浦寿美、伊藤育子、吉田智子、大野幸則、専従ではありませんが宮本たみ子らがこの世代になります。世に言う団塊の世代でもあり、ともしびの中の専従者としてもダントツに人数の多い層となりました。そのうちの何人かは学生時代は学生運動にも加わって、互いに異なるセクトだったりしていて、石をぶつけられたり棒で殴られた傷があったり、それでも同じ職場、うたごえ喫茶で働くようになる、ちょっと不思議な雰囲気もありました。

一ノ瀬は営業後の店で徹夜の練習を続け、独学でピアノ伴奏をマスターし、オペレッタの作曲も手がけるようになります。その後、人形劇団クラルテで作曲を一手に手がけます。瀬良は日本人としては珍しい深い響きのバス。大学時代からのコーラスの力量を縦横に発揮し、若くして音楽文化集団ともしび副委員長。田村は千葉合唱団のアコーディオン奏者からともしびへ。一〇〇キロの巨漢にもかかわらず優しさ一番。

高柴、ともしびに珍しい技術肌。ガリ切りは抜群のうまさ。デザイン、照明、音響をこなし、かつ日常は全くの寡黙。現在ともしび音楽企画の代表。平石、しっかりどっしりした信頼感一杯。抜擢されて音楽文化集団ともしび書記長を務める。中西、リリックなテノール。料理に美術、楽器何でもこなす。蘊蓄の深さといえば「ぴかいち」。韓国朝鮮を舞台にした「金剛山のトラたいじ他」で大活躍。韓国語は「ぺらぺら」。
坪川、オルグ担当、いつも腹を空かせているが、口角泡を飛ばして相手に迫るエネルギッシュな熱血漢。田中、大企業からの転職。給料は半分以下になってもめげず、軽音楽バンド「ザ・フェニックス」のトランペッターでバンマス。公演の仕込み、時にメンバーたちを怒鳴りまくって追い立てる、曲がったことの大嫌いな正義感あふれた「ともしび鬼軍曹」。大森、看護婦出身のとことん明るい張り切り娘。ともしびの運動を訴えるアジテーター。現在「蒼い企画」代表。子どもの文化をともに語れる今でもよきパートナー。村松、とにかく歌の大好きな青年。トラックを持っていなかったともしびに、軽トラックを土産にして専従に。トラックを運転しながらいつも弾むように歌いっぱなし。斉、珍しいお嬢さん育ち。「狼五郎」のあどけないウサちゃん役はうってつけ。坪川と今では札幌で酒屋さん。松浦、音大出の優しさいっぱいのピアニスト。夫君の後藤岳志（ギタリスト）と組んでのバンド活動。伊藤、面倒見のいい姉御肌のソプラノ、瀬良と結婚して福山でバイタリティあふれる地域の文化活動を今でも展開。秘書をしていた吉田、吉祥寺の新店にランチタイム営業でエレクトーン（ドイツ製（？）で当時八〇万円した）を優雅に演奏するということで入店。そして私大野。そんな第三世代の仲間たちがともしびに新しい風を巻き起こしていきました。

一九七〇年のともしびは亀戸、旧吉祥寺店の二店で、専従者は一六人でした。公演活動に力を入れ始め、吉祥寺店がＦ＆Ｆビルへ新装移転し、新宿店を再建再開した七三年頃には、専従者が一挙に四〇人を超えるほどになりました。そのうちの今あげた一四人が二〇歳から二二歳でした。

時代の申し子といってもよく、社会の熱気をより強く受けていた青年たちでもありました。ある者は何らかの形で学生運動の洗礼を受け、もしくは身を置き、また次々と生み出される革新自治体の活動に参加をしている青年たちでした。「ベトナムに平和を！」、「ベトナム戦争反対！」、「沖縄の即時無条件全面返還を！」は多くの人々の、特に若者たちの願いでありました。ちなみに私の大学のクラスは五〇人ほどでしたが、これらのテーマでクラス決議をあげると反対は一、二いるかいないかといったほど、みな強い関心を持っていました。

これまで書いてきたような経緯から、ともしびは、文字どおりお客さんに支えられ、支援され生き抜いてこられたといえます。また、そのともしびが、未来に希望を持って生きようとする人と一緒に生き、闘おうとする、世の中がよりよい世の中になることを願い、歌い交わし合う活動として足を踏み出してきたことが、ほかのうたごえ喫茶と多少とも異なったありようを生み出し、現在まで続くねばり強さを発揮することができるようになったといえます。

そんなともしびが当時の青年たちの「あこがれ」となり、多くの若者が参加してきました。ともしび自身経済的には多くの困難を抱えていましたが、「人」こそが私たちの活動の財産と考え、争議団で培った互助、団結の精神をいかし、うたごえ喫茶を数多く増やし活動を広げること、という考えを持っていたからこそできたことでした。

一九六九年に結成された「音楽文化集団ともしび」が大きな役割を果たしました。六九年以後入団した一〇〇名を超える青年たちの中から、活動を積み重ね、この文化運動に一生の仕事として加わり専従者になろうと決意した者たちが続々と生まれたわけです。その青年たちが積極的に責任を担って活動したことが活力を生み出し、一方、先輩たちの若手を育てようとする立場が貫かれたことが組織の強化に確かにつながったと感じています。先に当時の一人ひとりを紹介しましたが、重要なポストに果敢に挑戦することで成長していった姿が今も心に浮かびます。一ノ瀬はさらにコーラスの編曲やオペレッタの作曲を手がけ、店の音楽責任者として大活躍しました。瀬良は新しく生まれた合唱団を率い、団員一五〇人を超えた音楽文化集団ともしびの副委員長として、様々な文化団体、労働組合と協力して「働くものの新しい文化」の創造普及に務めました。この二人は、「灯」亀戸店のお客さんの人気を二分するほどでした。大野も時として亀戸の司会に立ちましたが、普通お客さんの視線は司会者に注がれるのに、一ノ瀬がピアノを弾くときは、司会者大野の脇の下を熱い視線が束となって通り抜ける肌寒さ!を感じたものです。

❖私たちの歌集の編集・発刊(一九七二年)

うたごえ喫茶ともしびが東京に三店開店したことが、音楽文化集団ともしびにとって次への展開の大きな基礎となりました。

この頃、「ともしびらしさ」ということが様々な場で話題になりつつありました。自主的な、お客さんと一緒に作った「灯」亀戸店を開店し、吉祥寺店を新装開店し、新宿店を再開・再建した私たちともしびと、オーナーが経営する他のうたごえ喫茶との生き方といいますか、求めるありようといいますか、その違いが次第に明らかになってきたのです。

一九七二年の年末に現在の歌集の出発となる『うたの世界』が発行されます。それまでは西武新宿駅前「灯」での柴田さんの発行する歌集を使っていました。私たちのともしびにふさわしい歌集を作りたいという念願が叶って、自ら編集した新歌集が発刊されたわけです。「新歌集はともしび運動の音楽綱領だ」という合い言葉とともに、以後今日まで四七年にわたって収録曲を厳選し、発行してきました。うたごえ喫茶で歌い継がれてきた愛唱歌のほとんどは現在の歌集に採られています。歌は、歌われた時代の世相、そこに生きていた人たちの気持ち、一人ひとりの思い出が重ねられ、いま生きている、今歌っている私たちの気持ちがさらに重ねられ、歌としての深みを増しています。そうだからこそ、うたごえ喫茶で歌い交わされた瞬間に様々な思いが重ねられ、その歌たちは一層の輝きを増し、人々の心に再び帰り心をゆさぶるのではと考えるようになりました。

例外ではありますが、歌われなくなってしまった歌たちもあります。「つつじの花」、「うるわしのキューバ」などいい歌でしたが、金日成やカストロなど特別な個人を褒め称えるものは日本の私たちにはふさわしくないということで、あまり歌われなくなり、歌集からもなくなりました。

「一緒に歌って、いい歌」(一緒に歌えるということ)というコンセプトも早い時期から語られてきました。歌い手の思いを聞きたいという歌も数多くあるわけです。「ガソリンまみれのオートバイ」(詞＝赤木三郎、曲＝岡田京子)等は心打たれる素晴らしい歌ですが、歌集では取り上げていません。また、二〇〇〇年頃には新しい曲が少ないというご指摘がときにありましたが、その後、うたごえ喫茶は新しい、いい歌に巡り会っています。「涙そうそう」、「世界に一つだけの花」、「アメイジンググレイス」等々。この数年前からそんな予兆がありました。

「涙そうそう」は二〇〇二年一月、近畿日本ツーリストの主催の沖縄ツアーに歌と伴奏で同行した際、沖縄で耳にして「いい歌なのでともしびでもやろう」と店でも歌い始め、そのうち世の中でもたいへんなヒット曲となりました。予兆ということでは、平井堅の「大きな古時計」、森山良子の「さとうきび畑」等が巷で盛んに取り上げられるずっと以前から、ともしびでは普通に歌っていました。ともしびのリクエストベストテンに顔を出す曲と「世の中」のヒット曲とが重なり合ってきました。お客さんからは「時代がやっとともしびに追いついてきたね」と、冗談とも本気ともつかぬことばをかけられたことがありました。時代の変化というものを強く感じていました。

最初の歌集は赤い小さな一冊でした。小さな歌集シリーズは五冊目が紫で、収録されていた曲数は全部で約三〇〇曲でしたが、現在『うたの世界533』に『うたの世界第二集209』を加え、約七〇〇曲が歌われています。赤、青、黄、緑、紫色の小さな歌集を今も大事にされているお客さんに、お店でよくお話を伺います。とても懐かしく、いとおしそうに、嬉しそうに思い出を話される姿を拝見して、うたごえ喫茶が愛されていたのだとあらためて感じます。

お客さんから提供していただいた古い写真を見ていますと、司会者の後ろに小さな箱が置いてあり、「第五集アンケート用紙入れ」と小さく書いてありました。第五集目を準備するにあたってお客さんからアンケートをいただいていたことが伺われました。また、別の写真には、壁に大きく歌詞が張り出してあり、新曲紹介をしていましたが、その後歌集に取り上げられてはいませんでした。

一九七〇年代には、歌「チラシ」を毎月発行し、店のご案内の他に何曲か新曲の紹介コーナーがありました。ステージでは模造紙に歌詞を書いたものを使っていました。俗に「ぶら下がり」といっていましたが、「どん底」では二〇～三〇曲はぶら下げて歌っていました。

❖『月刊ともしび』発刊(一九七六年)、文化運動としてのうたごえ喫茶

一九七六年一月には『月刊ともしび』が再刊されます。六六年に発刊されましたが、一時とぎれていました。この再刊一号は通し番号としては一一号で、以後現在まで続いています。発刊の辞によりますと、「《ともしび》は、この歴史的選択の時代の中で大きな役割をはたす青年たちの多様な文化要求に奉仕し、文化活動を通じてしっかりと腕をくみ、一人ひとりが美しく成長することをめざしていく決意です」として、「《ともしび》の主張や催しのお知らせをすることの不充分さを痛感していましたが、この度、こうして全国各地で活躍している歌声喫茶の仲間や愛好者の交流の広場となれるようなニュースを発行することができ、心うれしく思っております」とその性格を紹介しています。以後四〇年以上にわたって、そのときどきの役割を担って編集発行されています。

この時代、この『月刊ともしび』発刊の辞やその表紙には、「豊かな青春と本物の文化を!」、「あなたの街にも歌声喫茶を!」とあるように、私たちの活動の目標をこのようにスローガンとして掲げていました。最初のスローガンから一〇年間で表現が少しずつ変化しています。コマ裏「灯」の争議の解決の合意として「一年後に再開」を信じて、もっともっとともしびを広めていこうと最初に掲げたのが「全都にともしびを!・」(一九六五年)で、スローガン通りなんと翌年(一九六六年)、亀戸にうたごえ店を自主的に作ってしまいました。一九六九年には「音楽文化集団ともしび」が結成され、青年の文化運動としての側面を強めながら「全都近県にともしびを!」、「豊かな文化とほんものの青春を我らの手に!」

と掲げます。一九七六年には、それが「豊かな青春と本物の文化を！」、「あなたの街にもうたごえ喫茶を！」となります。一貫した主張ですが、ニュアンスの差が生じています。「豊かな文化」、「本物の文化」というとらえ方をしています。

ともしびは、その規約にもありますが、広く民主的な文化運動を担っていくと活動を始めました。「ともしびの音楽文化」を生み出し発信するという「大衆性と芸術性の統一」など、後に明確になってくる考えはまだ表されていません。うたごえ喫茶が始まって二〇年、「音楽文化集団ともしび」が結成されて七年のこの時期に、ともしびとしての自我といいますか、独自性、個性ということが随所で語られるようになっていました。公演活動などにおける専門性、店を中心とした様々な音楽活動のこだわりが増していきました。その方向を決定づけたのが「稽古場」を確保（一九七六年）し、その翌年（一九七七年）「ともしびアカデミー（ともしび音楽講座）」を開講したことでした。同じ一九七七年には、西武新宿駅前「灯」がついに閉店し、「歌声喫茶の灯が消える」と大々的な報道があり、歌声喫茶はなくなったと思われる時代が始まります。しかし歌声喫茶は地方への新たな広がりを見せ、もうけが第一のオーナー型の歌声喫茶が終焉し、自主的な活動としてのうたごえ喫茶、団のような文化運動としてのうたごえ喫茶の時代が始まったと考えていました。

❖念願の稽古場（一九七六年）と音楽講座の開設（一九七七年）

さて、念願の稽古場は一九七六年の年末に構えることになります。

一九七二年にともしび合唱団が活動をはじめました。軽音楽バンド「ザ・フェニックス」のメンバーやアコーディオン教室では仕事を終えたメンバーが、店周辺の貸し会場をわたり歩きながら練習をしていました。オペレッタ研究会ができたのもこの頃でした。合唱団とも違うヴォーカルの「ともしびシンガーズ」も活動を始めました。若くて元気なメンバーは店の営業後、終電まで練習していましたが、そのうちに店の近くにアパートを借りて、週末には夜通し練習する「全日型」ともいえる活動をする若者が増えてきました。しかし、吉祥寺店は午前〇時には退館しなくてはならず、多くの団員が参加する練習はやはり午後七時頃にと考えますと、いつでも使える自分たちの稽古場がなんとしても欲しい、という声があがってきました。

新宿界隈で探したところ、何と新宿四丁目交差点、甲州街道と明治通りが交差する明治通り側に物件がありました。場所は新宿駅南口から徒歩数分で、高島屋ができるずっと前でしたので驚くほど格安でした。この一角は事務所ビルが固まった地域で、背後には新宿御苑が迫り、街に奥行きがありません。そんなことで、地下は事務所にも店舗にもならなかったようです。物件は九階建てのビルの地下一階。一階が駐車場スペースということもあり、全く独立した空間で、いつどんな音を出しても、たとえ太鼓をたたいても(夜になるとまわりは全く人がいなくなり、営業する店もありませんでした)苦情はなく、使い放題ともいえる三六坪の稽古場でした。

一九七六年の暮れの押し迫った日に、稽古場開きと新年会をかねてお披露目をし、ご近所だった劇団青年劇場からもお祝いに来ていただき、俳優の渡辺尚彦さんの歌のうまさに感激したり、思う存分練習するぞとの気持ちのあふれた会となりました。

その後のある日、長谷川清さん(「音楽舞踊団カチューシャ」のドラマチックともいえるテノール、のちにともしびのメンバーに加わります）からの「知り合いの工場がつぶれて即席麺がたくさんあるので取りに行け」という話で、公演用の二トントラックを運転し、確か山梨までもらいに行って、何とトラック満載の即席麺が稽古場に下ろされることになりました。稽古場中が山梨の即席麺すなわち「ほうとう」で埋め尽くされ、賞味期限もなんのその、足かけ二年(!?)で食べ尽くしました。誰もお腹を壊すことなく、飢えた青年たちのお腹をしっかりとふくらませてくれました。感謝。

これまでも紹介させていただきましたが、うたごえ喫茶が多くのサークルに支えられて発展してきた歴史があります。「うたう会」、「文芸サークル」、「サークル若者」、「映画サークル」、「ギターサークル」、「ドレミサークル」、「美術サークル」、「山の会」、「友の会」、「労音サークル」、サークルとはちょっと違いましたが「アコーディオン教室」等々。サークルはうたごえ喫茶ともしびに集うお客さんの自主的な集まりでした。それぞれ歌を覚えたり、ハイキングに行ったり、おしゃべりをしたり、うたごえ喫茶が好きというお客さんが共通の趣味を楽しむ場として一九六〇年代に広がりました。一九七〇年代半ばに入ると、その頃世相としても専門化といいますか、より深く知りたい、高い技術も身につけたいという傾向が強まりました。青年のいろいろな要求を満たそうと集まった、総合サークルと呼ばれた全国的なサークルが減少していきます。「若者サークル」とか「緑の会」といったサークルです。「広く浅く」からより「専門的」に、趣味の会から、より深い音楽・芸能・文化を身につけたいというカルチャー教室や講座が求められる時代へと移っていきました。

ともしびにあるサークルでも、より深く専門的にという希望を持つサークル員も増え、ともしび音楽講座の開設はとてもタイムリーでしたが、一部にとまどいも生まれました。合唱団が作られるときでしたが、「うたう会」や「ドレミサークル」があるのになぜ同じような合唱講座を作るのかといった疑問も生まれました。しかし、サークルとともしび音楽講座の違いが、実践的に次第に理解されるようになりました。

こうして軽音楽バンド「ザ・フェニックス」結成に続いてともしび合唱団が結成され、新宿四丁目に念願の稽古場を持つことができ、ともしび音楽講座が開かれることになります。吉祥寺の店に来店した若者たちが、音楽文化集団ともしびに参加して団員としての活動を始めるのも、この新店の開店後の話となります。日本女子体育大学、東経大学、学芸大学、日本獣医大学、東京農業大学、国立音楽大学などの学生が多く関わるようになります。吉祥寺は合唱団活動が活発になり、合唱団には、団長に出口正子(ヨーロッパでも活躍中のソプラノ歌手・ミラノ在住)、武者博和(ブッチー武者)、石川博江、室賀利夫(マギー隆司)、橋本麗子、近藤リマ子、早川輝(のちに立川市議)、丸山陽子(ともしび大阪事務所)、鈴木光枝、二宮明美(会津演鑑)、五十嵐ミサ子、三浦博之ら、多くの団員が育ち、専従者が生まれるようになりました。そのころ亀戸店では、金指修平、小川邦美子、溝田恵美子(山岸あかね)、篠田初男、山崎茂(玉三郎)がはつらつと活動を始めていました。

音楽講座のその後については、二三一頁以降で触れます。

❖出演活動の本格的展開と店

①出演活動を決意

一九七二年には職業劇団の運動体である児演協(日本児童演劇劇団協議会)が結成され、オペレッタ劇団ともしびも加盟しました。一〇七頁に七一年一二月三一日の出来事を書きましたが、この日が、ともしびの出演活動を本当の意味で決意した日です。それまでの店内外の創造活動と、亀戸、一九七三年再建の新宿、吉祥寺の三店をセンターとする組織運動の蓄積が、劇団の確立に積極的役割を果たしたのです。

②多くの劇団員を輩出

一九七五年頃の亀戸の専従配置を見ると、金指志保子、篠田千恵子、藤沢義男となっています。多くの専従が新宿店や吉祥寺店、そして出演部に移動して、三人の配置では店運営が困難と思えましたが、行貝ひろみ（現音楽企画）、小林あきら（早大）、影山光子（ＯＬ）、細根昭光（会社員）、及川良一（高校教師）、中西優（高校教師）、村井淑子（塾教師）、山崎誠（ＩＴ産業）、齊藤隆（現新宿店長）、等が入団し、団による店運営は持続されました。

これらの団員の中でも、学生だった小林とともに、早い時間から店にかけつけ最も頼りになったのが、行貝ひろみでした。とにかく午後五時半から六時の間に行貝が来てくれないと、どうしてもステージを行えない。その意味で当時の専従者として、心から感謝しています。

❖劇団としての本格的活動

一九七五年頃の亀戸店は専従者（従業員）が三人にまで減りますが、仕事を終えた多くの団員たちが店に駆けつけ、活発な活動を行い、うたごえ喫茶の新しい展開を見せていました。運営する店の数と規模が増え、さらに公演活動が活発になった相乗効果といえます。

①授業の中に演劇教室を

オペレッタ劇団ともしびの初期の活動は○五八～○六三頁に詳しく書きましたが、当時はまだまだ社会的には無名の存在でした。店の体制が形作られるとともに劇団としての本格的な公演活動が始まりました。

ちょうどこの頃、一九七二年一一月に日本児童演劇劇団協議会（東京児演協）が結成され、オペレッタ劇団ともしびも参加しました。戦後の復興、民主主義教育の広がりの中で子どもたちのためのお芝居が作られ、学校の先生方との協同で、学校内で、しかも授業の中で演劇を全児童が観るという上演活動が、関係者の献身的な努力で広められていきました。このような上演活動は、世界にも例のないものです。読者の皆さんの中にも学校でお芝居を観られた記憶をお持ちの方が多いと思われますが、私は東京・中野区で育ちましたので劇団「仲間」の芝居を多く見ていました。劇団「仲間」の稽古場は、私が通っていた学校（谷戸小学校）の前の大久保通り（当時は「宮園通り」と呼んでいました）を隔てた向こう側にあり、お兄ちゃんお姉ちゃんたちが練習をしている姿をよく見かけていました。児演協の前代表幹事を務められた俳優の伊藤巴子さん（「森は生きている」のみなし子役を長年演じられました）が「乞食と王子」の舞台で演じていた姿が今も思い出されます。

子ども会活動から始まった劇団「風の子」、戦前からの人形劇上演を行ってきた「プーク」、大阪では人形劇団「クラルテ」、浜松に根ざした「たんぽぽ」などが、職員会議で全先生方に訴え、校長先生を説得して、学校で全児童が演劇を観る演劇教室を実現してきました。

ともしびがオペレッタを始めたこの頃も、授業に演劇鑑賞を取り上げてもらうための努力をずいぶんと行ってきました。ともしびでは渡辺誠子がまさに献身的で誠実なオルグ活動を行っていました。

②涙と笑いの地方公演

ちょっとあとのことですが、一九七五年に山田洋次監督『同胞《はらから》』が封切られ、劇団（統一劇場）と青年たちのさわやかな交流の風が日本列島を吹き抜けました。岡田京子さん作曲の「ふるさと」は、今も『ともしび歌集』に載って歌い継がれています。倍賞千恵子さんのオルグ（普及とか制作とか営業ともいいます）担当の劇団員役と渡辺の日常活動の姿が重なり、私たちにとっても忘れられない映画となりました。特に吉祥寺の店は統一劇場の事務所、稽古場がある武蔵小金井とも近く、彼らが新制作座を解雇され統一劇場をつくる時期から様々な交流がありました。統一劇場アンサンブルの皆さんが店のステージで時事風刺のレパートリーを演じたりもしました。のちに統一劇場は「現代座」と改称し、「ふるさとキャラバン」が独立します。その「ふるさとキャラバン」の音楽と宣伝美術を一手に引き受けている寺本建雄さんが鞄いっぱいの笛を取り出し、店のステージの合間に自在に演奏してくださるシーンにも、よく出会いました。

そんな関係で、わらび座や統一劇場のオルグの話を聞くたびに、私はともしびの地方展開の姿を重ねていました。

協会（公益社団法人日本児童青少年演劇協会）の進めていた文化庁助成の僻地巡回公演をさらに広げる話がその頃（一九七三年）あり、独力で栃木県をオルグする話にともしびが乗ったわけです。「そうだ！　統一劇場のような公演にしよう！」と考えたのです。

一校一校を訪ねて実施をお願いするオルグでしたが、東京のようにバスや電車を乗り継いでというわけにいかず、車を使うしかありません。でも私は車の免許を持っていません。バイクの免許が割合早く取れると聞き、早速教習所に通いました。年明け（一九七四年）の二月が公演予定なのに、免許が取れたのはもう秋口です。のんびりしていられません。免許が交付された翌日に上野の中古店でバイクを買い、三鷹にあったアパートに向かって乗って帰ったところ、甲州街道でプスンプッスンと止まってしまいました。ガソリンがなくなっていたのです。けちなバイク屋を罵ったところで、ガソリンタンクのゲージを確認しなかった本人の無知。

その次の日、早速栃木に出発。途中から雨が降ってきました。が、全くの自転車感覚でいたため、雨具や防寒の用意もなく、走れば走るほど体温がどんどん奪われていくのがわかります。ガクガクガクと震えながら宇都宮市内に入ると、安心したのか疲れ切っていたのでしょうか、転倒。まだまだ情けない話は語り始めればきりがないのですが、よく生きていたと自分でも思います。

さて、ご厚意で空き家を借り、そこを「基地」として栃木県下をオルグ。刈り入れの終った田圃ではモミガラを焼く煙がたなびき、日光や塩原では紅葉で燃えるように真っ赤な街道をやっと、何とか、「いつしか颯爽！」と走れるようになっていました。頼み込むようにして「べっかんこ鬼」（作＝さねとうあきら、演出＝関きよし、音楽＝井上正志）一カ月の公演を決めたのは、もう師走でした。

公演班の宿泊は、空き家を二カ所借りて三食自炊の合宿形式。メンバーは、キャストが深代利定、渡辺誠子、瀬良尚郁、近藤リマ子、武者博和（ブッチー武者）、一ノ瀬末男、スタッフが田中徳昌、久保田徳男、金谷守晶。毎朝六時過ぎに合宿所を出発し、仕込みに三時間、公演に一時間半、バラシ(片づけ)に一時間半。夕方に公演を終わり、次の学校での公演準備に行くメンバーと夕食を作るメンバーに分かれます。食事をしたり風呂に入ったりして一日の仕事が終わるのが午後一一時頃。もう就寝時間ですが、ほとんど皆はまだ寝ずにトランプをしたりして遊びます。やっと寝るのが午前一時とか二時。本当に若かった。食事といっても満足なものはなく、「今日は特別にトンカツよ」と聞かされて、喜んでかじりつけば梅干しのようなしょっぱさ。聞けば小麦粉ではなく塩をたっぷりつけて作ったとか。

活力といいますか、勢いというのは不思議なものだとつくづく思います。

❖ホールコンサートの展開(一九七六年)とLP出版(一九七八年)

店と劇団の活動がかつてなく広がっている一九七〇年代後半に、各種のホールコンサートを実現し、さらに初めてのともしびレーベルのLPを出版(一九七八年六月)することになります(年表参照)。

このように、数多く行ったホールを使ってのコンサートや文化祭にどう取り組んできたかをお伝えするために、当時の『月刊ともしび』に掲載された藤沢の文章を少し紹介します。世の中はロッキード事件で大いに憤慨していた頃でもありました。二週間後に控えた第一二回総会と一つのものと位置づけ、定期演奏会は「音による総会」とも位置づけていました。「いつも世界がまつりのように」と銘打った「ともしび秋の定期公演」をどのように準備するのか、「本当の意味で歌が闘いの武器であるために」と副題が付いています。

音楽文化集団ともしび七六年度定期公演・江東公会堂（一〇月二〇日）と日本青年館（一〇月二四日）では、ともしびの歩んできた道、そのなかでともしびが、なにをつかんで成長し豊富になってきたか……を舞台の上に表現します（日本青年館ではオペレッタ「べっかんこ鬼」と併演）。

歌はたたかいの武器である

ともしびの歴史を語る上で、いつどういうことがあったのかということも大切ですが、もっと重要なことは、その出来事を通じて、ともしびがどういう新しい思想を獲得したか、あるいは、その障害困難をどういう思想で克服してき

年表　ホールコンサートの展開とレコードの販売（1976～80年）

年	月	出来事
1976	2	「金城広子　第1回リサイタル」（武蔵野公会堂）
1976	10	「ともしび秋の定期公演――いつも世界がまつりのように」（江東公会堂、日本青年館）
1977	4	「『歌と人生』五人の歌手のリサイタル」（中野文化センター）
1978	3	「青柳常夫・金城広子ジョイントリサイタル」（日本教育会館）
	6	LPレコード第１号『酒の好きな獅子座の男と猫っかぶりの蟹座の女』発売
1979	7	「青柳常夫・戸田義明ふれあいコンサートいろはにほへと」（東京都児童会館）
	11	「青柳常夫・ふれあいコンサート」（新宿文化センター）
1980	3	「青柳常夫・戸田義明ふれあいコンサートいろはにほへと」（読売ホール）
		LPレコード第２弾『YaGiBuShi』発売
		ライブ盤『青柳常夫・戸田義明ふれあいコンサートいろはにほへと』発売
		金城広子（シングル盤）『群衆』（Ｂ面「あわれなジャン」）発売

たか、その当時ともしびでうたわれ、演奏されていた曲の内容、表現とどうかかわりあっていたか……ということです。

「歌はたたかいの武器である」などとよくいわれますが、これは歌が政治的カンパニア（例えば集会）の景気づけの道具として重宝なものである……ということではないでしょう。

歌の内容、その歌の思想が人々をとらえた時、歌は人々を変革し人々の正しい社会観とあいまって社会を変革していく有力な武器となる……ということです。その例は、「ラ・マルセイエーズ」、「フィンランディア」、その他たくさんあります。（注・歌の思想、内容という時、歌詞ではなくその歌のメロディ、ハーモニーなど「音」の部分にウェイトを置いて考えてください）

全体の構成はともしびの歴史（この文化祭はうたごえ喫茶の始まりからすでにここまでで二〇年を超えました）を五段階に分けて特徴付け、舞台の構成上は一〇ほどの異なるテーマとジャンルと演奏（異なるバンドと歌い手）を持った「部分」の連続として構成されていました。

①オープニング（うたごえ喫茶スタンダード曲）、②ロシア東ヨーロッパの合唱曲、③日本の部（民謡など）、④オペレッタ「おむすびころりん」の抜粋、⑤タンゴの部、⑥フォーク、⑦中南米の「新しい歌」、⑧アコ教&合唱団、⑨フィナーレ、です。

例えば①の部分は、つぎのように書いています。

ともしびが約二〇年前にはじまった当時盛んにうたわれており、今もなおうたいつがれている明るい歌、例えば「カチューシャ」や「おお牧場はみどり」などではじまります。

これらの歌は、日本が講和条約によって〝独立〟をとりもどし、混迷していた民主勢力が進むべき道をみつけ出し、大きなあゆみをはじめた頃の気分を代表しているものといえます。この頃、うたごえ運動や労音の運動も大きく発展しはじめていました。どこの職場でも街でも「サークルが花ざかり」という現象が生まれていました。そして労働者の意識が高まり、労働運動も急速に発展し、やがて来たる六〇年安保闘争のあのエネルギーを胚胎しはじめたのです。

そして最後はこう結んでいます。

定期公演は、「歌はたたかいの武器である」……の真の意味において成功させねばなりません。定期公演を通じて、青年達が、美しいものにふれるよろこび、美しいものを美しいものとしてすなおに表現するさわやかさ、そうした基礎の上にきずかれる人間への限りない信頼などを感じとってくれたなら、定期公演は大きな成功をおさめたことになります。社会変革の事業、その他人間にとって真に美しいもの、有用なものを生み出す努力、その根底には定期公演でともしびが表現し訴えようとするものがあるのです。

舞台上にも客席を作り、ホールではありますが会場全体が歌で包まれるような雰囲気を作り出していました。このスタイルを「ある日の歌声喫茶」と名付けました。公演はどちらの会場もいっぱいの延べ二〇〇〇人のお客さんで熱くさわやかなものでした。

❖ともしびの歌手——金城広子の場合

旺盛な音楽活動を行っていく上での私たちの構えといったものを、金城さんのコンサートを前にした山岡まさる(甲斐谷昇)の文章から、少し長くなりますが引用させていただきます。

価値ある思想

彼女の場合、「愛」をうたえば、彼女が日常の実生活のなかで「愛」をどのようにとらえているか、「別れ」をうたえば、日常の実生活のなかで「人との別れ」にどのくらいの重みを感じているのか、自分の人生のなかでそれをどう位置づけているのか、といったことがかなり、「歌」に表現され聴衆につたわる。つまり、「愛」や「別れ」に対する彼女の思想が音楽となって表現されている。

彼女は、うたを「思想を伝達するもの」として〝づかいこなし〟はじめた歌手なのである。

しかも、彼女は「伝達するに足る価値ある思想」をもった歌手でもある。

「伝達するに足る価値ある思想」は、その歌手の日常の実生活のなかで、人と人とのかかわりあいや、社会環境とのかかわりあい、それらをどうとらえ、どう対処しているか……ということのなかでつくられ成長する。

彼女の場合、彼女の思想は、「ともしび」の運動のなかで、かたちづくられたものに他ならない。二〇年に及ぶともしびの運動の、一つ一つの局面に、彼女がどう対処してきたのか、その積みかさねが、彼女の今日の「思想」をつくっている。

むなしくない歌手へ

中学生のころから美空ひばりのような「流行歌手」になることを目指して、きびしい勉強をつづけて来た彼女が、偶然アルバイトの場として、ともしび渋谷店（牧場）に入った。彼女の言葉によれば、「おおブレネリ」やその他の「うたごえ曲」をはじめて聞いてびっくりしたという。そして「これは歌じゃないな」と思ったという。

そんな彼女が「ともしび」の労働争議に巻きこまれてしまう。

その頃のことである。力だめしのつもりで受けたNHKのオーディションに見事合格してしまう。いくつものプロダクションやレコード会社から、かなり有利な条件でさそわれる。しかし彼女はそれらをすべてことわって、ついに「ともしび」に居ついてしまうことになる。その時の心境については、ごく最近の彼女の次のような言葉がよく言いあらわしている。

彼女がある歌手のリサイタルにいった。「どうだった」と聞くと、「とてもうまかったわよ」、「それで……」、「うん、とてもうまかったけど、むなしかったわ。歌をうまくうたうだけでは何かものたりないの。うまい歌をきかされるたびに『それでどうなる』という反問がこみあげてくるのよ。むなしくない歌手になりたいと思うわ」。

彼女にとって、「ともしび」をえらんだことが、「むなしくない歌手」への第一歩だったのである。

開眼

やがて、彼女の歌に真剣に耳をかたむけ、暖かい拍手を送ってくれる多勢の仲間や、店の客たちを発見する。オペレッタ「シンデレラ」で継母役をあてがわれた彼女は、持ち前の関西人らしいバイタリティで演技をした。当時の「ともしび」の仲間や客たちは、思いがけない彼女の演技力にびっくりした。彼女自身も、考えてもみなかった自身の演技力にびっくりした。このことは、彼女の歌手としての芸域をひろげることに大きく役立った。

こうしたことを通じてそれまで、他の先輩ウェイトレスたちの、よくありがちな意地悪にメソメソ泣かされていた彼女が、だんだんと運動を支える一人として自覚し自信をもっていく。

運動の中心にどっかと腰をすえた彼女に、また一つの試練がやって来た。オルグや、なれない司会、肉体的過労や心労のなかで、「声が出なく」なってしまったのである。月並みに言えば「歌をとるか、運動をとるか」の岐路に立たされたのである。彼女はけな気にも、「仲間がそれを望むなら、労働組合指導部の決定がそうなら」運動に徹して生きようと決意する。しかし反面「必ず、歌手として立てる時が来るだろう。今は(運動が)、私を歌手として立たせる余裕はないが、いつかはきっと、『君はうたをうたえ』という時期が来るだろう。私が身を投じようとしている運動は、それぞれの豊かさを未来に持っているはずだ」と心に期して、ひまさえ見つければ「歌の勉強」に励んだのである。

念のため正確に言えば、彼女は(一時的にせよ)歌手の道をすてて、運動をえらんだのではない。運動の発展を信頼するなかに自身としての「歌手の道」を見つけたのである。小さい時から、彼女の家族、親せき縁者の期待は、彼女が「美空ひばり」のような流行歌手になってくれることにあった。少なくとも彼女はそう受けとめていた。そういう意味では、彼女は、周囲の期待を裏切りつづけて来たのである。だが一昨年(一九七六年)の「金城広子」リサイタルや、今年(七七年)の四月公演で、聴衆の暖かい拍手につつまれながら「私は『美空ひばり』にはなれなかったけど、今日この会場にあつまってくれた、こんなにたくさんの人たちを得ることができたのです。これがせめてもの親孝行だわ」と思ったという。

明日へ

「ともしび」も芸術創造団体であるから、「どういううたい方」「どういう歌手」を創造するか、ということは、常に大きな課題である。そうした上で、彼女の歌や歌手としての生きざまは多くの示唆を与えてくれている。ともしびのみならず、運動とともに生きようとする芸術家にとってもそうだと思う。

彼女は「四月公演」の時も似たようなことを言ったが、今度の「秋の公演」でも言った。「私の出番をつくってくれなくてもいい。ピアノを弾いて他の歌手の伴奏をしろと言われればそうするし、受付で切符のもぎりをやれ、あるいは、『楽屋番』をしていろ、と言われれば、喜んでそうする。運動に役立つことならどんな任務でもいとわない。何故なら、そういう任務を『私は歌手ですから』というようなら、その時、私の歌手としての生命は終わるから。私は一生歌手で居たいから、どんな任務でもいとわないのよ」と。

レコードということでは一九六〇年頃は柴田さん（西武新宿駅前「灯」のオーナー・歌声喫茶の創設者）がレコード会社とタイアップしてレコードを盛んに発売していました（〇一九頁）。ほとんどがシングル盤、真ん中に大きな穴が空いた形だったのでドーナツ盤と言いました。売り筋のA面と、もしかしてヒットしたらの裏側B面の二曲でした。さらに普及版とでもいうのでしょうか、おまけについてくるようなソノシートがありました。これは、ぺらぺらのビニール製でLP盤と同じ三三回転／分。そういえば、

「曲げちゃったので伸ばそうと思ってアイロンをかけたらつるつるになっちゃった」というおっちょこちょいの上塗りのようなエピソードもあります。

音楽文化集団ともしびとして再出発を図った私たちのともしびが、レコードをレコード会社に頼らずに自力で出すというところまでこぎ着けたのです。それもＬＰ盤で。ＬＰ盤だと一二曲ぐらい収録できるので、数多い歌をこなせる実力派でないと出せないものでした。このレコード出版で協力いただいたのが、ビールのお好きなＨさんです。

❖当時のリクエスト年間ベストと専従配置（一九七五年）

さて、この当時のリクエスト年間ベストを亀戸店のデータで紹介します。亀戸のデータはともしび全体の傾向を示しているかといいますと、実はそうでもないのです。同じうたごえ喫茶ともしびでも、地域性といいますか、亀戸は下町で労働者の街、吉祥寺は住宅地で文教地域といわれる街、新宿は日本最大の繁華街ですので、自ずから集まってくださるお客さんに特色があります。さらに各店に配属されたメンバーの個性もまたそこに色濃く表れていました。リクエスト表と当時の専従配置をご覧ください。

いよいよ現代に活躍するメンバーが顔を出してきました。一九八〇年代へと、ともしびはあゆみを進めていきますが、一九六〇年代の半ばに迎えた、次々とうたごえ喫茶が閉店していったあの時代と違った困難が生まれていました。

表　年間リクエストベスト30位
（1975年、亀戸店）

順位	曲名	得票数
1	おいらの空は鉄板だ	196
	二二才の別れ	196
3	心騒ぐ青春の歌	184
4	愛の讃歌	173
5	ケ・サラ	160
6	平壌は心の故郷	159
7	囚人の歌	157
8	エルベ川	151
9	ろくでなし	142
10	バラはあこがれ	136
11	愛する人に歌わせないで	135
	遠くへ行きたい	135
13	飛び立とう	134
14	仕事の歌	130
15	いつかある日	126
16	死んだ男の残したものは	125
	友よ（いずみたく）	125
18	二十才	120
19	郵便馬車の馭者だった頃	118
20	小さな日記	117
21	うたってよ夕日の歌を	116
22	四季の歌	112
23	つつじの花	109
24	さとうきび畑	108
25	サントワマミー	107
26	あざみの歌	1076
27	白いブランコ	104
28	どこまでも幸せを求めて	103
29	二つの岸	101
	青春	101

（注）1965年頃のリクエスト上位は、①リムジン河、②若者たち、③仕事の歌、④囚人の歌、⑤どこまでも幸せを求めて、⑥忘れな草をあなたに、⑦つつじの花　⑧平壌は心の故郷、⑨エルベ河。

❖全国に広がる「あなたの街にもうたごえ喫茶を！」

「全都に灯を！」と掲げたスローガンは「あなたの街にもうたごえ喫茶を！」へ展開していました。

地方から上京していたともしびに集う若者たちは、ふるさとへ帰るUターン現象、Iターン現象（Uターンは文字どおりもとへ戻るのですが、Iターンはふるさとではないどこかの街へということです）と軌を一にして、ふるさとの街にうたごえ喫茶を作りたいという努力が始まりました。

長野市では、永井さん、神方さん、鶴さんらが、一九六二年六月二一日より月に一回、一日歌声喫茶

表　専従の配置

オルグ	大森秩江　村松文子　瀬良育子　飯泉昌子
デスク	宮本房江
出演一班（主に「お月さんももいろ」の公演）	伊藤晴夫　佐山尚子　鈴木浩子　大野幸則　田中徳昌　金指修平　森口久美子　金指志保子　蔦野恵三
出演二班（児童館・幼稚園公演）	村松良三　中西明　青柳美也子　溝田恵美子（現・山岸［あかね］）
出演三班（「ふれあいコンサート」）	高柴秀樹　青柳常夫　丸山陽子　松浦寿美
新宿店	大貫史朗　中島昭　不二葦幸子　青柳美也子
亀戸店	藤沢義男　篠田千恵子　金指志保子
吉祥寺店	金城広子　長沢康之　日高孝　田村文利　五十嵐みさ子　二宮明美
常任	深代利定　甲斐谷昇　宮本偉

を一〇年以上にわたって続けられ、その間、継続的に東京のともしびを訪れ、ともしびの経験を学んで店作りと組織作りを行いました。その努力の上に一九七五年一二月、「長野ともしび」が長野駅前（長野県長野市南千歳町しょっぷこあB1）に開店。「音楽文化集団長野ともしび」を結成し、五〇人ほどの団員が店を基盤に音楽活動を行いました。神谷夫妻、小林夫妻等次世代が受け継ぎ、県下の出前うたごえ喫茶に出演するなど活発な活動を行っていましたが、残念ながらその後閉店。

仙台市にうたごえ喫茶を開きたいと願っていた南部敏郎、葛西友彦（「ほたる」の作曲者です）は、それぞれともしびとどん底で修行をし、一九七八年、仙台駅前に「バラライカ」を開店しました。当時仙台にはうたごえ喫茶の「若人」があり、「青葉城恋歌」をヒットさせたさとうむねゆきさんが歌っていました。『バラライカ歌集』より門倉さとしさんの「バラライカと私」を引用させていただきます。門倉さんは『ともしび歌集』(「青春」、「たんぽぽ」、「桑畑」など)でおなじみの詩人です。

仙台へ行くという人に会うと、わたしはかならず、こんなふうにいいます。「バラライカというお店をのぞいてごらんなさい。三人のわかものが、二〇〇人のカンパと、手づみのレンガや壁ぬりをしてつくったのです。仙台駅から三分、うたとギターと詩の朗読や心のあたたまるお店です。十一時までやっています」

そのバラライカが一周年をむかえます。

おもえば、葛西さんや南部さんたちが、グループ「統一列車」として愛されていた時代、東京の「どん底」や「ともしび」で修行していたころ。下宿先で飲んだり、家へ来てもらって地域のコンサートに出演してもらったり。塩釜のお宅でお父さんやお母さんと話し合ったり。いつも「バラライカ」のひびきを耳にしていたように思います。

ふっと、そのうたを聞きたくなって、徹夜の原稿書きの仕事のあいまにテープをまわすことがよくあります。

個性的な二人の組み合わせがまた、いいのですよね。

東北の風や雪のなかで「バラライカ」がいつも、うたのふるさと、心のひろばであるようにとねがっています。

新潟では、一九七九年「あんだん亭」(新潟市医学町通り二―七四―一トウカンマンション医学町1F)が開店

しました。ともしびの団員であった若山浩一がふるさとの新潟に歌声の店を開きたいと、専従だった小市信と組んで開店しました。毎日の歌声喫茶というスタイルにはなりませんでしたが、吉祥寺の料亭で板前をしていた腕を活かした料理とお弁当、そして週末のうたごえというちょっとユニークなお店でした。新潟市では短い期間でしたが、ほかに「灯」も開店していました。

北海道ではともしびの亀戸、吉祥寺の団員であった枝広、石沢、我妻の三人が、小学館で解雇反対・正社員採用（資料がないので大野の記憶です）で闘っていた松坂さんの和解を機に、札幌市のすすきのにうたごえ喫茶を開きました。

八一年五月には奈良市内に「奈良うたごえ店コンツェルト」が開店。ちょっとしゃれた歌声スポットが出現しました。熊本市には「不楽っ人《ふらっと》」がありました。

「大阪ともしび」開店

前後しますが、一九八一年三月、大阪ともしびが開店（大阪駅前第二ビル地下1F）しました。

大阪守口の大和硝子労組は争議解決金の使い道として、支援してくださった人々に還元することを考え、地域の労働センターの建設とうたごえ喫茶の出店を計画されました。その中心的なメンバーの一人であった金城幸雄さんは、ともしびのシャンソンの歌い手でもある広ちゃん（金城広子）のお兄さんでした。何度か東京に足を運び、検討を重ねた結果、うたごえ喫茶を開店することを決定し、ともしびとは協定書を結ぶことになりました。経営は株式会社ダイワロウソが担い、ともしびはうたごえ喫茶の経験をもとにそのノウハウを提供し、協力することとしました。開店の三カ月間はメイン司会者としてヤギさん（青柳常夫）、ピアノに後藤寿美、宮本偉を文化営業として派遣し、その後、日高、深代等を交替で送り出すこととして、大阪駅前、梅田の駅前第二ビル地下に四〇坪ほどの店が開店しました。ビン作りの労働者だった金城、星野、山地、木藤さんらが「水商売・歌声喫茶」の店長やウェイター等に転身したと、新聞などで大いに話題となりました。アコーディオニストとして堀部隆次先生を迎えました。東京ともしびからは一ノ瀬陽子を送り出し、甲斐まさひろ、川端由美さんらがメンバーとなりました。甲斐さんはシンガーソングライターのすずきよし氏（「おいらの空は鉄板だ」、「お父帰れや」、「夕べのうたごえ」などの作者）の紹介で働くことになりました。

大阪ともしびの開店については、山路茂行さんの開店時の報告を紹介します。

一九七三年のオイルショックを契機に、需給のバランスが崩れ、私たちの働いていた大和硝子株式会社は、一九七五年九月倒産しました。ときを同じくして、私は大和硝子労働組合の委員長の大役を引き受けることになったのです。

大口債権者（伊予銀行、富国生命、兼松江商）に企業再建を求めながら、賃金遅配の中必死になって努力しましたが、一九七七年三月、硝子屋の生命である炉の火を落とさざるを得ませんでした。全員解雇、退職金ゼロでした。

当時、大阪には私たちと同じように企業再開を求めて背景資本に対する要請行動を続けていた仲間がいました。市新、杉本針線、大照金属、大阪工作所などの仲間とともに「企業再建をめざす共闘会議」を作り、御堂筋界隈に働く仲間の協力（御堂筋総行動など）を得て、次々と背景資本との間で解決をしていきました。

私たちは、企業再開はできませんでしたが、兼松江商に対し、退職金を含めた解決金とは別に事業資金を要求し、七〇〇〇万円の事業資金を出させたのでした。

私たちは、その使途をめぐって大いに論議しました。いろいろな形で支援していただいた人たちに寄与できる事業とは何か、折角とってきた事業資金の為に組合執行部が分裂するのではないかの一幕もありましたが、大阪駅前に、うたごえの店「ともしび」を作ること、そしてもう一つは北河内に労働会館（守口民商、北河内統一労組懇の協力を得て、守口に北河内民主会館を作った）を建設することでようやくまとまりました。


大阪ともしびは梅田の一等地にあって独特の雰囲気を醸し出していました。お客さんはとても積極的でよく前に出てきて歌っていました。「同じ金を出してるんや歌わにゃ損！」といわれたことが印象的でした。ときとして「六甲おろし」が響きわたる大阪ならではのうたごえ喫茶となりました。もう一つ大阪ならではのメンバーがさっちゃんでした。厨房の責任者をレストランのコックにせず、お好み焼きの名人をひき抜き料理の目玉にしたことです。ホントにおいしいお好み焼きでした。堀部先生は大阪芸術大学で教えていた関西アコーディオン界のトップでした。

ともしびからの応援メンバーは南森町のマンションが宿舎で、初めてのマンション暮らし。余裕の出たメンバー日高孝は自転車に凝り、毎日競走用の自転車に乗って真っ黒々。ときに東京・大阪を往復するなど、そのたびに数々のドラマを生み出し、感心したり心配したりの連続でした。大野もときどき応援で出かけ、休みの日など奈良、京都へ出かけ長期出張を満喫していました。実は東京では「二四時間専従者」といわれ働いていましたが、大阪では「うたごえ喫茶のリーダー」として夕方からの出勤でしたので、平日でも奈良・京都へ朝早く出かけることもしばしば。もちろん食べ物もおいしく格段に安く夢のような出張でした。

❖裏方スタッフの力

一九七〇年代の後半、多くの音楽祭やコンサートを行ってきましたが、今でも心に残っている印象的な言葉は、ともしびの音楽祭やコンサートは「お客さんがいいから成功している」です。当時の多くの外部のスタッフから異口同音に出た言葉です。

これら音楽祭やコンサートはホールを使っての公演なので、照明や音響、舞台等の専門の裏方スタッフの力が必要でした。コマ劇場裏の「灯」では争議が進むにつれ、お客さんにもっと楽しんでいただこう、そして争議の支援の輪を広げていこうということから、店内でのオペレッタや構成ステージを行うようになりました。その際、お客さんでもあった様々な専門家の皆さんの力をお借りしました。この頃は、あくまでコマ裏「灯」という狭い空間での上演でした。ともしび内でも徐々に、舞台美術は宮本、山岸、演出は深野、舞台監督は宮本と専門化してきましたが、千席を超える規模のホールでは、どうしても専門の裏方スタッフの力が必要でした。そこで、ともしびのスタッフを育てていこうと考えました。現在ともしび音楽企画の代表をしている高柴秀樹は、照明のスタッフとして入社した初めてのメンバーでした。その後、田中徳昌、久保田徳男、金谷守晶、中島昭らが、ともしび舞台スタッフのチームを作っていくことになります。まだまだ始まったばかりのチームでしたが、東京アート・プロの萱島哲夫さん（現アトラス代表）、高野勝征さん（現スペース・トライアル代表）、第一ステージの川崎ひろしさん（元こじか保育園理事長）などの協力、指導をいただき、経験と技術を積み重ねていくことができました。

さて、どうして先の「お客さんがいいから……」というような言葉が多く聞かれたかといいますと、当時の音楽会やコンサートが、当事者がいうのもなんですが、とにかくとても感動的なものでした。外部のスタッフの皆さんはこの雰囲気に最初戸惑われたようです。皆さんは、日頃多くの世の芸術家と仕事をしています。ともしびの歌い手や俳優が、名の知れたメジャーな人たちでないにもかかわらず、この会場から生み出される感動は何か、ましてやそこに素人の団員たちがたくさん登場して、とても玄人のプロの舞台とは思えない、でも確かにいい公演だったと自分も思う……、そこで「お客さんがいいから」という結論に皆さん落ち着いたようです。

確かにそうだった、おおむねそうだったと思います。でもそれは「たまたまいいお客さんが来てくださった」ということではありません。ここまででも二〇年以上にわたる私たちとお客さんの関係が、それを生み出しているのです。舞台芸術は舞台と客席とで作り出される芸術です。うたごえ喫茶は特にそうです。二〇年の交流を通じて、人もうらやむお客さんが集ってくださるようになりました。その「伝統」は今も連綿と続いています。もちろん漫然と続いているのではなく、ときに厳しい批判をいただくこともあります。私たちもこうありたいと理想を掲げ、理解していただけず衝突したお客さんも少なからずいらっしゃいました。ある意味で客商売でありつつ、一方では「歌い合うこと」を大事にした、「人間らしく生きたい」という「客とメンバー（従業員）の枠を越えた」ともに作り出す音楽文化の大事な運動でもあるからと考えています。

ところで、ともしびの裏方はなぜか男前(?)のメンバーが多かったのです。公演先で、主催者が、先に入館した俳優(!)である私をつかまえて「役者さんはいつおいでですか?」と尋ねてきました。若くて颯爽としている(?)私は少しむっとしました。主催者は私の脇をすっとすり抜けると、すぐあとからやってきた高柴、中島に揉み手風の挨拶を始めることなど日常茶飯事でした。二人とも彫りの深いりりしい顔立ちなのです。

田中は鬼軍曹といわれ、後輩をビシビシと指導しました。少しあとの時代のことですが、一つひとつの作業の間を「走れ!」と叱咤され、体育館中を汗を流して走り回って仕込みをしていた若手(藤枝延弘、花田仁、西銘優など)の一人ひとりが思い出されます。とにかくまっすぐな気持ちの持ち主でした。

人のいい金谷ちゃんは、開演直前の緞帳の降りた舞台の上、照明の当たりが悪いので時間がないけれども直さなければと、果敢に天井の鉄骨を伝い、ロープにぶら下がって照明の当たりを直してくれました。そして、「さあ開演!」とブザーが鳴りましたが、何と金谷ちゃんが舞台の上で蓑虫のようにぐるぐると回り始めているではありませんか。観客はすぐに幕が開くものだと思って見つめています。舞台袖にあった卓球台をすぐさま積み上げて登り、ロープを切って救出、無事開演(金谷ちゃんごめん。秘密を話してしまいました)。

この時代からのおつきあいで今も続いているのが団地まつりなどの「櫓組《やぐらぐみ》」の仕事です。盆踊りの櫓を組んだり、踊り手と太鼓打ち、ゲスト(ちなみに二〇〇五年のゲストは上條恒彦さんでした)のステージを準備する、などのイベント的な仕事をしています。真夏の屋外広場、三日ほどかけて設営準備をしますが、まるで海水浴に行ったように日焼けします。日陰など全くない炎天下、コンクリートの照り返しも厳しく、仕込み中に腹の中に飲み落とす水は一息に一リットル、やがて三、四リットル。飲むと同時に汗となって流れ出していきます。終わった後に飲むビールは格別です。

❖司会者の果たす役割

音楽祭などで舞台スタッフがとても重要な役割を持っていますが、ともしびのホールなどでの公演では、司会者の果たす役割もまた、とても大きなものがあります。普段の店でももちろんですが。そういったシチュエーションで抜群の力を発揮したのが日高孝でした（一五〇頁）。

日高は、気に入った衣装を身に付けるとたんにシャキッとし、開演と同時に観客を一気に引きつけ、堂々とかつ洒脱な名司会者に変身するのでした。数万人の青年を前にザ・フェニックスとともに熱情的なステージを生み出し、参加者の高揚する気概と一体となったステージを繰り広げた日高は、ヤギさん（青柳常夫）と全く違ったタイプの名司会者でした。会場の雰囲気を作り出すのがとてもうまく、高揚した気持ちとでもいいますか、単なる興奮ではなく、そこに心や想いが強く貫かれているのを感じるのです。日高が書いていた「司会あれこれ」という古い資料を見ると、日高自身の人間性と文化に関する造詣に裏打ちされた、実に繊細な感覚と緻密な計算に基づいて司会をしていることが伺われます。その一部を紹介させていただきます。

心のこめ方の〝深さ〟に確信をもって歌うこと

最近、本格的に司会をしているA子さんとの会話の中からのいくつかの話。

A子　曲が終ると普通拍手があるでしょう。そうすると安心して次の曲の紹介にうつれるんですけれど、五曲も六曲もつづけて拍手がないことがあるんです。そんな時の空間はどうしようもないんです。ちぐはぐなことをやっているんじゃないかと思って、不安になるんです。

日高　それは誰でも経験ありますよ。大勢の前で演説したり、あいさつしたりする時、反応(例えば拍手や笑い)がかえってこないとね。

A子「曲が終ったら拍手しましょう!」なんていう司会者もいますけれど、私はどうもできないんです。

日高　自分がうたって自分が拍手することに不自然さを感じている人もいるでしょうね。

A子　それじゃどうすればよいの?

日高　いやそんなに急がないで、拍手とは何か考えてみましょうよ。うたごえの場合二種類の拍手があると思うんです。一つはソロをした人への拍手、これは必ずしも上手にうたった人へだけでなく、心あたたまるうたい方、マナー、ユーモラスなうたいかた等ですね。

もう一つは、隣りあった人、向かい合った人と心を一つにして一曲をうたいあげた心地よさをたしかめあう表現としての拍手ですね。だからいろんな表現があっていいと思うんです。うれしさがあまって立ちあがって元気な声で乾杯の音頭をとる人や、拍手はしなくても、曲が終って恋人と小声で二言三言ことばをかわしていたずらっぽくほほえむ娘さん。それから、思い出にひたっているのか目をつぶって何かを考えている人ね。これも自然だと思うんです。司会者は、それぞれの人の心が感じとれる時は、安心して次のことばが出てくると思うんだが。

A子　そういえば、クラシックの演奏会で指揮者のタクトが静かにおりるでしょう。余韻を楽しんでいたい時、心臓をつきさすような拍手をする人がいるでしょう。あれは私もすきじゃないですね。わざとらしくて。

日高　『ここに泉あり』（監督＝今井正、一九五九年公開）という映画をみましたか。群馬フィルハーモニーが困難な中で地方に音楽を広めるため、山奥の学校なんかに演奏に出かける物語ですね。感動的な場面がいくつもあるんですね。

A子　ええ見ました。すごく感激しました。

日高　その一場面を映画評論家の石子順さんは「吹雪をついてたどりついたライ病院で演奏している。ひたひたとさざ波のよせるような音がホールにこだまする。ライ病患者の多くは指をうしなっている。だから手の甲をうち合わせて拍手をしているのだ。こういう世界までに音楽を運んでくれたことに、彼らは精一杯の感動を表現している」と映画評にかいていますね。

A子　ええ。

日高　拍手のあるなし、強いか弱いかが問題なんではなく、果してお客さんがその一曲に感動しているかどうかが問題なんですね。

A子　それはそうですけど……。

日高　それにはまず、何べんもくりかえすけど、司会者自身が心をこめてうたう、その心のこめ方の深さ、浅さは自分でわかるわけだから、心のこめ方の〝深さ〟に確信がもてるなら、拍手のあるなしに動揺しないことですね。

A子　どうしても心のこめ方の〝深さ〟がどうであるか、ということよりも、お客さんにどう聞こえているだろうか、ということが心配になってしまう……。

日高　人生だってそうでしょ、人がどう思っているかではなく、自分のやっていることに自分自身がどのくらい確信をもっているか、でしょ。そういった確信が人を動かすんですね。人のおもわくを気にしてフラフラしていてはねぇ。

A子　でも、それでは、お客さんがどう思おうと自分は自分、ということにならないかしら。

日高　いや、お客さんだって基本的には、心をこめて歌おうと思っているんだから、司会者や歌手が、いくら心をこめても浮くことにはならない。ただ、自分の声をきかせようとか、特別なイントネーションにおぼれてはだめです。そういう一人よがりは必ず反感を買います。誰でもがそう歌うような、歌えるような、いってみればごく平凡な歌い方で、しかも深く心をこめて、ということでしょうね。そうやって一曲一曲うたっていれば、必ず〝共感〟がかえって来ます。拍手にならない場合もありますが。

A子　わかったような気もするけど、とにかく、そういう方向でやってみます。

（『月刊ともしび』一九七七年一二月号より）

第III部

「歌声喫茶の灯消える！」報道、しかし地道に地方へ広がる

（一九七五〜八四年頃）

♩♪♬ ともしびを取り巻く環境の変化と多様な活動の展開

❖駅から遠い新宿店

新宿店は再建できましたが、新宿駅から歩いて一七～八分はかかりました。山手線・新大久保駅からの方が若干近いものの、それでも一五分近くかかりました。雨の日など少し天候が悪いと、てきめんにお客さんの数が減りました。文化の香りのしていた歌舞伎町が、風俗的で猥雑な町に急速に変貌しつつある時期でもありました。日頃歩きなれている私たちでさえ、街を歩くのがいやになるほどでした。

❖ピンクキャバレーと同居の亀戸店

亀戸店も同じような問題が起こってきました。亀戸店は駅東口から歩いて数十歩のところでした。界隈は飲食店と少しのピンク系のキャバレーがありました。入店していたビルの一階はキャバレーでしたが、入口は京葉道路側にあり、線路側が入口となっていた二階以上の店舗とは全く別の世界でした。ともしびと同じ入口、階段を利用する二階の店舗がピンクキャバレーになったのは、この少し前頃でした。何となくともしびへ入りづらい雰囲気が生まれていました。そこへ呼び込み合戦が始まりました。はちまきを巻いて派手な法被《はっぴ》を着たお兄さんたちが、大きな声で呼び込みを始めたからたまりません。お姉さんたちも外に出てくることもありました。ともしびの男性客も引っ張られるようになりました。女性客は恐れるようになりました。何度か、ともしびのお客さんへの呼び込みをやめるよう申し入れをしましたが、全くらちがあきません。

❖消えた西武新宿駅前「灯」(一九七七年)

西武新宿駅前の大きな「灯」が閉店したのは一九七七年のことでした。私たちのともしび新宿店は、その頃区役所通りの奥、鬼王神社隣の太陽ビルの地下一階でした。亀戸店は亀戸駅東口の前、吉祥寺店は移転して間もないF&F(伊勢丹)ビル地下一階でまだまだ元気にやっていました。「歌声喫茶幕を閉じる！」との報道は、全国で続けていたうたごえ喫茶にとって大きな打撃となりました。うたごえ喫茶そのものがすべて終わってしまった、というような報道でした。報道各社に電話をいたしましたが、あくまでも「西武新宿駅前の『灯』が閉店したという報道だ」というお答えだったかと記憶しています。何という報道の仕方をするのかと憤りを覚えたものでした。

NHKラジオでは二〇〇四年にも、一〇月一〇日の「今日は何の日」のコーナーで、「歌声喫茶灯が二三年の歴史を閉じた日」と紹介されたのですが、その報道のおまけとして、歌声喫茶の開店時期について少し明らかになりました。歌声喫茶の歴史は一九五四年に始まったと私たちは歴史を踏まえていますが、集英社から出版された丸山明日果著『歌声喫茶「灯」の青春』では五六年と書かれていました。「…?……?」。これは何か記憶違いではないかと思っていましたが、「一九七七年に閉店して二三年の歴史」ということは二三年前に開店ということになり、NHKでも開店した年を五四年としているわけです。

翌二〇〇五年四月九日には、TBSラジオ『永六輔の土曜ワイド』で「うたごえ喫茶がなくなった」とのおしゃべりがあったところ、「ともしびはまだやっている」、「先日も上野で一〇〇〇名の大うたごえ喫茶が行われた」との電話やファックスが「殺到」したそうです。早速TBSラジオから確認があり、四月一五日の金曜日に永六輔さんが突然来店され、うたごえ喫茶がまさにそこにある、昔の雰囲気が今もそこにあることを体験し、喜びを持って翌日の放送でお話しされていました。

❖冬のページェントの誕生（一九八〇年）

厳しい状況が生まれていましたが、一九七六年に始まった夏のページェント（キャンプ）に続き、八〇年代に入ると冬のページェント（スキー）が始まり、ともしび友の会が再び活発になり、海外ツアーも始まりました。金城広子後援会もでき、ダンスパーティーも復活しました。音楽文化集団ともしびの活動の周りに自主的な活動、それぞれのやりたいこと（要求）を実現すべく活発で多様な活動が展開されました。

第一回ともしび冬のページェントは一九八〇年二月一五日（金）から一七日（日）にかけて、長野県・戸隠スキー場で開催されました。「夏のページェントの楽しさを冬のゲレンデで！」を合言葉に行われたこの企画は、初めてということもあって予定外のハプニングもいくつかありましたが、スキー本来の魅力に加えて、長野ブロックをはじめとするともしびの仲間たちの奮闘、さらに参加された皆さんの積極的な協力によって、内容豊かに進められました。ともしびの歴史にまた一つ、楽しい思い出が加わったようです。そんな「冬のページェント」の日誌をめくってみると……。

――第一のハプニングは〝流行性感冒〟の猛威。「一週間寝こんじゃって、もう休みがとれないんだ」

という第一号に続いて、「今四〇度も熱がある、いけそうもない」、「医者にやめろといわれた」などなど、当日までにキャンセルの電話が一〇本も入って実行委員一同ハラハラ、やきもきの連続でした。

結局五五名が二台のバスにわかれて、一五日夜七時、一〇時にそれぞれ出発。一路戸隠高原へ。戸隠山は天の岩戸を隠したという伝説のある山で、近辺の山々にもいろいろな民話が残っているところです。そのふもと、国設戸隠スキー場に面して建つ民宿「葉留日野山荘」を全館借りきって、冬のページェント開幕です。

とはいえ、バスの到着がやや遅れ、特に第二便の面々は仮眠をとる間もなく朝食をとり、眼をこすりながらゲレンデへ、というわけで少々ハードなスケジュールでした。

ここから先は、東京スキー協から講師として参加していただいた大塚、斉藤両先生の出番。初心者、多少の経験者を含め二クラスを編成しました。

とくに大変なのはまったくの初心者を集めた斉藤先生。準備体操を終えてスキーのはき方を説明している間にもあっちでドスン、こっちでパタリ。やっとスキーをはき終えてまたころぶ、というわけで先生も生徒も汗だく。転んだが最後自分では起きられない女性もいて(特に名を秘す)、これはもう笑いごとではない、ほんとうにごくろうさまでした。

(中略)昼食後、ろうあ者のIさんを囲んで手話で談笑したのも楽しかった。

Iさんを誘ったともしび団員の国松さん、手話サークルに入っているともしび合唱団研究生の戸倉信一さん、吉祥寺店専従の二宮明美さんなど、かたことの手話でもすっかり気持が通じあったようでした。

午後は風が強まり、さすが真冬の高原、踏んでも踏んでも風で舞いあがる粉雪は美しいけれど、転んじゃならぬと力みかえった体には苛酷な寒さ、早々に民宿にひきあげる年配者(精神的)が目につきました。

そんな面々がこたつを囲んで盃をかたむけているところへ、仕事を終えた長野ブロックのメンバーが到着、荷物を放りだして(?)まず乾杯。東京から参加したある男性、「ともしびのスキーは酒が豊富でいいなあ」と思わず本音をもらして、一同苦笑。

❖ともしびから生まれたカップルたちは

この頃の特徴として忘れてはならないのが、店を使っての結婚を祝う会です。うたごえ喫茶で知り合って結婚されたカップルの何と多かったことか。そんな頃に結婚されたカップルが子どもたちと来てくれたり、「子育てが終わったので二人で来ました」と楽しそうに歌っているカップルの姿を見ていると、こちらまで嬉しい気分に浸れます。

厨房のアルバイトをしてくれている堀内麻巳子ちゃんも、そんなカップルから生を受けた娘さんです。まみこちゃんのお母さん(みどりさん)は友の会の活動をしていて、いつも店の客席で歌っていました。当時一八歳だった私は、サークルの先輩に連れられて年に何回かともしびへ行ったのですが、たまに一人でいったときにみどりさんにつかまって、月に一日だけ店の手伝いをすることになりました。できることといえばグラスなどの洗い物くらいでしたが、二〇歳を過ぎた頃には毎日ともしびで仕事をするようになっていました。まみこちゃんと店で一緒に仕事をしていると、運命の不思議を思わざるを得ません。
ちなみに一九八〇年三、四月の店日誌から、吉祥寺店を貸し切りにして行われた結婚を祝う会の様子を抜粋で紹介します。

三月十五日(土)　七〇名
山水電気労働組合書記長の伊沢さんの結婚式。
吉祥寺開店以前からの長い協力関係の山水労組。いまは三五〇名の希望退職通告に対してたたかっています。

三月二十三日(日)　一二〇名
保育園の保母さんの結婚式。
店には、団体でよく来ているグループの一人の結婚式。手あそび、ゲームソング等で参加者全員が楽しんでいました。

三月二十三日(日)　三五名
結婚を祝う会
この日は前記の祝う会とあわせて入れ替わりで二つの結婚式。こちらの方は、学生の仲間たち。二組のカップルを迎えての祝う会。新郎、新婦が司会者となり最初から最後まで、歌声のオンパレード。

三月三十日(日)　八〇名

結婚式。
ともしび音楽講座の器楽合奏講座の元生徒の紹介で、吉祥寺店が会場にえらばれました。新郎のお父さんが、「この会場でやった式が本物です」と心から喜んで、感謝の言葉をのべていました。

三月三十一日(月)　四六名
東大和小学校の先生の結婚式。
店にもよく来ていたグループですし、ともしびのよき理解者でもあるグループ。内容の充実した良い雰囲気でした。

四月六日(日)
結婚式。
アメリカで結婚したカップル。わざわざ、日本の吉祥寺の店で披露パーティーを開きたいということでした。

四月二〇日(日)　七〇名
宍戸君、石塚さんの縁結びコンサート。
ともしびの団員同士の結婚式。安達元彦さん、岡田京子さんの演奏、金城さんの買物ブギもあり、多彩な顔ぶれと内容の深いつどいでした。

❖UTAKICHIマーク

この頃は友の会活動がとても活発でした。その頃使われていたのが「うたきち」マークでした。当時の「友の会からのお知らせ」を紹介します。

UTAKICHIマークがワッペンシールに

「あなたの街にもうたごえ喫茶を！」のスローガンにそって音楽文化集団ともしびのみなさんは第十五回総会後、急速に運動を広げています。総会資料と一緒に入っていた友の会申込用紙の表紙のスミに有りました「UTAKICHI」(歌声喫茶の略、つまり「歌喫」)マークがワッペンシールになって、いたるところにはられています。

なんでもレコードの袋用に作製したのだそうですが、お客さんやサークルのみなさんが一枚ほしいということで、四個ワンセットで五〇円という定価がついて普及されはじめたのです。

原案者の高柴秀樹さんは「歌声のあるところ、仲間のいるところ、いつでもどこでも『UTAKICHI』に出会えたら楽しいネ」といっています。

ある人は「なんだいこのトッちゃん坊やみたいなのは」といい、ある人は「歌喫」じゃなくて「歌狂」じゃないの、というしまつ。さてさて本当はどちらに落ちつくのでしょうか。ともあれ、昨今はマンガの天国ですから、誰かこの「UTAKICHI」を動かしてみませんか。できれば四コマくらいで、月刊ともしびに毎号連載なんてのも楽しいことです。ウタキチ君なのか、さんなのかもいまだ判明しておりませんし、どこから来たのか、大人なのか子どもなのかも興味のあるところです。家族や友達いるのかな？　あれこれ考えはじめるときりがありません。あなたの一言をお待ちしています。

このように、友の会がお客さんに呼びかけています。そのほか、「たまには歌って……」と、イヌとウサギが肩を組んでいるポスターを作りました。そして、東京の街中にポスターを貼り巡らせて、うたごえ喫茶のあることを皆さんにお知らせしようと、団員、友の会のメンバーの居住地や職場に張り出してもらう作戦などを楽しく行っていました。

❖音楽講座発表会・成功の力

さて一九八〇年前後のこの時期のもう一つの特徴は、稽古場ができて音楽講座が活発に活動を始め(一九三頁)、ホールを使っての発表会が盛んに行われたことです。

一九七九年当時の音楽講座はともしび合唱団、合唱団研究生、軽音楽バンド「ザ・フェニックス」、器楽講座、アコーディオン教室、出演三班でした。ともしび音楽講座修了発表会「かえるの音楽会」が東京都勤労福祉会館(六月九日)で開かれたのが講座発表会の最初でした。半年後の一二月一五日にはともしび音楽講座発表会「しばらくぶりの学芸会」(東京都勤労福祉会館)が開かれ、一九八〇年六月二八日にはともしび音楽講座発表会「明日への一六五分」と続き、同年一〇月一九日にはともしび合唱団定期演奏会がやはり東京都勤労福祉会館で初めて開かれました。

六月の音楽講座発表会のお知らせに、以下のような熱烈練習ぶりが語られています。

――がっちゃんの「電車の中で歌詞を覚える有名な話」

「車を運転しながら歌詞を覚える。前なんか見てねえ!」というひとも

「人の目を気にせず大声を出して歌いながら歩く」ひとも。

がっちゃんの有名な話というのを本人(吉田正勝・専従団員・制作)に聞くと、「当時大学生協の常任やなんやかやいろいろやっていて、定例の練習日以外は電車に乗っている時間しか自分で練習する時間がなく、歌詞や楽譜などは車中で覚えたものです。今もこの状況は変わっていませんが」と話していました。ついでに吉田(がっちゃん)は大学の食堂で清水正美(マミちゃん)に会い(二人は同じ大学でした)、彼女にともしび合唱団研究生というのがあることを紹介しました。「マミちゃんのともしびとのきっかけを作ったのは僕ですよ」と、自慢そう(?)に話していました。

その学生だった清水の音楽講座発表会の感想を紹介します。

講座発表会のテープを何回聞いたことでしょう。そのたびに「ああ、みんな一所懸命歌っているな」と胸がしめつけられるような思いがします。

今になればこんな感傷的な言葉もでるけれど、舞台に立っている時は「客席にちゃんと聞こえているのかしら」と思ったり、幕のおりた時は「練習で注意されたところが、ちっとも直ってなかった」とがっかりしたり。半年前(研究生の頃)は、歌ったという充実感と新しい仲間ができたという感激で、出来がどうだったかなどという事は、気にならなかった。ところが今回は、もちろんやったという気持ちはあるけれど、もっともっと練習できたんじゃないか、力が出せたんじゃないかという反省が残ったんです。これが半年前との一番大きなちがいです。それでも、五十嵐さん(吉祥寺店専従)や金城さん(同)が「ボートの上で、よかったよ」と言ってくれたり、井上さん(ともしび合唱団指揮者)から「まあ、聞けるようになった」などと聞くと、少しはうまくなったのかなと、うれしくなるんです。

先日、日高さん(吉祥寺専従)が薦めてくれた本にこんなことが書いてありました、「一つ一つ自分たちで作るからこそ楽しいんだ」。そういえば、曲目、舞台での並び方、詩の構成、振り付けも、ない知恵をみんなでしぼって考えたものです。私たちだけじゃなく、いろんな人が、いろんなところで、一つ一つ自分たちの求める、これと思うものを作っている。そうすることで日本の文化が作られているのじゃないかしら、私たちもその小さな一つになっているんだなあと、ちょっぴり〝うぬぼれ〟と〝ほこり〟が生まれた講座発表会。やはり、胸がキューンとなるような講座発表会だったと思います。

もう一つ、現在も合唱団で活躍しているアルトの佐藤利恵子(OL)の、これは翌八一年に行われたともしび合唱団第一回定期演奏会の感想です。これを読んでいると、昔のままの素直な新鮮さを保持し続けているリエちゃんなんだなと感動します。

衣裳づくりも合唱もワーッ、ホントにやっちゃった!

ともしびを知って一年と四カ月余り。その中で今回の演奏会は、ともしびを知った時と同じくらい感動的だった。何か終わった直後は、ハーこんなものなんかな、なんて思っていたが、時間がたつにつれて、ワーやったんだ!! ホントにやっちゃったんだ!!という気持ちがジワーッと湧いてきて、遂には自分がやった事なのにすごいナーなんて感激している。

だって初めてお店(吉祥寺)に行って研究生に誘われた時から合唱団に入りたかったし、そのために研究生をやってきた。そして念願の合唱団に入って今度のような演奏会に出られるなんて。昔(といっても二、三年前)の自分を考えると、ほんとに嘘みたい。何かこうして書いている今も、実はけいこ場の隣で、研究生の歌声が聞こえてくるのだけれど、心の底からうれしい、うれしいっていう気持ちが溢れてきて、一人にんまりほくそえんだりしています。

でも、本当に終わってホッとした。実は、私は今回の演奏会の実行委員で、何故か衣装担当だったのです。初めてということもあったけれど、どうしたらいいものやら全然見当がつかないで、一カ月前の合宿の時、ようやく川田さん(第三部のあのスカートを全部縫い上げた人)に手伝ってもらって見通しをつけたものの、実際にはなかなか進まない。およそ人が着られるものを縫ったことのない私が、何の因果でルパシカやスカートを作らなければならないのか。そんなこんなで、気持ちはあせる一方で作業はなかなか進まない。練習や合宿にも参加状況が悪くなり、何のために演奏会をするのか、なんて愚問を繰り返していたっけ。当日にはやっと間に合ったものの、みんなに迷惑をかけて申し訳なかったと思う。反面、初めて自分の作ったものがステージでスポットライトを浴びていると思うと、それだけでもとても嬉しかった。

聞いていただいていた人にはいろんな欠点がみえただろうと思うが、やっぱりこの演奏会をやったことは画期的なことだと思う。みなさん本当にごくろうさまでした。

♩♪♬一九八二年の注目すべき公演

❖松谷みよ子さんと「お月さんももいろ」

一九八二年に、オペレッタ「お月さんももいろ」(原作＝松谷みよ子、脚本＝秋村宏、演出＝関矢幸雄、音楽＝岡田京子・井上正志、美術＝有賀二郎)の記念すべき地方公演がありました。公演先は香川、高知、大阪でした。何が記念すべきかというと、この「お月さんももいろ」の話は、土佐・高知県のわらべうたが元となった松谷みよ子さんの創作民話です。お話が生まれた地元での公演ということと、この作品をともしびオペレッタにしたいと執念を持っていた高知出身の宮本偉の夢が叶ったという、二重の意味で記念すべき公演となったわけです。宮本は絵に描いたようないごっそう(異骨相)で、坂本龍馬のような強烈な大志を抱いて上京。民主的な文化運動としてのうたごえ喫茶を全国に広げたいと、「あなたの街にもうたごえ喫茶を!」を掲げて音楽文化集団ともしびの旗を大きく振っていました。

ついでのことに、土佐らしい女性、龍馬の姉の乙女などを「はちきん」と呼びます。はちきんぶりを発揮するのは、たとえばどろめ祭りという大杯早酒のみ大会の時、男一升、女五合を早さと飲みっぷりで競うのだそうです。どちらも一〇秒ほどで一気に飲み干してしまうとは恐れ入ります(急性アルコール中毒にならないかとご心配の向きに。急性アルコール中毒にならないように、競技の前に、まず一升ほど飲んでおくのだそうです)。日常生活でもたとえば、土佐では皿鉢《さわち》料理といって、大皿にカツオの刺身などを盛りつけ宴会をします。料理などを出し終えると男たちに混じって女性も宴席に加わります。このような地域はとても珍しく、たとえば私の母方の田舎、長野の伊那谷でも女性は宴席に加わりません。座敷での宴会は男衆で、おなご衆は竈《かまど》のある板の間の隅で余り物をつまむという形です。

話を戻して、松谷みよ子さんが幼い日に戦慄を覚えた土佐のわらべうた「お月さん　桃色　誰んいうた　海女んいうた　海女ん口　引裂け」が、大人になって、その歌が桃色珊瑚の秘宝にまつわるものとわかったそうです。月灘《つきなだ》にある桃色珊瑚を土佐藩は政策上隠し、その秘密をもらした海女の口を引き裂けというもの。さらにその後、土佐・月灘で松谷さんが聞いた「お月さんが半分欠けて、天からこけて、月灘の海に沈んだぜな、そうして桃色珊瑚になったげな……」と聞いた話があいまって、松谷さんの中から「お月さんももいろ」の物語となって生まれ出たということをお聞きしました。井口秀文さんの美しい絵で絵本として出版され、お読みになった方も多くいらっしゃるかと思います。

【あらすじ】

じいやんと二人暮らしのおりのという浦の娘が、嵐の後に浜に打ち上げられた桃色珊瑚を拾う。働き過ぎたじいやんが病で倒れてしまう。猪を浜まで追ってきた山の男・与吉とおりのは出会い、じいやんの薬として熊の肝《い》をもらう。いつしか二人は惹かれあい、おりのは桃色珊瑚を与吉に託す。山のもんと浦のもんは一緒になれないという掟の中、桃色珊瑚に思いをこめておりのが歌う歌がいつしか歌い広められ、土佐のとのさんに知れた。知らせてはいけない秘密をもらしたものは誰だ！　桃色珊瑚をもっているものは誰だ！　と厳しい詮議が始まり、珊瑚を差し出さなければならなくなったおりのは海に出て代わりの珊瑚を探すが、折から襲った嵐にのまれ、浜に打ち上げられる。磨き上げた珊瑚を手に駆けつけた猟師の与吉は、役人に渡すことを拒み、殺されてしまう。

キャストのほとんどが二〇歳から三〇歳でした。

精悍な猟師・与吉はちょっといなせな金指修平、可憐な娘おりのは唐戸久美子、口うるさい心配性の与吉の母は鈴木浩子、狂言回しの巡礼は佐山尚子と、関矢先生のキャスティングはぴったり。職務に一途な役人に田中徳昌、権力の末端の庄屋が室賀利男で、これも絶妙でした。「大野の祈祷師は?」と問われますと……。

思い出深い公演の一つに、高知県内の重度障がい児施設での公演がありました。付属のホールに車椅子の子どもたち、看護婦に付き添われた子どもたち、そしてヘッドギアーを着けた大勢の子どもたちが舞台近くの床に寝ています。重度の障がいを持つ子どもたちに生のお芝居を見せたいという関係者の熱い希望がありました。

舞台に立つと、今まで感じたことのない力が客席からひしひしと伝わってくるのに驚きました。あっちこっちそっぽを向いているように見える子どもたち、ただ寝転がっているかのように見える子どもたちからの強い視線を感じたのです。舞台もいつにない迫力で演じられ、祈祷師の私も渾身の力で演じきった、舞台と観客が文字どおり一体となったかつてない感動的な公演でした。

終演後の宿に、教育委員会から「観客の一人の少女が今日亡くなった」と連絡がありました。「大野がやりすぎ、もっと押さえた演技にすべきだった」という批判も受けました。翌日弔問に伺った私たちがいただいた、「あの子は、今日芝居を見るのをとても心待ちにしていた。人生の最後に、大変感動を受け、その心を持って生を終えられた。ありがとうございました」という施設の先生からのお礼の言葉は、一生忘れられない言葉となりました。

ここで、与吉役・金指修平に当時の思い出を書いてもらいました。


「風よー風よー。おらの体を一吹きで、海へ連れて行けー…」

山の猟師(与吉)が、海で出会った娘(おりの)からもらったももいろサンゴをやっとのことで見事にみがきあげ、早く会いたい、早くおりのに会ってこのサンゴを見せたい！ そんな思いで山をかけおりる場面、そこでの一節です。しかしそこには、しきたりや掟による、若者たちにはあまりにも悲しい出来事が待っていました。おりのが死んでしまいます。自分の知らないところで、おりのはどんなつらい思いをしていたのだろう。与吉は役人の止めるのも聞かず、おりのを抱き上げ、

♪「おりのを埋める、おらの山へ埋める、ももいろサンゴを埋める、おらとおりのの心を埋める」

と唄いながら舞台袖に消えます。

小学生の低学年には、少しむずかしい悲劇です。この作品からおつきあいいただくことになった演出家の関矢幸雄先生が「子どもたちにはハッピーエンドがいいんだけどなぁ」とおっしゃっていたことも思い出されます。公演を続けるうちに、低学年の子どもたちからもとてもうれしい感想文が増えてきたのを覚えています。やってよかった。またいつか演じたい！(もう年齢的に与吉は無理かな？)これが今の正直な気持ちです。

ここまで書いていて、いろんなことが思い出されます。稽古のとき、関矢先生に、「こっちで君の演技を見せてあげたいよ」、「(金指)？」、「見たら自殺したくなるよ」とか、ある地方公演の打ち上

げの席で、主催者の方が「とても感動的ですばらしい公演でした。この作品を選んで本当によかったと思います。拍手ーっ！」と、そして笑いながら「ただ、イノシシを海まで追ってきた猟師が熊みたいでしたけどねハッハッハッ」、「(金指)……」。

三カ月後の僕は一三キログラム減量していました。

本番中の大きな怪我もありました。声が出ないときもありました。何よりもつらかったのは母や父を亡くした翌日の公演でした。それでも子どもたちが教室の窓から手をふってくれて、これが僕の大切な仕事なんだと胸にきざみ、告別式に向かっていました。

♪「お月さん　もーもいろ　だーれんゆうた　あまんゆうた　あまの口ひーきさけー」

修ちゃんの話の中に感想文のことがありますが、社団法人日本児童演劇協会が毎年行っていた全国的な感想文コンクールで、この年に異変が起こりました。審査員が選んだいくつかの賞の対象となる感想文のほとんどが、「お月さんももいろ」の感想文で占められたことでした。公演作品が子どもたちの心をとらえたとき、子どもの心をかき立て、いい感想文も同時に生まれるのだなと、当時の評判になりました。

地域の風土と教育が子どもたちに大きな影響を与えるのだということを感じたのも、この一連の公演でした。大阪、香川、高知でのほぼ一カ月の公演でしたが、県ごとにかほどに違うものかと。大阪の子どもたちは芝居への食いつきが早く、私たちも子どもたちと漫才の世界に飛び込んだような公演となりました。

瀬戸内海を渡った香川県は学力テスト日本一を誇った教育県。会場の体育館に制服を着込んだ子どもたちが静粛に入場し、あたかも正座をしているかのような厳粛さで観劇する子どもたち。朝焼けに染まり始める瀬戸内海の島々を見ながら学校へ向かい、帰りは真っ赤な夕焼けの瀬戸内の薄暮の空に浮かぶ月を眺めながら宿に戻り、大自然に包まれて早々に眠る毎日。

そして峻険な四国山地の山道をたどり、大歩危小歩危《おおぼけこぼけ》の景観に心を洗われ、南国土佐の光る海に面した学校での公演では、子どもたち一人ひとりが勝手に声を上げ、舞台に向かってしゃべるのです。公演後、「まるで宮本さんが沢山いて一斉にしゃべってるみたいね」と、誰いうともなく感想が漏れたものでした。海に迫る山、澄んだ亜熱帯の海、珊瑚を売る土産物店、じいやん(加藤晴夫の役柄)のような老漁師が夕暮れどきの浜で海を見つめてたたずむ姿。それはまさに「お月さんももいろ」の世界でした。ふと計算してみました。加藤は一九四〇年生まれ。この公演が一九八二年でしたから、加藤はこの年、御年四二歳。思い起こせば四〇歳にしてあの老成した風格は、役作りの成せる技だったのでしょうか。

❖「第三噴射」——長谷川清さんのこと

稽古場を移したとき、倒産して余ってしまった山梨の「ほうとう」即席麺を二トントラックに積んで帰って、その後稽古場に山積みされた「ほうとう」即席麺を「常食」とした話を前に紹介しました(一九三頁)。この話のもととなったのが長谷川清さん(本名広田力、大正一五年生まれ)でした。長谷川さんがともしびに入ったときの言葉は今でも忘れられません。それは、「ともしびを人生のダイサンフンシャの場とする」というものでした。「ダイサンフンシャ」という耳慣れない言葉が「第三噴射」という言葉だと理解するのに少し時間がかかりました。第二の人生を送るといったいい方がよくありますが、長谷川さんは「第三噴射」とその決意を語ったのです。あの豪快な長谷川さんらしさがあふれた言葉でした。

若い頃、広島の中国新聞社で働いていました。一九五〇年のレッドパージ(冷戦の激化の中で、占領政策の一環として公職や一般企業から共産党員とその同調者を排除する措置が強行された)で追放され、「帰還者楽団」(のちに音楽舞踊団カチューシャとなります)に入団を決意。ジャーナリズムから舞台へと劇的な転身をした長谷川さん、これがいわば第二噴射でした。今はなくなってしまいましたが、音楽舞踊団カチューシャはうたごえ喫茶にとっても忘れられない名前です。

ソビエト抑留中に楽団を結成した人たちが帰還(帰国)後、一九四九年にロシア・ソビエトの歌をベースにした歌と踊りのアンサンブル「帰還者楽団」を結成し活動を始め、全国にロシア民謡を広めました。ともしびの歌集『うたの世界533』には、その訳詞となる歌が「灯」、「トロイカ」、「カリンカ」、「一週間」、「エルベ河」等々あり、いずれも、うたごえ喫茶の定番ともいえる歌の数々です。「帰還者楽団は、その後「ああ　野麦峠」など社会派ともいえるミュージカル公演も行っていきました。

ともしびに入ることになった「人生の第三噴射」の話は、一九八二年六月に山野ホールにおいて開かれた「長谷川清リサイタル」にともしび合唱団が友情出演し、長谷川さんとの交流が深まったあとの話でした。

ドラマティックテナーという形容がぴったりの長谷川さんでした。ロシア民謡メドレー「トロイカ(原曲)」、「コザックは口笛を吹いて」、「カリンカ」等、大きな体から放たれたように響きわたるうたごえが耳によみがえります。自転車の前かごに入れたカセットを脇に置いてよく練習をされていました。自転車といえば長谷川さん。自宅の東村山から新宿までよく自転車で通っていました。公演先が都内近郊の場合はほとんど、昔の酒屋さんや新聞配達でよく使われていたあのがっしりと作られた自転車で乗り付ける長谷川さんでした。

二〇〇七年の新年のご挨拶で演出家の関矢先生にお目にかかったときのことです。いつも様々なことに話題が及び、とても勉強になりまた楽しい一時でもありました。この日は「歴史を受け継ぐ」という話になり、亡くなられた長谷川清さんの歌に話が及びました。長谷川さんの歌は、歌そのものが心の奥底から湧き出てくる人間性の発露なのでは、歌が何かのための方法や道具ではない、そこに真実といったものがあるのでは……。

長谷川さんがコンサートなどで取り上げていた歌の一つ、「人間を返せ」が思い出されます。この曲は詩人・峠三吉の詩に杉本憲一さんが作曲したものです。ともしびの店に時折立ち寄ってはアコーディオン伴奏をしてくださっていた杉本さんです。杉本さんと長谷川さんとは楽団カチューシャ時代の仲間でした。寺谷宏は二〇〇六年に発売したファーストCD『黒い瞳』に「八月六日」(詩＝峠三吉詩、作曲＝杉本憲一)を収めました。「崩れた脳漿《のうしょう》を踏み／焼け焦げた布を腰にまとって／泣きながら群れ歩いた裸体の行列……」と続く詩です。『八月六日』は、原爆を激烈な言葉でリアルに表現した詩です。それでも受け止めてくれるという深い信頼と、社会が変わるだろうという希望を感じます」と、寺谷はインタビューに答えていました。

❖オペレッタ「ねこのいえ」

一九八二年、関矢幸雄先生の演出第二弾「ねこのいえ」（作＝S・マルシャーク、訳＝大井数雄、演出＝関矢幸雄、作曲＝井上正志）が初演されました。

【キャスト】

ねこのおばさん：金城広子
じいや：青柳常夫（ヤギさん）
こねこ：山岸恵美子
ぶたのお母さん：？（あかね）
おんどり：村松良三
やぎ：浦木正志
やぎの奥さん：青柳美也子
めんどり　こねこ：唐土久美子
演奏：森井千左子

「お月さんももいろ」は比較的若手を中心に編成されましたが、新しい公演班の「ねこのいえ」は金城・青柳のベテラン看板メンバーを配し、オペレッタらしいオペレッタとなりました。青柳・金城のオペレッタでのコンビは、争議中のコマ裏「灯」時代の「おむすびころりん」以来で、そこではおじいさんとおばあさんのコンビでした。

「オペレッタらしい」といいましたが、オペレッタは直訳すると小喜歌劇となります。オペラと比して庶民性あふれた風刺の効いた音楽劇と言えます。オペラとの違いの一つは、科白《せりふ》があることです。オペラでは人の言葉はすべて「歌」になっています。これは偶然ですが、オペラとオペレッタとの関係は日本の能と狂言との関係にとてもよく似ています。オペラ・能は悲劇的で、社会的に高い位置を占めています。オペレッタ・狂言は庶民的な風刺性ある笑いで、オペラ・能よりもワンランク下の芸能と見られていました。

戦後狂言が見直され、今では独自の芸術ジャンルとして高い評価を得るようになりましたが、その公演の番組(プログラム)は、能―狂言―能という形で上演され、能の演目が終ると観客は客席から離れ、狂言師は観客不在で舞台を務めたと聞いています。戦後、伝統芸能を新たな時代に受け継ぐ歌舞劇という表現が生まれたり、楽劇団とか音楽舞踊団という名が生まれました。映画ではジーン・ケリーの『雨に唄えば』(一九五二年)に続いて、ジョージ・チャキリス等の『ウエストサイド物語』(一九六一年)といったアメリカのミュージカル映画が大きな影響を及ぼし、ミュージカル劇も生まれ始めていました。ともしびはオペレッタという言葉がほとんど死語だったこの頃、社会性を持った庶民的な音楽劇・オペレッタを日本的に創造していく道を選びました。

「ねこのいえ」は「シンプルプレイで2つの寓話劇(はなし)――うぬぼれうさぎと3びきのこぶた」と同じ作者、ロシアのS・マルシャークです。日本でおなじみの「一二月」(森は生きている)の作者でもあります。

「ねこのいえ」は、お金持ちのねこのおばさん(金城)がやぎの夫婦(浦木、青柳)、にわとり夫婦(村松、唐土)、ぶたさん(山岸)等を家に招待し、誇らしげに家の中を案内します。そのたびに客席から「ワッ!

すっばらしい！　すーばらしーい」と驚きとも追従ともつかない声があがります。そこへ親を亡くしたこねこ（山岸、唐土＝二役）がねこのおばさんを訪ねてきますが、ねこのおばさんは冷たく追い返してしまいます。ある日、知らないうちに暖炉の火が燃え移り、ねこのおばさんの自慢の家は焼けてしまいます。おばさんは焼け出され、じいや（ヤギさん）と一緒に途方に暮れますが、追い返したこねこに助けられ、幸せに暮らした、というお話。

公演はオペレッタ「ねこのいえ」と「みんなで歌おう」の併演。ヤギさんの絶妙な司会、広ちゃん（金城広子）の歌とメンバーのアンサンブルが子どもたちの気持ちをつかみ、会場いっぱいに子どもたちののびやかな歌声が響きわたる公演でした。普段見せない子どもたちの表情と姿を見た先生方から、驚きの評価をよくいただきました。若手の「スター」が生まれたのもこのステージでした。「みんなで歌おう」のコーナー、日本の伝統的な手遊び「三月三日のもちつき」で、浦木の若くて豪快な素早い手さばきに子どもたちの圧倒的な拍手が起こりました。いつまでも若手と思っていた大野の一回り下の浦木は丑年の二〇歳、ステージの上で輝いていた正真正銘の若手でした。広ちゃんは大野の一回り上の丑年。浦木は宮本偉の高知県宿毛の後輩で、若き「異骨相《いごっそう》」、ともしびにも一風変わった硬派の風が吹いていました。

これまでのともしびに関わる受賞歴を、ここでご紹介します。

◇「ともしびバラエティ劇場」（作＝大野幸則、音楽＝井上正志）
一九九一（平成三）年度　厚生省児童福祉審議会推薦文化財

◇「青い鳥」四劇団（かかし座、あとむ、ひまわり、ともしび）合同公演（原作＝メーテルリンク、演出＝関矢幸

雄、音楽＝クニ河内）
一九九二（平成四）年　厚生省中央児童福祉審議会特別推薦文化財
◇「金剛山のトラたいじ他」（作＝金素雲・金両基、構成演出＝関矢幸雄、音楽＝井上正志）
一九九四（平成六）年　厚生省中央児童福祉審議会特別推薦文化財
◇「パネルシアターコンサート」（出演＝深代利定・行貝ひろみ・水町友二）
一九九九（平成一一）年　厚生省中央児童福祉審議会推薦文化財
◇「シンプルプレイで2つの寓話劇（はなし）―うぬぼれうさぎ　三びきのこぶた」（作＝S・マルシャーク、演出＝関矢幸雄、音楽＝いずみたく・斉藤隆）
二〇〇六（平成一八）年度　社会保障審議会推薦児童福祉文化財

♪♪♬ 一九八〇年代初めの団員たち

❖一九八〇年代初めの社会とともしび

一九八〇年代はロナルド・レーガンが米大統領に就任（一九八一～八九年）、国際的には「力の政策」を進め、イギリスのマーガレット・サッチャー首相とともに大規模減税と規制緩和による民間活力増大を柱とした経済政策「レーガノミックス」を推進し始めた頃でした。結果、強いアメリカを押し立て、アメリカの繁栄を再生させたといわれています。その後小泉純一郎首相（二〇〇一～〇六年）は、このサッチャー、レーガンが進めた「新自由主義」の道をひた走ることになります。さて、一九八〇年代は「文化の時代」、「地方の時代」といわれましたが、どうもかけ声だけに終わってしまった感がありました。

とはいえ、私たちの活動の周りでは、子ども劇場おやこ劇場運動が会員三〇万人を突破し、全国的に学童保育・学童クラブ(働く親をサポートする小学生の放課後の生活を守る施設)が生まれ、生協活動が活発化した時期でもあります。お母さん方の運動が社会を引っ張り始めた最初の時期ともいえるかと思います。

ともしびでは、特に子ども劇場おやこ劇場の運動に深く関わり、ヤギさんが出演する「青柳常夫　ふれあいコンサート」は、このころ全国で年間約一五〇日の公演を続けていました。ヤギさんは全国を飛び回って、うたごえ喫茶に顔を出せる日がなくなっていました。歌のアシスタントは、初代が一ノ瀬陽子(当時はマルちゃん丸山陽子)、二代目は天知真理似のアオちゃんこと青柳美也子、そして三代目がご存じ、ナメちゃん(行貝ひろみ)でした。宇野綾子はこの頃、長崎県の佐世保子ども劇場で観客としてすくすくと育っていました。また生協運動と人的にもつながって、大学生協にいた吉田正勝が専従団員となり、その後津田伸子が専従となりました。

この頃入社した専従団員メンバーを紹介します。

笹井春美(八一年四月)、清水正美(八一年四月)、山本三枝子(八一年四月)、小川邦美子(八二年一月)、吉田正勝(八二年二月　現制作班)、浦木正志(八二年三月)、山崎千左子(八二年四月)、土井せつ子(八二年四月)、桜田芳子(八三年二月)、花田仁(八三年二月)、藤枝延宏(八三年四月)、行貝ひろみ(八三年四月)、斉藤隆(八三年七月)

その後のともしびを中心的に担っていったメンバーがこの時期に入り、それだけ充実した活動が展開されていたことでもありました。

音楽文化集団ともしびは第一七回総会（一九八二年四月）を迎え、「ともしびとは何か」という創造上、組織上、運動上の理念を大いに実践し、大いに語り合った時期でもありました。清水、土井、山本、小川、など皆二〇歳そこそこの新人ではありましたが、書記長山岡のもとに新設された書記局員としてこの運動の先頭に立って大奮闘が始まった頃でもあります。

❖大野の「不動産屋人生」

この時期ちょっとした異変がありました。音楽文化集団ともしびの事務所を借りていた大家さんが、「出て行ってくれ」といってきました。事務所は大久保通りに面したマンションにあり、ともしび新宿店は歌舞伎町のはずれ、職安通りのそばでした。新宿駅から北に向かえば、まず駅前が新宿通り、次が現在の店のある靖国通り、そして職安通りで、その次が大久保通りとなります。大久保通りにあった事務所は、当時のともしび新宿店（鬼王神社横・区役所通り）へは歩いて五、六分のところでした。

大久保通りと職安通りにはさまれたこの地域は、今ではすっかり韓国料理店や韓流スターのグッズなどを扱う店舗で埋め尽くされ、コリアンタウンと呼ばれる新名所になっていますが、この頃から雑多な街の様相がうかがわれるようになったかと思います。例えば火事がよく起こるようになりました。ある日も消防車が多数出動し、近所に止まったようでした。事務所にいたメンバーが「火事はどこか？」と窓から下の通りをのぞくと、皆こちらを見上げています。上の階を見上げるとそこから煙が出ているではありませんか。「火事はどこだ牛込だ、牛の……」どころではありません、同じマンションの上の階だったなんていう笑えない話もありました。ここに出てくる牛込は、たまたまではありますが新宿区内の地名です。

大家さんが移転の補償をするということで、引っ越し先を探すことになりました。大野の知られざる「不動産屋人生」の始まりでもありました。このあと一〇年くらいの間に、二〇件近い不動産物件を扱う羽目になります。ともしびが再び世間の荒波にもまれる波乱の人生に踏み出した年でもありました。

引っ越し先については同じエリアのマンションスタイルでと当初思っていましたが、いろいろ不動産屋を歩いていると、新宿駅の南口、駅から数分のところに同程度の条件で契約できる事務所が見つかりました。こうして、古いペンシルビルの最上階・五階に引っ越すことになり、当時新宿四丁目にあった稽古場のすぐそばになりました。新宿駅の南口は現在のような賑わいはありませんでした。東口の賑わいが一九七〇年代に西口、西新宿に広がりましたが、この頃の南口は場外馬券売り場があるくらいで、人もほとんどいない場末という雰囲気でした。

新宿区の隣、中野区で生を受けた私は、新宿という街と分かち難く育ちました。近所の高台に内藤さんというお屋敷がありました。信濃国高遠藩のお殿様だった内藤さんの子孫です。自転車でちょっと足をのばすと淀橋の浄水場や戸塚・戸山の原っぱがあり、そこは探検場所でした。また我が家にとって新宿は、よそ行きの支度をしていくところ、ハレの街でもありました。新宿の西口や南口には行ってはいけないといわれていました。

『中野稲門会会報』第6号(一九九九年一一月六日)に新村雅英さんが書かれている「歌舞伎町事情」から、歌舞伎町の成り立ちについて、以下引用させていただきます。

歌舞伎町の歴史自体は大変浅く、もともと九州長崎藩主・大村子爵の別邸に属していたのが現在の歌舞伎町です。それを明治三〇（一八九七）年頃に尾張屋銀行の峰島家が買い取り、コマ劇場付近にあった沼を淀橋浄水場の掘土で埋め立てて原っぱにして、人が住み始めた頃が始まりとされるそうです。空襲で焼け野原になった戦後まもなく、町会長の鈴木喜兵衛氏が、アミューズセンター（映画、観劇、ダンス、ホテル等）の娯楽街と近代的商店街を結合させた壮大な計画をたてました。その目玉として府立第五高女（現都立富士高校）跡地（現コマ劇場）に歌舞伎を上演できる劇場「菊座」の建設が決まり、昭和二三（一九四八）年に町名を歌舞伎町と改めました。名付け親は当時の都の都市計画課長で後に早大教授、参議院議員となった石川栄耀氏で、「復興計画の目玉は歌舞伎劇場の建設ならば迷う事なく、ずばり歌舞伎町にしてみては」との話からだったといいます。昭和二三年地球座は完成しましたが、建築制限令から菊座を始め、後の計画が頓挫。昭和二五年（一九五〇）東京産業博覧会が現在の映画館広場付近で開かれ、その後数年して制限令が解除され、博覧会の遺産は東京スケートリンク（現ミラノ座）、グランドオデヲン、新宿劇場（現ゲームセンター）等娯楽施設に変わっていき、歌舞伎町の状況が好転したと感じた阪急総帥・小林一三氏が昭和三一（一九五六）年、ようやく新宿コマ劇場を建設するに及び、これで歌舞伎町がひととおり完成したそうです。

❖みんなで「保育」

一九七〇年代から八〇年代にかけて、「保育」というのがありました。これは、小さな子どものいる専従者の活動や店の出番、地方公演を確保することが主な目的で、活動を全体でバックアップするシステムでした。佐山家、伊藤家、鈴木家、瀬良家、村松家、山岸家、笹井家、吉田家、唐土家（当時保育園児でした）等。若い専従や時に団員が、男女の別なく家族に代わって保育園にお迎えに行きます。そのまま家で夕飯を作って、家族の帰宅を待つというのが「保育」です。

「○○さんの子はおとなしくっていい子ね」と保育にいった△△さん。○○さん「えっ、ほんと！」（心の中で）「それならずっと保育してもらおうか。アイツがそんなにいい子なわけない！」。ときには保育園の先生からおしかりを受けたりもしました。「お母さんの迎えの時間がいつも遅いです。もっと早く来るようにしてください。それに買い物をしてから来るのは困ります。先にお迎えをしてから買い物に行ってください」、「はい、気をつけるようにします。（何で私がおこられるの…）」等と答えるわけです。

結婚もしていない若い専従者にとって、幼い子どもたちと手をつないで帰宅する、不思議なほのぼのとした雰囲気を感じたものです。一緒にご飯を食べて、お風呂に入れて、ときには子どもの具合が悪くおろおろしたり、はりきって「何か食べたいものある？」と聞くと「カレー」といわれてがっかりしたり。今考えれば、下手なものを食べさせられたらたまらないという子どもなりの配慮だったのかと……。

それぞれ成人し結婚し、家庭を持ったりしています。店で会ったときなど、大きくなった親戚の子と久しぶりにあったような感慨がわきます。一九六〇年代頃からのともしびの、企業閉鎖や解雇などと闘っていた争議団の伝統がこのような形で引き継がれていました。収入は簡単に増やせませんが、少ない収入だが分け合って、生活と活動を互いに保障し合おうという精神が培われていました。

❖「三店回り」

一九八〇年代は、一六〇人の音楽文化集団ともしびの団員が亀戸、新宿、吉祥寺の店をベースに活動していました。ともしびから給料を受けている(社会的には株式会社ともしび社員)専従団員は四〇人ほど、一二〇人は会社員、学生、保母、看護婦、大工などでした。この団員たちが、うたごえ喫茶の運営に直接タッチする歌声喫茶班や、ともしび音楽講座の合唱団、アコーディオン合奏講座、オペレッタ研究講座、器楽合奏講座に所属して班の活動を行っていました。そのほかには合唱団研究生、ともしび友の会、夏のページェント実行委員会、冬のページェント実行委員会に集って活動をしていました。数あるうたごえ喫茶の中で、このような文化団体を結成して運営を始めたのはともしびだけでした。

様々な企画を三店を順番に回ってコンサートなどを行う「三店回り」という言葉が生まれました。一九八二年には四人の歌手(青柳、金城、伊藤、佐山)による「ヨーロッパの夕べ」、青柳常夫平和コンサート、金城広子(店内)リサイタル、三店ブロック合唱発表会、ブロック合唱団発表会、店内企画「店専従合唱発表」、団員営業日、佐山尚子・伊藤晴夫ファンタジーコンサート、店内企画「シンデレラ」、店内企画コント「列外三名」、店内企画「佐山尚子・伊藤晴夫ディナーショウ」、店内企画「シンデレラ」を実施していました。

❖店内企画「シンデレラ」の団員たちの準備風景

亀戸ブロックでは、堀口さん、小池さん、母親役の篠田千恵子、その他、嬉々として練習に積極的にはげむ人たちもいましたが、全体として、今一歩盛り上がりに欠けていました。

新宿ブロックでは、合唱練習に南君、秋城さんのたった二人しか来ない日があって、「これではシンデレラの練習に入れない」とさすがの山本三枝子もショックを受けました。このことだけでなく、三浦君が「全体にハッとさせられるものがない。運営委員は一体何をやっているんだ」ということなどがありました。しかし、大石君、山崎さん、秋城さん、磯さん、仲秋さん、池田君、大竹君など新しいメンバーが積極性を発揮し始めていました。

吉祥寺ブロックでは、すでにシンデレラを何回かやったことのあるメンバーは何となく落ちついているのに、初めての人たちはどうやっていいかわからず不安におちいっている、という差が、練習や話合いのときに現れていました。小西君は、「僕は楽譜を読めないし自信がない。いやになった。やめたい」とぐちをこぼしました。小川邦美子は、その話を電話で塚本君にしました。塚本君は「僕も一年前、初めてシンデレラをやって、その感激で、ともしびへ入ろうと決意したんだ。『楽譜が読めない』なんて問題じゃない」といい、うた喫班会で、そうした自分の体験をもとに、積極的な発言をして、小西君を含め皆をはげましました。

一一月の練習段階ではこのような状況でしたが、一九八二年年末の上演では「前回の再演シンデレラよりも格段の前進を示しました」と報告されています。

❖合唱の中で生きる音

合唱団の第二回定期演奏会（一九八一年）は、ヤギさん、長谷川清さんをゲストに、「ロシア」、「うたごえ愛唱歌」、「荒木栄特集」として取り組まれました。音作りとともに人作り、組織作りを追求し、集団の中でこそ生きる個性、音でいえば、合唱の中でこそ生きる音を作り出していきました。音程は下がる、練習も遅刻が多い、また店でも横柄な態度であるという団員がいました。練習では音や参加態度について、店では店での態度を、奇しくもそれぞれ率直に指摘し改善を求めました。本人に迫った人たちの「あの人にはこういう音を出してもらいたい、こういう団員に変わってもらいたい」という気持ちが伝わり、「定演が終わったらやめようと思っていた」団員がその後中心的な役割を担っていくようになった、というエピソードも生まれました。

「日本のうたごえ祭典合唱発表会」にともしび合唱団が初めて参加したのがこの年、一九八一年でした。初めての参加で全国大会の地域の部第三位となり、伊藤晴夫が審査員に「素人にしてはうまいソロ」と評価され、嬉しいやら、何というか複雑な思い出を残した大会でした。その後の盛岡大会(一九九六年)では、なんと見事に一位を得ました。

❖転んでもただでは起きないバイト生活

この頃、専従団員が期間を区切ってバイトに出かけることが常態化してきました。毎年、一月、二月、四月、八月は劇団の学校公演がなくなります。その期間ともしびの仕事が少ないので、アルバイトをして得た収入をともしびにプールすることを始めました。当時の記録によれば、

繁忙期には育児や家庭、自身の健康を犠牲にして連日の重労働を続け、公演が暇になるとバイトに出されるということでは、生活のサイクルとしても心情的にも割り切れないものが残ります。「運動

と専従」ということで長い論議をしました。その結果、
①専従はともしびの運動のために存在しているのであって運動を守り発展させる。
②指導部を中心として、皆が知恵と力を寄せ合ってもいい知恵の浮かばない時や、力の及ばない場合、皆(仲間)が最善をつくしたのだということを信頼して、明るく決定に従う。
③専従とか役職は、永久に保証された身分ではない。それにふさわしくなくなった時はしかるべく処置をとる。

とされました。

今回のバイトでは、金指修平は、暴力団とも関係あると思われるレストランに勤め、ともしびでは得られない経験をしたり、青柳美也子はバイト先で運動を広めるなど、転んでもただでは起きないたくましさを見せました(これは、専従総会で発表され、爆笑を呼びました)。

大野自身も公園などの管理会社や原宿の竹下通りにある有名なレストランに勤め、結構おもしろくバイトをしました。世の中の裏側というのかいい加減さをかいま見るいい機会でもありました。ビルの貯水タンクの清掃をしたとき、責任者が必要な薬剤を忘れてきてしまい、「まあいいや、使ったことにしておこう」で終わってしまったときなど、呆れてものもいえませんでした。苦しかったのは砂利が敷き詰められた広場のゴミ拾い。ほとんどたばこの吸い殻でしたが、夏の炎天下、かがみっぱなしの丸一日の作業はほとんど忍耐力との戦いでした。レストランは本当に勉強になりました。それはオーナーの接客に対する考え方がとてもしっかりしていたことでした。二年ほどお世話になったと思いますが、就職

しないかと真剣に誘われたことが懐かしく思い出されます。

一九八一年のともしび各店の体制は、吉祥寺店長＝大貫史朗、新宿店長＝中西明、亀戸店長＝吉田正勝でしたが、後半に人事異動があり、吉祥寺店長＝宮本偉、副店長＝深代利定・小川邦美子、新宿店長＝大貫となりました。

店経営部がこの年作られ、中西、深代、大貫、吉田がメンバー、書記長の甲斐谷、三役の井上・大野、出演・普及部長の高柴が適宜参加することになりました。

ところが、埼玉県八潮の小学校での「ねこのいえ」公演後、ヤギさんが倒れ（過労と診断）、救急車で運ばれる事態になってしまいました。記録では「じいやん役に自ら志願して大野幸則が立ちました」とあります。大野の不動産屋人生と「代役」人生がこの頃本格化しました。

♪♪♬新宿店が念願の駅前進出（一九八四年）

❖大野の「不動産屋人生」の第二幕

一九八四年になって新宿店オーナーの和田さんから、ビル（太陽ビル）を売却して田舎へ移り住むことになり、オーナーが代わるとの知らせがありました。そして新オーナーから、「ビルを建て替えるので移転してほしい。同規模の店舗を新宿に維持できる補償をする」という申し出がありました。歌舞伎町のはずれという立地から何とか駅近に移りたい、「駅前進出」という願いが実現しそうになったのです。それも降ってわいたような話しでした。これまでの二十数年間、様々な困難に立ち向かってきた私たちが、この悪条件の中でくじけずやり続けたことへの天からの賜り物と受け止めることにしました。

大野の不動産屋人生の第二幕です。新宿の店舗専門不動産屋をしらみつぶしに歩き、東口の歌舞伎町から新宿三丁目にかけて空き店舗を見て回りました。いいなと思うところはとても高くて手が出ません。店舗の場合、家賃、管理費、保証金、礼金以外に造作譲渡権というのがついているものも多くあり、三〇坪程度の店舗だとそれだけで一〇〇〇万円前後、これも馬鹿になりませんでした。施されている内装や設備がその内容でしたが、それが必要のないものであっても買いとらねばいけないということに驚かされました。同じ建物でも一階が一番高い家賃で、地下一階、二階がそれに続きます。当時は三階以上は店舗にならず、事務所として安く賃貸される状況でした。事務所として紹介されていても店舗で貸してくださることがある、と知ったのもこの不動産屋回りでした。この頃、結構、物件の動きがあり、一足違いでだめだった悔しい思いをしたこともありました。

なかなかふさわしい物件にあたらず行き詰まっていたとき、新宿駅東口から近いビルの六階に事務所の空きがあることを聞き、早速駆けつけました。家賃はこれまでよりかなり高いものでしたが、他の駅近の店舗の家賃と比較すれば割安でした。早速オーナーと交渉をしました。「六階までお客を引っ張り上げるのはたいへんだよ、だから普通は店舗にしない」と不動産屋を交えての会話。お客さんはともしびを目指してきてくださるので問題はないと判断、なにせ今まで二〇分近くかけて訪ねてきてくださったことを思えば、駅から数分というのは別天地でした。これは後日談ですが、現在地に引っ越したあと、これまでのお客さんから「ともしびが見つからない」という苦情がどっと増えてしまいました。「ともしびがあんなに駅近くのメインストリートに面したところに移ったなんて夢にも思わなかった」。皆さん店を通り過ぎてから歌舞伎町の路地裏ばかり探すので見つからなかったのでした。

前は金融業の事務所だったそうで、それこそ何の設備も残っておらず、造作権の買い取りもなし、鬼王神社横の店からガスレンジ、製氷器、流し台、調理台、ピアノなどほとんど持ち込みました。内装は業者にお願いし、「うたごえ喫茶らしく、すっきりと質素！」にまとめてもらいました。うたごえ喫茶らしくなんて、いい加減な！　このあたりから私の表現がぎこちなくなってきました。何せ皆さん現物を目の前にしていらっしゃるのですから、形容に苦心します。

一九八四年一二月七日、駅前進出を果たしました。ともしび新宿店(新宿三丁目)開店。

❖新宿新店作り

念願の駅前進出。それまでのともしび新宿店は区役所通りと職安通りが交わる鬼王神社の横のビルの地下にあり、新宿駅から歩いて一七、八分かかる歌舞伎町のはずれでした。前に書きましたように、男性のお客さんには途中の誘惑(!)が多く、女性のお客さんにとっては歌舞伎町を歩き通すことは至難の業でした。

振り返ってみれば、まさにバブル期の始まりに私たちはその大波に巻き込まれ、さらに投げ込まれ、もみくしゃにされる一〇年となったわけです。この頃はそんなことになるなど夢にも思わず、新宿新店作りに邁進していました。

最近久しぶりに歌舞伎町の奥まで行く用事があり、鬼王神社前を通りました。当時の繁華街のはずれ、「場末」といった雰囲気はもうそこにはなく、ひしめき合い自己主張するたくさんのバー、クラブの看板がびっしりと、奇抜で一見豪華なビルの大きな壁をおおいつくしていました。余談ですが、この地域にある小学校に通う児童の七割が外国籍だと先生に伺ったことがありました。一番の問題は保護者に日本語が通じないことだともおっしゃっておられました。

さて、地下から地上六階へと舞いあがり、新宿駅前になった店の運営・経営をどのように組み立てていくのか。吉祥寺の店（吉祥寺商業地のど真ん中、伊勢丹と地下を一つのフロアーとしたビルでのうたごえ喫茶）、大阪ともしび（大阪梅田駅前高層ビル群の地下）での店作りの経験をふまえ、この場所の条件を生かした店作りを大いに論議しました。

新宿新店作りにあたってはおおよそ次のように考えました。

①より利用しやすく、より楽しめる店作りを目指す。特に「うたごえ喫茶のこれから」を考えたときに、青年層に広がる幅広い客層を目指す。

②また、新宿という地域性を大事にするとともに、東京の中心地、日本の中心地としての地の利、駅前という利便性を生かした運営を心がける。

③ステージを含め、新店にふさわしい店の中身作り、団（音楽文化集団ともしび）の建設を目指す。

④みんなで作る新宿新店。

⑤新宿新店作りを亀戸新店作りへと発展させるように取り組む（亀戸東口のピンクバーに囲まれてしまった状況を、移転によって解決する）。

以上のように柱立てをし、新宿新店プロジェクトチームを組み、進めました。

通りに面した大きな窓があることなどから、内装は木《もく》をベースにした明るくて簡素なコンセプトで。

コンサートなど用途に応じてステージを移動できるよう、照明なども古くからの支持者であった斉藤電気さんに工夫していただきました。使える器材はできるだけ生かすということでシンク（流し台）、ガスレンジなどはそれまで使っていたものを運び込みました。これらは大事に使い、ガスレンジは四〇年以上使い続けました。お疲れ様でした。設計上一番問題となったのがトイレでした。私たちの前に事務所が使用していたときはトイレは一つでした。私たちの希望は男女別にということで、設計段階ではとても無理ということでしたが、何とか知恵を働かせて別にすることができました（狭くてご不便をおかけしています）。開店後数日したところでキッチンの棚が落ち、そろえたお皿が全部割れてしまったことはショックでした。予測以上の重さだったそうです。中央設計さんは店舗設計の経験が少なく、私たちはずいぶん無理をいって悩ませてしまいましたが、少ない予算で本当によくやっていただけたと感謝しています。

❖年代、世代、性別を超えて魅力ある店に

新宿新店は一二月七日、開店しました。新宿駅から数分というような、しかも盛り場のど真中に「うたごえ喫茶」が出来たことは、うたごえ喫茶運動が「新しい段階に入った」と感無量でもありました。こうした新しい有利な条件をどう生かすか……ということで新宿店のメンバーはさらに模索を続けました。

たとえば、新宿駅の周辺、そして地下のサブナードには、二〇歳前後の若い人たちが街にも喫茶店や軽飲食店にも、むらがり集まっています。こういう人たちを獲得していかない限り、運動も経営も発展

しない。労働組合運動でも文化運動でも、青年たちをどう獲得するか、が大きな課題となっていました。

ともしびにとっても同じで、一九五〇年代後半から六〇年代前半の歌声喫茶の隆盛の頃と比べて、ともしびの客層の年代が「高齢化している」ということが、昔を知る人たちからときどき指摘されていました。私たちが意識的に努力しなければ、それはますます高齢化してしまうかもしれません。そうなっては、ともしびの明日はありません。（二〇歳前後の）若い人たちを獲得するためには、店の雰囲気、料理（メニューと味）、司会、選曲等すべての分野で研究することが大事だと話し合ったわけです（今でもまだ模索し続けていますが、今はこの時とは違った、もっと前向きな「模索」に代わっていると感じています）。

二十代の若いグループが、エレベーターを降り、一瞬躊躇してエレベーターに戻って降りていってしまったことがありました。ガラス越しに、（彼らから見れば）中年のちょっと酒の入ったグループが、ワイワイ騒いでいる姿を見て、びっくりしてしまったようでした。

私たちから見ればあたり前のことでも、彼らの目には、驚くような別世界に見えたのでしょうか。いろいろな年代の人たちが、世代を超えて性別の隔てなく歌い、語り、酒を飲み楽しむことは、すばらしいことだと思います。そういう雰囲気に、彼ら（若者たち）が違和感なくとけこめるように、そして最初は多少の違和感をもったとしても、それを上回る魅力を持った店にすることだと、決意を新たにしました。

こうした努力の一つとして、ヴァレンタイン企画がありました。チェッカーズなどの曲を取り入れることにしました。歌詞カードもちょっとしたアイデアを生かしました。男性のお客さんへのプレゼントには、あれこれ考えて、ポプリ（室内香）を手作りの小袋に詰めて準備しました。チラシも、大きさ、紙質、デザインを工夫しました。ヴァレンタイン企画は、残念ながら結果としては不発におわりましたが、その過程での経験には、その後に生かせる貴重なものがありました。

一方では「昔の店の方がよかった」という声もありました。「とにかく歌声喫茶は暗くなくっちゃ、あの、地下の、たばこがもうもうと渦巻いた猥雑な喧噪こそ歌声喫茶だった」と歌声喫茶文化論を述べ立てる私の大学時代の友人もその一人でした。

新宿店を、何とか願いが叶うような形で開店することができました。新店のメンバーは店長・大貫に日高、村松、清水、山本でした。何といっても駅に近いこと、そして風俗店がないことがとても嬉しいことでした。

♪♪♬ 亀戸店が小岩へ移転(一九八五年)

❖亀戸店を取り巻く環境の変化

新宿店、吉祥寺店がにぎわいを見せてくると、亀戸店を何とかしなければという機運がさらに高まってきました。亀戸店は亀戸駅のホームの真ん前にあり、青地に赤で「ともしび」と書いた屋上の大きな看板も目を引きました。改札を出てまさに数十歩の地の利でした。立地は最高。

ところが、近隣の風俗店の凌ぎ合いが激化し、歌舞伎町あたりでもそうでしたが、過激な呼び込み合戦が社会問題化した頃でもありました。同じビルの二階に入っていた風俗店の呼び込みも熱を帯びてきました。人が二人並んで歩くこともできない狭い階段を上がった四階が我がともしびでした。呼び込みはその入口を「通せんぼ」しているような形になるのです。ともしびの男性のお客さんは、彼ら彼女らから見境なく声をかけられ、女性のお客さんはその近くで足をすくませ、近づくこともできません。ずいぶん苦情をいいましたが、先方も「商売」を口にし、らちがあきませんでした。「なんとかして!」と直接迫られたことや、「あんなとこへは行きたくない」と、最近足が遠のいたお客さんの声として伝え聞くこともしばしばありました。

もう一つ別な事情もありました。かつて亀戸は労働者の街でした。開店した一九六六年頃、江東区には駅前の第二精工舎、IHI、日本ロール(〇五七頁)、汽車会社など大きな工場がたくさんあり、墨田区、葛飾区を含め、下請けの町工場も数多くありましたが、その後、次々に工場を郊外へ移転していった時代でもありました。当時は会社からの締め付けもあり、「ともしび」に行ってはいけないというおふれの出ているところもありました。開店当時から作り上げてきた地域のネットワークが弱まってきていました。

このようないくつかの理由で、このビルでの亀戸店をほかに移す決意をしました。移転先の可能性をまず亀戸で探しましたが、空き店舗がありません。商店街は昔からの商売の方がしっかりやっていて、テナントビルといったものがほとんどない状態でした。そもそも「下町、東部地域に歌声喫茶を!」ということで錦糸町に店舗を見つけたのですが、妨害があり急遽亀戸に開店した経緯がありました(〇七二頁)。そこで東部地域という原点に立って店舗を探すことにしました。上野も候補にあげて探しました。今、「大うたごえ喫茶」を行っている不忍池の端の野外音楽堂の近くに候補が見つかりましたが、タイミングが悪く借りることができませんでした。

❖手作りの内装

新小岩、小岩地域も対象として探していたところ、小岩駅南口から五分ほどの場所に手頃な空き店舗が見つかりました。サンロード商店街を江戸川方向へ歩いた右側にある六階建てのビル（オランダ商会ビル）の五階で、三方がガラス張りの展望の良いものでした。内装のための予算がほとんどないので手作りでやろうとの方針を決め、佐藤康治や、利根川等で建築関係の仕事をしている団員の協力を仰ぎました。木の素材を生かした内装を検討していたところ、檜原村の製材所と話が合い、東京の材ですべてまかなうことにしました。

腰板は杉、カウンターは榧《かや》の一枚板で、テーブルや椅子は桜や栗の堅い材だったと思います。製材所に泊まり込み、二カ月近くかかって加工しました。もともとはクラブだったので、こったイタリアのタイル張りの内装は、部分的に生かすことにしました。大家さんも愛着を持っていたようです。壁と天井は白の漆喰を塗りました。床張りや壁塗りは団員総出でとても楽しく作業しました。「のせてくれ」という言葉に表面のワックスかけをお願いしたところ、昔、学校の床に油をしみこませて保護したやり方で、しっかり油をしみこませてくれました。生地を生かした明るい床にならず、鼻につんとくる暗い床になってしまったことが残念でした。とはいえ、木をふんだんに使った暖かみのあるとても贅沢なできばえでした。特にカウンターの榧の三メートルある一枚板は、ちょっとよそではお目にかかれない重厚なものでした。このカウンターに愛着を持ってくださるお客さんも、その後多く生まれました。亀戸のときより二周りほど広い三六坪の面積でしたので、一部を事務所にして、団員などのたまり場にもなりました。
こうして小岩店が一九八五年九月に開店しました。

❖地域の方との出会い

さて小岩は、亀戸から駅で千葉方面へ三つ目の駅、南面する千葉街道で江戸川を越えると千葉県市川市となる住宅地です。店の東側を柴又街道が北へ走り、葛飾区とは隣り合わせ、ピアニストの斉藤隆の実家も近くでした。畑も持っていた斉藤のお父さんが、こぼれんばかりの育った花を、いつもにこにことテレながら、まさに抱きかかえるようにして、持ってやってきて店を飾ってくださいました。

コマ裏「灯」時代からのうたごえ喫茶ファンだった作家の早乙女勝元さんともご近所で、「平和」への想いあふれる同志たちとときどきご一緒に小岩店にお出でになりました。早乙女さんは「東京大空襲」が大ベストセラーとなり、映画『軍隊をすてた国コスタリカ』の企画をされ、江東区に開館した「東京大空襲・戦災資料センター」の初代館長を務めるなど幅広い活動をされています。小岩店の開店にも家族でおいでくださって、うたごえ喫茶を舞台にした青春群像を描いた映画を作りたいとおっしゃったことが心に残っています。

現専従者の女性最長老(!)とはいうものの、ともしびのオペレッタ「いのちのバトン」では小学六年生の直樹役を二〇年変わらずに演じ続け、「永遠の若さ」を保っている女優山岸あかねも小岩生まれの小岩育ちです。またもう一人、オルグ(制作・営業)として首都圏東部を担当して、ともしびの活動はとても長い飯泉昌子、人によってはこれもまた「永遠の乙女」と呼ぶ人もいる(?)とか、小岩店のご近所。

飯泉は、実はこの頃からギタリストの村治昇氏の門下生です。世界的な活躍をしている若きギタリストの村治佳織、村治奏一姉弟を育てたギタリストとしても村治昇先生は評判になっていました。姉弟が小さい頃、家族で小岩店に来ていただいたこともありました。

『村治ギター教室　ギターニュース』(一九八九年二月号)に、小岩店でのコンサートの様子を書かれています。

いつものうたごえ喫茶がお客さんで満員のコンサート会場に早変わりした。前座は、村治教室の生徒六人(○×△□◇そして飯泉)浜辺の歌、マラゲーニャを先生の助けを借りて、ほのぼのと(?)演奏。

続いて本プログラム入り、スペイン民謡のロマンスでオープニング。蝶ネクタイの奏一君、朝焼け雲を連想させるすてきな色のドレスに白いクツの佳織ちゃん、そして先生の熱演が続き、「スペインの酒場みたいになってきたね」の声も聞かれる程、大好評でした。

私は今、イブ・モンタンの「子どもの前にいると、自分が非常に小さく見える」という言葉をあらためてかみしめながら、村治ファミリーの未来に乾杯したい。

そして、いつの日か、私も、先生のソロ曲ターレガの「タンゴ」を練習してみたいと思っています。先生はもちろん、私の仕事仲間が知ったら、呆れかえるようなそんな夢まで見させてくれた一夜でした。

小岩店の特徴の一つは、この「家族で来ていただけた店」ということでしょうか。Sさんご一家、K

さんご一家、Oさんご一家など、本当にちょくちょく家族連れで来ていただきました。もうすっかり青年となったS君が話してくれたことを思い出します。当時小学生だったと思いますが、「学校で、クラスの子にともしびのことを話すんだけど……、わかってくれない」と、彼が感じている、いつも行っているともしびの楽しさを友達に伝えられない悔しさを込めて話してくれた姿がいとおしく思い出されます。Kさんの娘さんの、いつも輝くような笑顔のSちゃんも結婚され、お相手を新宿店にお連れいただきました。今は、皆さんの住まいと新宿の店とは遠くなってしまいましたが、時折皆さんで新宿店にお出でいただけることが何よりとても嬉しいことです。

O家のA君は障がいを持っていますが、親から離れても生きていけるようにとパン作りを身につけ、小岩でパン屋をやっていました。「しゅみちゃん」(清水正美)があこがれの人で、何事もビシバシと鍛える長谷川清からは「こわいこわい」といつも笑いながら逃げ回り、私に庇護を求めてきていたものです。朝早くパンを焼き、パン屋を閉めて、夕方ともしびにやって来て団員として活動するのが日課のようになっていました。ともしびでフロアーを手伝い、みんなと一緒に歌うのが大好きで、とても人なつっこい性格がお客さんにも愛されていました。その後、伊豆高原でペンション「ルーチェ・ピッコラ」を仲間のM君と始め、手作りパンとイタリア料理(料理はM君が担当)が評判のペンションとなりました。私も時折訪れ、お母さんや近所の方と一緒に歌ったり、観光したりとのんびりと過ごさせてもらいました。しかし、海外旅行の驚くほどの普及、地震の影響もあって伊豆の観光に陰りが現われ、ペンション経営が厳しくなってしまいました。プラザ合意の円高がこんな身近にも影響するとは。会社の保養施設となったそうですが、それ以降の消息がわかりません。かつて協力方依頼されたこともありましたが、恒常的にお手伝いすることもままならず、いかんともしがたい、忸怩たる思いが残ります。

独身のお客さんたちがほぼ毎日夕食を食べに来るなど、小岩店の一つの特徴はアットホームなたごえ喫茶だったといえます。

♪♪♬ 吉祥寺店をめぐる裁判闘争

吉祥寺に起こった問題は全く別のものでしたが、あとで事情がわかるまでは、まさかといった内容の出来事が起こっていたのです。そしてこの問題は、一九八九年まで陰に陽に続きました。一連の出来事ですから、ここでまとめて説明いたします。

❖裁判に発展した吉祥寺店(一九七九年)

吉祥寺ともしびの開店に至る経緯は「吉祥寺ともしび新店開店へ」(一〇一～一一九頁)に記しましたが、それまでの吉祥寺「灯」は賃貸店舗ではなく分譲の借地権付き店舗でした。都市計画に伴う立ち退きで、普通は補償金があって、分譲代金や開店資金に相当するものは補償の中で手当てされるのでしょうが、私たちに対しては全く何もありませんでした。従業員に対する社長からの手当支給もありませんでした。当時の伊藤社長がうたごえ喫茶の存続に力を貸してくれるなら従業員の個人補償は不要、という立場をとったからです。ともしび存続運動は、これまでの駅前開発など都市再開発の例にない運動でした。都市計画が進行する時点での吉祥寺ともしびのオーナーは前に述べましたように伊藤日出雄氏でしたが、実質的には組合管理の経営でした。

この時点では亀戸店が開店して(こちらは賃貸借契約、個人名をお借りしていました)、吉祥寺店も組合管理というよりも実質的に「音楽文化集団ともしび」の運営が始まっていました。亀戸店の収入、まだ端緒的でしたが公演料、それに伊藤社長から吉祥寺メンバーに支払われる給料を加えて音楽文化集団ともしびの財政とし、運営にあてていました。主に全専従者の給与と事務所の維持費、「あなたの街にもうたごえ喫茶を!」の運動費等に充てられていました。

吉祥寺ともしびに関していえば、あくまでも経営権は伊藤日出雄氏にありました。都市計画の補償対象は地主、家主、店舗等経営者でした。伊藤氏は前述のように、もうたごえ喫茶を再び開業する気持ちがありませんでした。従業員がいくら継続をといっても、業態が変わるパーラーで再雇用してもらうか、慰労金のようなものをもらって転職するしかなかったのです。しかし、お客さんたちや武蔵野市・三鷹市などの労働組合や文化団体の皆さんに支えられた存続運動が市議会と市長を動かし、立ち退き該当者ビル(F&Fビル)に移ることができるようになり、スペースが提案されました。このことが決まった頃にはすでにほかの立ち退き該当業者の入居が始まっていたので、ともしびにはまだ空きのあった西側部分の一画が割り当てられました。東側部分が夜一一時まで営業できるスペースでしたが、西側はそうではありませんでした。しかし、管理する公社も事情を認めて、ともしびも西側で一一時まで営業できることになりました。このことものちに大きな問題につながるのですが……。

都市計画の立ち退きに伴う移転でありましたが、このような事情で、この店の区分所有権の買い取り費用、及び開店資金を自らの資金でまかなわなければならないということでした。区分所有権の買い取り当時者は、あくまでも形の上では立ち退き該当者でなければならないことから伊藤日出雄氏の名義とし、直接的にはそのために立ち上げた株式会社ともしびも、代表取締役は伊藤日出雄氏としました。音楽文化集団ともしびと伊藤氏との間では、後日社長を音楽文化集団ともしびメンバーと交代するという友好的な約束のもとにこれらは進められました。

ところが、社長の交代前に伊藤氏が急逝されるという不幸がのちに大きな影響を及ぼすこととなり、伊藤家の事情と伊勢丹吉祥寺店の経営不振が武蔵野市開発公社を巻き込んで、複雑な問題に発展していくことになりました。ともしびの人事異動で、買い取りの分納金（住宅ローンの支払いのようなものです）が未納になっていることに気が付かず、その後も誤った理解をして滞納してしまったことも影響しました。滞納の返済計画を公社の担当者と相談しているところへ、公社側は突然「名義問題」を持ち出し、交渉を拒否したばかりでなく、私たちが、通常の一カ月分の諸支払い金を持参したのさえ受けとりを拒否し、一九七九年三月、いきなり立ち退きを求める裁判が起こされました。報告書をもとに名義問題をまとめると、以下のようなことでした。

（前略）しかし、法律の建前からいって、従業員の私たちの名義で店を出させるわけにはいかなかったので、むしろ公社や市当局などからの提案で、旧経営者の伊藤日出雄氏を仮の名義人としたいきさつがあったのです。その後、伊藤日出雄氏にかわって、「ともしび」が分納金を納めるという念書を、公社に差し入れ、公社もそれを承認していたのです。

ですから、「名義問題」は解決ずみの問題であって、今になって、ことさらそれを持ち出す公社側の態度は理解に苦しむところです。ところが、その念書内容を公社側に伝えたところ、公社はその日のうちに譲渡禁止の仮処分を出していた。あわせて、公社が(代位者として)伊藤さだ子氏等に土地・建物の所有権の移転登記をしていたことが判明しました。

念書は公社の「伊藤さだ子氏とともしびの間で話し合いがまとまれば……」という言明を受けて、伊藤さだ子氏とともしびの間で交されたものです。しかるに、その念書を無効とするような処置をするぐどってしまう公社の態度は、首尾一貫していないものでした。

市当局、公社と交渉を続けながら、六月二九日第一回ともしび存続共闘会議準備会が開かれました。多額の資金繰りをはじめ、団体署名の取り組みを続け交渉を支えてくれました。九月二一日に公社と和解合意となり、一〇月九月に正式に調印することができました。

この裁判を私たちは、のちに残念ながら「吉祥寺一次裁判」と呼ぶようになります。

私たちはこの時点で不可解さを感じましたが、まさかこのあとに、公社と伊勢丹が組んで伊藤家を巻き込んだ営業者追い出しの攻撃にさらされるとは思ってもいませんでした。

❖吉祥寺が先端の街へと変貌、そして前進座劇場のオープン(一九八二年)

吉祥寺の街も大きく変化しました。新宿や渋谷とも違う、アンテナショップが立ち並ぶ、新しい時代の先端を行く商業圏に変貌しました。伊勢丹に次いで近鉄百貨店、そして大型の東急百貨店が開店し、駅ビル、丸井、西友とさらににぎやかさが増しました。前進座劇場も一九八二年に念願のオープンになりました。お客さんも家族連れが増え、買い物帰りそして観劇帰りに寄ってくださる方が増えてきました。

前進座劇場のオープンに当っては幅広い人たち、団体の支援がありました。

この地域は第一種住宅専用地域としての法的な制約があった。そこで都の特別認可を得るために、三多摩地域をはじめ、全国三万余の署名をいただき請願した。あわせて東京都、武蔵野市、武蔵野市議会、武蔵野商工会議所等、これら関係者の強い後押しもあった。

また、松本清張氏を代表とする前進座劇場建設募金委員会が組織され、全国的に〝一億円募金〟の訴えをお願いした。また武蔵野、三多摩などにも募金委員会が設置され、全国の各地後援会、労演・市民劇場、おやこ劇場等諸団体の支持と協力を合わせ、わずか一年の間に当初目標の一億円を大きく上回る一億九千四百八十三万円が全国から寄せられ、全国中小企業家同友会(有志)からは、千数百万円の募金によって緞帳が贈られた。(前進座ホームページによる)

❖F&F闘争の始まり

そうこうしているうちに、吉祥寺店をめぐって風雲が急を告げ、F&Fビル営業者を守る闘いの現場に私は部署を移すことになりました。

吉祥寺の街は、大型店舗と駅周辺の店舗が共存してにぎやかさを増し、東急百貨店の裏側周辺は住宅地の雰囲気を生かしたグルメのしゃれた店が続々と作られ、一方近鉄百貨店裏は風俗店が進出を始め、井の頭公園に続く地域はファッションや雑貨の店が広がっていきました。街に活気が溢れていました。

ところがこの状況の中で、最大床面積を誇る東急百貨店に売り上げ、集客などで抜かれ、伊勢丹が押され気味になってきました。伊勢丹ビルとツインビルのようになっていた駅前立ち退き該当者の入店していたF&Fビルの地下一階（ともしびも出店していました）でも、駅前での商売とビルに入っての商売との違いにとまどう店も現れ、店じまいする店も出始めていました。伊勢丹にとって売り場を広くすることが至上命令となり、青息吐息で経営する零細の店舗が集中しているF&Fビルは伊勢丹にとって店舗を拡大する絶好のスペースでした。

武蔵野市開発公社の後押しで、これらの空きスペースを伊勢丹のものにしようと力が入ってきました。武蔵野市も、F&Fビル内にあった市の結婚式場を廃止して伊勢丹スペースにするなど、協力ぶりが目立ってきました。大型店舗の増床にはこの頃厳しい規制がありましたが、伊勢丹にとってはどれだけ増床できるか、できればツインビルの二棟をすべて伊勢丹化することはまさに死活問題でした。伊勢丹が危ないという風評がたち、週刊誌なども時折デパートの戦争として伊勢丹の苦境を取り上げていました。

厳しくなる営業状況の中で、今まで通り自分の店を自力でやっていくという店と、伊勢丹の傘の下に入り伊勢丹の印半纏を着て営業したいという店とに分かれていきました。

❖いやがらせ

F&Fビル公社は一九七八年、空き店舗ができたことを理由に、地下一階の店舗配置のレイアウトを変える方針を打ち出してきました。細々とでも一生懸命やってきた店に新装ないし改装を迫り、新たに大きな負担を課すものでした。ともしびの店舗は、入居時には公社の指導を受け、長く営業が続けられるよう内装もしっかりと、何十年の使用にも耐えられるものを、皆さんにも資金をお借りして作ったものです。それを一〇年ほどで改装などということは、受け入れられるわけがありませんでした。公社の方針に従わない店への嫌がらせが始まります。

喫茶店のMさん問題が一つの典型でした。三階にあったテラス風の広場に面した喫茶店でしたが、入口がその広場に面しておらず、いったん建物の中に入ってさらにそこに店舗への入口があるという、外から入りづらい構造になっていました。Mさんは入口の改装を願い出ますが、受け付けられませんでした。やむをえず、ご自分で改装することになります。広場に面し、直接お客さんに入っていただくことができる入口を作りました。そうすると公社の職員がその入口の前に花のポーチを置き、出入りができないようにします。中年に達する小柄なオーナーは毎朝そのポーチをどかして開店していました。そのうち公社の職員は接着剤でポーチを床に固定してしまいます。

こういった話は何もMさんの店だけでなく、ほかの店にもなんだかんだと嫌がらせが始まりました。「F&Fビル営業者を守る会」(松田会長)として公社に、業者いじめ、営業者を追い出そうとする行為をやめるよう申し入れもし、ときには抗議にも行きました。

ともしびには時間外の空調費用を払えといってきました。ビルの中は東側と西側に構造的に分かれ、東側が遅くまで営業するスペースでしたが、ともしびの入店決定が遅れざるを得なかった状況と他店に比べ広いスペースが必要なことがあり、西側に作ること、遅い時間の営業が認められて入店したわけです。これは当初からの公社との約束、契約であったわけで、それを恣意的に反故にした第二弾の大きな圧力でした。

❖Ｆ＆Ｆビル営業者を守る会

ちょっと複雑な話になって申しわけありませんが、ともしびの店舗の区分所有権を巡って公社は、名義上の伊藤社長の遺族にあと押しして所有権を主張させ、ともしびをＦ＆Ｆビルから排除しようと画策していました。公社はことあるごとに伊藤家を利用しましたので、事態はたいへん複雑に展開しました。ただしこの時点では店舗の区分所有権の真性名義人としての株式会社ともしびが裁判でも確定し、登記も済んだところでしたので、闘いはいくぶん明確になってきていました。時間外の空調費用を支払えという公社の主張には道理がないという私たちの主張に対して、公社は空調を切るという暴挙を行いました。それもともしびが営業中で、お客さんもいらっしゃる中でした。悪くなっていく空気の中、汗だくで歌い続けました。非人道的という批判に公社は空調を切ることはやめましたが、今度は地下一階のともしびの前に直接降りる、メインの通路となっているエスカレーターを止めるということを行ってきました。

「守る会」は武蔵野三鷹の地区労の方々、地域の様々な個人の皆さんによって支えられていました。市への申し入れや議会への働きかけを行ってきましたが、この状況の中で、伊勢丹、開発公社の営業者いじめをやめるよう参議院で上田耕一郎氏が質問をし、「守る会」は伊勢丹本社・新宿店への抗議活動も併せて数度行いました。これを契機に一定の是正がはかられるようになりました。

❖激しい脅迫

追い出しの策動を行えなくなった伊勢丹は、話し合う態度を見せるようになりました。「鍛冶屋」と名乗る会社が伊勢丹の代理人という形で話し合いを求めてきたのが最初だったでしょうか。

もうこの頃はバブル期の上り坂で、世をあげて大言壮語、大風呂敷を広げない人間の方がおかしいという風潮でした。銀行や証券会社もこぞってあおっていました。取引先の銀行も、「株を買わない奴は馬鹿だ」とまで、私に何度もいってくる始末でした。「資金を貸すから○○を買え」といった具合でした。それはもうたいへんな時代に突入していました。

二部上場の石原建設が買い取りたいと申し出てきたのはこの頃でした。条件を提示してきましたが、全く応じられる内容ではありませんでした。そうこうしているうちに、私のところへある団体名で脅迫の手紙も届きました。面会を求められ、「無事でいられると思うな」などとつぶやかれました。

❖分かれた考え方・立場

私たちは、伊勢丹と開発公社の横暴から営業者を守る立場に立っていました。一番大きなスペースを持ったともしびがやはり邪魔なのでした。

F&Fの営業者には、今後の方向についておおよそ三つの考え方、立場がありました。

①伊勢丹のブランドをもっと押し出し、その傘のもとで営業を続けたい。

②伊勢丹のブランドはいらない。自分たちが自分の店のスタンスでやっていく。

③ビル内での営業は自店にふさわしくないので撤退したい。

営業者の多くは①の立場でした。ともしびとしては②の立場に立っていましたが、①の営業者と敵対しているわけでなく、F&Fビルの営業者を守る立場で話し合いを続けました。より伊勢丹化したい営業者の希望は、ともしびがビル外で営業することを望んでいました。②の立場の営業者にとっては、伊勢丹及び武蔵野市開発公社がこれまでのような嫌がらせや追い出し策謀を行わず、ともに発展させる立場に立つことを要望しました。③については、すでに撤退した営業者が権利を自由に処分することができず、安く買いたたかれたという話がいくつかあり、伊勢丹が買い取るにしろ十分な額での買い取りをすべきと話し合いで主張していました。

ともしびはF&Fビルの営業者全体がよくなる道を願っていましたので、今述べた条件が守られる保証があるならば、F&Fから出ることも選択肢の一つとしていました。

近鉄裏のピンク街を「浄化したい」市からは、図書館を作ることによってピンク街を駆逐したいのでともしびもそこに協力して出店してくれないかという提案もありました。いくつか候補地にあたりましたが、残念ながら店舗地にふさわしい物件がなく、この話はなくなりました。

❖危険から和解へ(一九八九年)

「鍛冶屋」の仲介に疑問を持ち始め、事態が膠着状態になっていたある日、大野の大学時代の仲間だったWから突然連絡があり、相談したいのでホテルオークラにある事務所に来てくれないかということで出向いていきました。「大野がやられるという話が流れていたので出てきたよ」ということでした。その後、伊勢丹サイドが「守る会」とともしびの考え方で和解したいとの意向を持っていると、Wから話がありました。交渉を続ける中で、私たちの意向がきちっと受けとめられるようになりました。

それは、

①伊勢丹並びに武蔵野市開発公社は営業者の権利を認め、共存の立場でビル運営を行う。

②撤退する業者には十分な対価をもって権利を買い取る。

③ともしびはF&Fビルを出て営業する。代替地を責任を持って用意する。

④今後、権利の売却などにあたってはともしびと交わした条件を下回らない解決をすること。

おおむねこのような合意を交わして、ともしびはF&Fビルから出て営業を続けることになりました。

バブルの絶頂期、バブルがはじける直前の一九八九年一月のことでした。

吉祥寺から移転する考えと、もともとは「三多摩地域にともしびを！」と吉祥寺の店の存続を訴えてきた原点に返り、三多摩地域に対象を広げる考え方を併せて持ちました。どんどん西に発展する多摩地域ということを考え、その候補を中央線沿線も視野に入れ店舗を探し始めました。

座談会

「ともしび三〇年のあゆみをふりかえって」（一九八六年）

一九八六年に行った座談会の記録が残っていますので、当時の考えや気分を紹介したいと思います。

座談会は「ともしび三〇年のあゆみをふりかえって」と題し、出席者は佐山尚子（金剛山のトラたいじ班四三歳）、藤沢義男（制作部長四三歳）、深代利定（吉祥寺店店長四〇歳）、田中徳昌（金剛山のトラたいじ班三九歳）、鈴木浩子（同三八歳）、村松良三（ねこのいえ班三八歳）、司会は大野幸則（書記長三七歳）でした（所属、年齢は当時）。

＊

大野　今度、九月二四日の「ともしび秋の大音楽祭」は「歌声喫茶三〇年」と銘うってやるわけですが、実際、正確には三二年くらいになるんですね。いつからというのは、はっきりしないようなんです。いつの間にかお客さんが集まってきて、歌い始めていた。いつの間にか歌声喫茶といわれるようになっていたということのようです。

今日はともしびで十数年から二十数年やってきた皆さんに集まってもらったので、少し歴史もふりかえって話していただき、同時に一人一人の今とこれからに対する思いも聞いていきたいと思います。

それでは「コマ裏」当時のことから……。

この中でその頃ともしびで働いていたのは佐山さんだけですか。藤沢さんは店を中心としてできていたサークルに入っていたんですよね。深代さんは十代の若い頃に行ったことがあったということですね。

《コマ裏「灯」の頃のこと》

佐山　私はちょうど二五年になるのよね。初めて、ともしびへ行ったのは、まだ夜間学校へ行ってた頃で、友だちに連れていってもらったの。その頃、きったない店でね。でも店の伴奏はすごくよかったわ。ピアノにベースにチェロにヴァイオリンにアコに……最低五人くらいいたね。狭いところなんだけどひしめくように入って、そして司会者がお客さんの間をところせましと動きまわっていて……こんなところがあったのかと、その印象は強烈だった。

そして夜が更けてくればくるほどだんだんいい雰囲気になってきて、そのころ広ちゃん（金城広子）やヤギさん（青柳常夫）も歌ってたんだけど、そういう人たちの歌に、みんな酔ってきいていたの。文化に飢えていたということもあるかもしれないけど、今とは違うね。

私はその頃、子どもと見ればお金に見えるような幼稚園に勤めていてイヤ気がさしていたところで、おまけに「歌バカ」だったから、こんな素敵なところがあるなら、とにかくここに入りたい、ここに入るっきゃないと思って、募集もしていないのに入れてくださいっていって頼んで入ったの。その頃ちょうど組合ができたばっかりの頃で、誰か入れようかという話が起きていたところで、私は運がよかったのね。

　組合ができてから「ともしび名物」なんていわれる女声コーラスも始めたんじゃないかな。私たちウェイトレスも何か習って少しやった方がいいということで。組合がなかったら、たかがウェイトレスだという感じであしらわれていたと思うわ。あの頃の経営者はおっかなかったからねえ。間違いでもすると、どなられるんだから。

藤沢　やっぱり組合を作ったというのは画期的なことだったんだよね。それまでは、ウェイトレスはウェイトレス、司会者は司会者、伴奏するステージマンはステージマンと分かれていたからね。それが、組合ができて従業員みんなが対等平等な関係なんだという民主的な関係が確立されて、従業員が全体として音楽や文化を作っていくんだという土壌が作られたんだ。オペレッタが作られていったのも、そんな中でだったと思う。争議の真最中だったが。

　音楽のことでいうと、井上さんや甲斐谷さんがクラシックやタンゴをやっていたのは幸せだったと思うね。人類の文化遺産としての音楽を大事にして、それと労働者の闘いを結合していったことだったと思う。ひところは集団創作をやっていたころもあったが、やりながら一方で、文化の創造というのは決して平均民主主義的な考え方ではできない……つまり専門的力量を持つ人にゆだねる部分はやはりゆだねていかないといいものはできない、ということも確認されていきましたね。

深代　あの当時は歌声喫茶のほかにも名曲喫茶だとかコーラス喫茶だとか、ジャズ喫茶、それからロカビリー喫茶なんていうのもあった。

ともしびにはその中でも見劣りしない、いい音があったと思うね。伴奏なども五人編成くらいで、キチッと編曲されていて、いい音楽が楽しめるという太い流れがあった。だから来ている人たちも幅広くて、一昨年(一九八四年)、今の新宿店が開店したときにいろんな人たちからメッセージを寄せてもらったけど、ああこんなにいろいろな人たちがともしびに来ていたんだな、ともしびで青春時代の一ページを過ごした人がこんなにいるんだなと思いましたね。

藤沢　僕なんかは、ともしびに関わり出したのは二三年くらい前になるけど、まだ学生でね。大学へ入ったけど勉強なんか全然しないで、紀伊国屋書店の喫茶店に集まっては、コーヒー一杯で朝から晩までねばって、いろんな話をしていたんだよね。いろいろな本を持ち寄ってはね。

あるとき二人の仲間がもってきた新聞に、コマ裏の「灯」のことが載っていた。ちょうどその頃「灯」は争議をやっている真最中で、「閉鎖反対闘争」っていうのやっているらしい、じゃあ何か応援しなきゃいけないっていうんで、何人かと行ったんです。行ったらまあ、尚ちゃんもいってたけど、きたない店で、こんな店があるのかと思った。伴奏は僕の行った頃でも三人は入っていたね。

争議中だということもあって、労働歌なんかバンバン歌っていたけど僕はほとんど知らなかった。だけどまあ頁は教えてくれるわ、話しかけてはくるわで、隣のお客さんたちがしつこいくらい親切でね。トイレの場所まで丁寧に教えてくれて、まずそれに驚いたね。店のメンバーだけでなく、お客さん同士にもそれがあるんだね。

ちょうど六〇年安保の少しあとの時代で、人間っていうのはどこか信頼できるんだというような、あたたかいものを求めながら、実際にはなかなかふれ合うことができなかった、そんな青春群像が全体的にあったと思うんだけど、ともしびにはそのふれあいが強烈なくらいあったんだよね。

それからもう一つ印象深かったことは、従業員の姿がものすごく生き生きしていたこと。ウェイトレスもムダな動きをしていないんだよね。サッサッと、非常に適切に動いていた。そして全体的に団結してやっているという感じで、とてもすがすがしく感じた。こういう連中とつき合いたいなあと思ったのが入ったきっかけだね。

その頃、サークルがいっぱいあって、その中に文集を作っているサークルがあって、文章くらいなら何か書けるだろうと思ってそこに入ったわけです。

佐山 その頃、なぜ店のメンバーが生き生きとしていて、親切すぎるくらい親切だったのかっていえば、とにかく店に来たお客さんと一人残らず話して交流しよう、特に一人ぼっちで来た青年には何か話して、とにかく友だちになり、それからサークルに入ってもらったり、「うたう会」(合唱団の前身)に入ってもらったりしようという、皆の話しがあったのよね。

鈴木 それで救われたのが私なのよね。私は藤沢さんの入った少しあと、ちょうど亀戸店ができて一カ月目のときだったわね。だから二〇年くらい前かな。

歌が好きで西武新宿駅前にあった「灯」に行ってたのね。地域の、うたのサークルなんかにも参加していたんだけど、あるとき、帰る途中で亀戸店の看板を見つけて、行ってみようということとで行ったのが最初なの。階段を上がっていったら、もう人がいっぱいで、一ステージ終ると入れ替え、入れ替えでやっていたの。階段にずらっと人が待っていたんです。ウェイトレスは、せい子さんという人一人で、もう、コーヒーなんかも客席まで運べなくて、大声で「すみません、お砂糖入れますか、どうしますか」なんて聞いて、手渡しで運んだりしていたのよね。ステージは藤沢さんたちもやっていましたね。藤沢さんは当時はサークルのまとめ役という感じで、始終出たり入ったりしていて、私は最初「あの人、何やっているのかしら」なんて思っていた。

何もわからなかったけど、やっぱり、一人残らず声をかけていこうというような雰囲気はありましたね。私は一九歳くらいの頃で、ウンとかハイとかしかいわない性格だったの。それがこんなに変わっちゃうんだからね。でも、あとで聞いたら一年がかりだったらしいわね。それまで私は集団就職で上京して手芸品関係の零細企業に勤めていて、寮生活だったんだけど、風呂場の掃除から、そこの奥さんの身のまわりのことまで全部やらされていたのね。中学を卒業してからずっとだったから、そういうのが当たり前みたいなところがあったんだけど、ともしびに来てまるっきり違う世界があって、ほんとに驚いた。で、ともしびの中で変わっていったのね。

まず寮を出たんです。男ができたんだろうとかいろいろいわれましたが。そして給料は全部ともしびに入れて、ともしびから、そのころ一万五〇〇〇円もらってやっていたんです。そのうちどうしても続かなくなって結局仕事は辞めたんですね。あの頃は声はバンバン出ていたから、ともかく歌っていればいいからと、井上さんからいわれて、まあ、それで入ったのよね。

《「自主経営第一号亀戸店開店のいきさつ》

藤沢　まず新宿店の第一次、第二次閉鎖反対闘争があって、ともしびを「守る会」というのが作られたんだよね。サークルが一三くらいあって、そんなのが集まって作ったんです。そのころはよく店に泊り込んだりしたなあ。その「守る会」を「発展させる会」に変えようということで、変えて専従を置いたんです。店の従業員ではなくてですよ。会員は一四〇〇人くらいいましたね。そして「でっかいともしびを我らの手で」、「全都にともしびを」というスローガンを掲げ、新宿コマ裏の「灯」が閉鎖になる前から、東京中に歌声喫茶を作ろうという運動を始めたんです。

最初は品川とか蒲田とかの南部工業地帯にと考えていたんです。亀戸なんていうことは全然考えていなかった。実験的にいろいろやってみて、公演をあちこちでやりましたね。僕がともしびに入ったきっかけも、コマ裏の「灯」が閉鎖になって、新宿再建だということで紀伊国屋ホールで公演をやったとき、実行委員会の委員長だったか事務局長だったかをやったのがきっかけなんです。

最終的に錦糸町で二カ所くらい場所があって、そこと契約を結ぼうという段になって横ヤリが入って全てご破産になってしまった。そのあと亀戸の場所に店を作ろうということになったときには、契約するまで黙っていようということで、契約してからサッと看板をかかげ一カ月でオープンしたという経過がありました。一九六六年ですね。

大野　「自主経営の店作り」ということはどのように考えられていたんですか。

深代　経営者がいるとかいないとかよりも、まず歌声喫茶という器がほしかったんだよね。ともかくそういう場所を絶やさないという、場所の確保が最優先だったね。

《F&Fビルに入る前のころの吉祥寺店》

深代　コマ裏の「灯」が閉鎖されて、一九六五〜六六年頃、吉祥寺でもナントカ劇場とかいって毎月コマ横の人たちのオペレッタをやっていましたね。僕らはお客で行っていて、そのチケットをあずかったりして動員を手伝ったんです。コマ裏の人たちとの出会いはそこでしたね。コマ裏の人たちのオペレッタは、僕なんかはほとんど観たように思うけど、おもしろかったね。ヤギさんとか尚ちゃんがやっていたんだよね。

吉祥寺店でも組合と経営者との間でトラブルがしょっちゅうあって、店を閉める、ということが何度もあったね。で、最終的に閉鎖反対闘争が起きたのは一九六九年だった。コマ裏の閉鎖に続いてだったから社会的にも大きな反響がありましたね。国会でも取り上げられたし、マスコミの五大紙でも全部に取り上げられて、すごかったね。また吉祥寺は官憲導入、暴力団も入ってくるということがあったからね。そのあとに駅前再開発との関係で移転存続闘争が起きたわけです。

村松　僕が初めてともしびに来たのは(古い、二階にあった)吉祥寺店だったですね。今のF&Fビルに入る前、ちょうど移転存続闘争のおきているころです。もともと歌が好きで、高校時代は歌手になりたいなんて思ってたんですよね。でまあ、二〇歳過ぎの頃に兄貴に連れられて上京して、ともしびにも行って、それですぐその日に友の会か何かに入っちゃたんです。その頃、大貫さんが「北帰行」とか「竹馬の友」とかをよく歌っていました。大野さんはよくカウンターのところで、ステージに全然関係のない本か何かを読んでいましたね。僕は仕事しながら、けっこう夜遅くまで来ていました。だんだん夜遅くまでいるようになって、ついには終電ギリギリまでいて、そういうふうに夜遅くまでいるということが自分に与えられた特権のような感じでしたね。仲間入りしたというような。

その頃はもう団が作られていて、団員がほとんど、毎日のように一〇人以上来ていましたね。そうこうするうちに、僕は深代さんに話をされたんですよね、専従にならないかって。その前から、あいつ車持っているから専従にしようという話があったみたいだけれど。まあ、財政的にはウンと苦しくて、ともしびに命をかけないとやっていけないようなところがあったけど、それでも燃えていられるものがあったね。ここで身を粉にして働いてもやりがいのあるところだと思いましたね。

大野　僕がともしびに来始めた頃は学生で、頭でっかちだったな。理想とする社会を作る上でともしびは絶対役に立つことをやっている、というんでね。

僕たちにとってはヤギさんや伊藤晴夫さんは神様だった。ともしびのメンバーとちょっとでも話ができると一カ月くらい元気だった。そしてまた元気がなくなるとともしびに行ったんですよ。なんかともしびの人たちはみんなすばらしい人たちで、民主的な運動の先頭に立ってがんばっている、と思っていましたね。

ところで、田中さんはどうだったんですか。

《軽音楽バンド「ザ・フェニックス」の想い出》

田中　最初ともしびに来るようになったのは亀戸店でした。僕の場合は大企業で働いていたわけですが、全く何も知らなくて、ともしびに来てもわけがわからなかった。ちょうど団が結成されてすぐだったけど、団員にならないかという話も全くわからなかった。で、そのうちバンドを作ろうじゃないかということになって、僕は前から多少やっていたので、じゃあやろうかと始めたんですね。それが軽音楽バンド「ザ・フェニックス」です。当時、軽音楽のバンドなんて民主陣営の中ではめずらしくて、花形でしたね。いろいろな職場のダンスパーティーやら集会やらにひっぱりだこで出演が非常に多かった。しかもいろいろなプロの一流バンドとも肩を並べて演奏してたこともずいぶんあったんですね。印象深かったのは平友祭（山中湖で行われた青年学生平和友好祭）です。あの頃は三〇〇〇人、四〇〇〇人と集まっていて、僕たちのバンドに合わせて一斉に踊り出すんです。あれは感動的でしたね。

バンドのメンバーはみんな下町の工場みたいなところで働きながらやっている人たちばかりで、練習に集まるのもたいへん、本番も仕事を終えてかけつけるというのが常だったんです。遅れてしか来られない場合もあって、メンバー全員がそろったのはダンスパーティーなどでも最後の一曲、なんていうこともしばしばありました。でも必死でやってましたね。練習は土曜の夜と日曜日。亀戸店は土曜日となると泊まり込みがあたりまえでしたね。日曜日になると全サークルが練習や活動を開始するんです。

《団結成当時の頃のこと》

大野　話をちょっとさかのぼらせて、団結成(現在の音楽文化集団ともしびの結成)当時の話を。

深代　団結成は一九六九年ですが、あのころは専従が一五人くらい、団員は六十数名だったかな。この結成総会に向かって団員工作がものすごく活発に行われましたね。それまではまわりに支援してくれる人たちはいっぱいいたけど、従業員(組合員)とお客さんという、やっぱりワンクッションおいた関係だったんだよね。それが、同じ団員となることでこの運動をともに進めていこう、よろこびも苦労も分かち合っていこうということで、呼びかける方も呼びかけられる方も非常に感動的でしたね。これは本当に画期的なことでした。

藤沢　本当に、それまでもフロアとかカウンターとかを手伝ってくれる人たちはたくさんいたんですが、その人たちと我々組合員が直接話し合う場というのはなかったんです、店の経営にしても運動の方針にしても。それを、対等平等の関係で一緒にやろうと呼びかけたわけですね。でもこの団を作ってどういう運営にしていくかということはもめたねえ。つまり、入ったばっかりの人も一〇年やってきた人も同じ一票を持つということで大丈夫なのか、特に経営に関わることではどうするのかということですね。一つの結論にいたるまで長くてねばり強い討論があった。そして結論が出て、団員拡大をしようということになってからは、ワーッとやったわけです。

深代　団結成総会は感動的だったね。何日もかけて準備して……。涙を流して発言した人もいて、聞いてるまわりのみんなも泣いちゃった……。

鈴木　それは子育てをしながら、本当に苦労して運動を続けてきた人たちの発言ね。今じゃ、結婚して子どもができてやっていくのにも保育時間を保障し合えるようになったけど、あの頃はたいへんだったものね。人のうちに夜も子どもをあずけて、店が終ってから、夜一一時過ぎに子どもを迎えに行って、それこそ雨の日も風の日もね。

佐山 お互いに子どもをあずけあったりしたんだけど、やっぱり自分の子はかわいいから、感情的にうまくいかないことだってあったしね。

深代 俺も子守りをしたもんなあ。二一、二歳の若い頃だよ。信じられないよなあ。

それから、団結成当時の運営委員会、これが非常に活気があったね。会議に出て何かひとこと発言すると、すぐそれが団報にまとめられて全団に流されるんだよね。今の団の運動を動かすのに勘どころであると思われる発言は、そこに学べということで。だから次の運営委員会でどういう発言をしようとか、それまでにどういう運動を作っていこうとかという意識が生まれて、非常に励みになった。次の団報には誰の発言が載るのかということで、いい競争があったね。

《劇団の公演活動のはじめのころ》

大野 劇団の公演活動なども初めは何から何まで総出でやっていたんですよね。オルグも全員でやって。まだ今みたいにオペレッタ劇団としてのともしびの名前が知られていないころだったし、学校も演劇教室をやっているところは少なかったから、学校の先生に会いに行っても追い返されることが多くて、あのころはホントにオルグはつらかったね。学校の門のところまできて、入れなくて帰ってしまったことも実はあったんですよね。

鈴木　あのころは車もなかったから、大きなリュックに「灯山岳会」なんて書いてね。ラッシュのときなんかは大きな荷物を持っているのでまわりの人から文句いわれて、泣きながら行ったなんていうこともあったわ。

村松　学校公演などは他の劇団が入っていないところを攻めていくしかなかったから、演劇教室などまだやったことがない学校に行って、先生を説得して、やってもらおうとしたわけですよ。「やった方がいいですよ」ということで。そりゃ、なかなかうまくいかなかった。それだけに一校公演が決まったときの嬉びはものすごかったね。もう飛びあがって手を取り合って喜んだな。今でもその学校の名前は覚えていますよ。

《うたごえ喫茶の地方への広がり》

大野　話は変わりますが、そのあとになってうたごえ喫茶の地方への広がりということが出てくるわけですね。スローガンも「全都にともしびを」だったのが「あなたの街にもともしびを」になり、ともしびだけじゃない、ということで「あなたの街にもうたごえ喫茶を」になっていったんですね。

深代　コマ裏や吉祥寺のときの古いお客さんが地方に散り始めて、地方でも東京のあのうたごえを、ともしびのあの音を復活させたい、聞かせたいという想いを持つ人があちこちにいるようになったんですね。

長野のともしびができたのは一九七五年でしたか、長野などはまさにそうでしたね。もう一〇年以上も作りたい作りたいという想いを抱き続けて、一日歌声喫茶をやったりしていたんですよね。そのくらい東京のともしびで受けた感銘っていうのは大きかったんだね。ともしびに出会って人生が変わってしまったという人は何人もいたもんね。

《音楽祭そしてこれからにむけて》

大野　さて、話は尽きませんが、最後に今度の音楽祭を含めて今後に向けて何を受け継いでいくか、何を作っていくのかというところで、どうでしょうか。

深代　ヤギさんにしても広ちゃんにしても一曲一曲にすごく夢があるでしょ。それは前からそうだった。新しいとか古いとかダサいとか、そんなこと抜きに、新鮮な感動があったんだよね。ダサいっていえばその当時だってダサかったけど、それにまさる、ダイレクトに心の中に入ってくる感動があったわけです。今、僕らはそれがなきゃいけないと思いますね。

そしてまわりも一曲一曲をうんと大事にしていましたね。一曲の歌が始まるとスッと明かりを落したり、皿を洗う音、水の音を止めたり……。そういう店として、お客さんも受けとめていましたね。こちらが雑にすればお客さんも雑になってしまうんですよね。

ともしびっていうのは、音楽を大事にしてきたところだっていうことを示せるような音楽祭にしたいなあ。大事にっていうのは、教育的に、かたくということではなく、慈しみ育ててきたということですね。労働歌にしてもシャンソンにしても。つまり人間を大事にしていたんですよね。

この座談会は、今から三三年前の一九八六年でした。「ともしび三〇年のあゆみをふりかえって」というタイトルと、座談会中で「正確には三二年くらいになる」といっている話とで、少し計算が合わないことをお許しください。実は、ともしびが始まった年があまりはっきりしていませんでした。当時の「カチューシャ」、「どん底」、「ともしび」の間での元祖争い、「どこが一番早くうたごえ喫茶を始めたか」が、影を落としていたようです。また、この時点で歴史を振り返り始めたわけですが、まだ内々の話で、「だいたい」で物事がすんでいました。最近のように新聞など社会的責任を持った記事になると「客観的裏づけ」が求められ、私たちも改めてその根拠を一つひとつ確かめることによってはっきりしたことがわかってきたということがあります。それにしても当時は、うたごえ喫茶が六五年も続き、歴史を振り返るなどということは夢にも思いませんでした。とにかく、夢に描く未来に向かってただ「今」を生き抜くこと、やりぬくことに必死だった時代でもありました。

＊

大野幸則（おおの・ゆきのり）

一九四九年東京都生まれ。一九六八年四月早稲田大学第一政治経済学部政治学科入学、一九七〇年九月に同大学中退。一九七一年四月歌声喫茶「灯」入店。「灯」亀戸店店長、「灯」吉祥寺店店長ののちに、一九八三年四月株式会社ともしび常務取締役、一九九六年二月より代表取締役。その他、日本児童・青少年演劇劇団協同組合（児演協）代表理事（二〇〇一年七月～）、アシテジ（国際児童青少年舞台芸術協会）日本センター副会長（二〇〇一年一一月～）。二〇一九年四月六日逝去。

「うたごえ喫茶ともしび」の歴史（上）
——歌いつづけた65年間

二〇一九年六月三日　第一版第一刷発行

＊定価はカバーに表示してあります。

著者　大野幸則

発行　有限会社　唯学書房
〒一一三－〇〇三三
東京都文京区本郷一－二八－三六
鳳明ビル一〇二A
TEL　〇三－六八〇一－六七七二
FAX　〇三－六八〇一－六二一〇
E-mail hi-asyl@atlas.plala.or.jp

発売　有限会社　アジール・プロダクション

印刷・製本　モリモト印刷株式会社

デザイン　米谷豪

DTP　株式会社　ステラ

ISBN978-4-908407-20-8 C0036